U0921118

守望社會

关注民生　引导热点

中国和平出版社　哲别出品

图书在版编目(CIP)数据

守望社会 / 张勤耘主编. -- 北京 : 中国和平出版社,
2011.6
(《楚天都市报》主流化转型探索)
ISBN 978-7-5137-0087-0

Ⅰ. ①守… Ⅱ. ①张… Ⅲ. ①新闻报道－作品集－中
国－当代 Ⅳ. ①F127.63-53

中国版本图书馆 CIP 数据核字(2011)第 036863 号

守望社会

张勤耘　主编

出 版 人:肖　斌
责任编辑:李　路　孙玉莹　肖晓强
责任校对:王秀玲　陈海鸥
装帧设计:舒　巍　陈　佳
责任印务:宋小仓　曲利华

出版发行:中国和平出版社
社　　址:北京市西城区鼓楼西大街 154 号 (100009)
发 行 部:(010)84026161
网　　址:www.hpbook.com
E—mail:hpbook@hpbook.com
经　　销:新华书店
印　　刷:武汉新鸿业印务有限公司

开　　本:787 毫米×1092 毫米　1 / 16
印　　张:23
字　　数:320 千字
版　　次:2011 年 6 月第 1 版　　2011 年 6 月第 1 次印刷

ISBN 978-7-5137-0087-0　　定价:46.00 元

(如发现印装质量问题,请与**湖北特别书局有限公司**联系调换)
地址:武汉市东湖路 181 号楚天传媒大厦 B0204　**电话:**027-88567638

笔端更发江海声

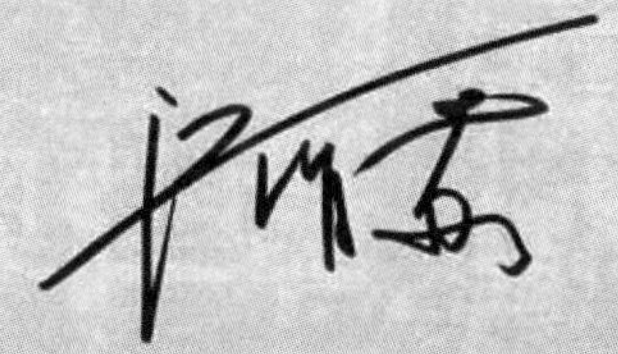

传媒记录历史，传媒影响历史，传媒也汇入历史。

浮光随日度，总有一些时间刻度值得铭记。告别铅与火，从黑白到彩色，进入厚报时代，开发电子版，出现“鸟鸣新闻”……可以说，中国当代报业高速发展的历程，就是一部生动的自我革新的历史。如果说信息技术改变了传媒的历史，那么传媒更在思维创新、行动创新中，浓墨重彩地书写了一部不断超越的历史。

将时钟回拨十几载，可以清晰看到，《楚天都市报》本身是新闻变革的产物。胎生于党报，崛起于陇亩，踌躇满志打天下，直至骄傲地飞扬在各大城市的上空，《楚天都市报》走过了一段不凡的奋斗历程。

时间的车轮转得飞快，2007年，《楚天都市报》

在寻求自我超越中另辟新径，提出了实施主流化转型的战略决策，致力于影响力、公信力、引导力的全面塑造。新理念的注入，激荡起新的希望，更以实践探索证明，《楚天都市报》的明天会更美好。

在不停歇的奔跑中，《楚天都市报》不断探索都市类报纸搏杀市场的规律，也实践着向成熟主流大报转型成长的道路：从关注“小人物”命运，发掘普通人身上的闪光点，到造就典型报道的“楚天都市报现象”；从对内容的整合提升，到“监督看楚天，深度看楚天”；从开设地方版、加强报网互动，到影响力进一步辐射；从以提高报道品质为目的的市场竞争意识，到拥抱全媒体时代，勇担媒体责任……

面对新兴媒体的风起云涌，《楚天都市报》唯有依靠创新培养核心竞争力，以权威对海量，以深度对速度。无论是转变新闻报道方式提升做大引导力，还是转变传播方式做大影响力，均引领都市类报纸迈向价值主流、传播主流、受众认同主流的价值增值，一路披荆斩棘，正书写新的历史篇章。《楚天都市报》，始终在喧嚣中思考，在向上中超越，市场风云变幻，始终不变的，是责任媒体的那份百姓情怀。

这份情怀，随大江澎湃，伴长风歌吟，入泥土扎根，顶风雨前行。落笔如有声，前行的脚步匆匆，此番集结，是为驻足回眸，梳理得失，继续向前。

（作者系湖北省新闻工作者协会主席，湖北日报传媒集团党委书记、董事长）

第一辑　真相调查

■ **经适房摇号摇出一串疑问** …… 2

摇中的"6连号"人人弄虚作假 …… 5

一民警违规办理"集体"迁户 …… 6

武汉公布"6连号"事件调查结果 …… 9

■ **客管处人员充当套牌的士"内鬼"** …… 11

记者卧底揭开特大"套牌的士网" …… 13

客管处5名工作人员被刑拘 …… 17

四大利益链条串起套牌的士网 …… 18

武汉严处"客管内鬼"事件责任人 …… 21

■ **"高水平运动员",百米跑却像走路** …… 24

■ **"任意显"电话诈骗引发黑色警报** …… 27

花980元,随意冒充省公安厅总机 …… 30

■ **网购货款被黑客劫至陌生账户** …… 33

六百余人被骗仅仅是冰山一角 …… 36

投诉无门被劫资金难以追回 …… 37

■ **是谁给钟祥"阳光工程"抹上阴影** …… 40

■ **本报记者卧底揭开"秘密通道"** …… 41

■ **套牌车司机竟是武昌一民警** …………………………………………………… 45

■ **高速上,施救车为何成“宰人车”** ……………………………………………… 47

■ **历时四昼夜,奔走千余里　远赴河北解救竹山“奴工”** ………………… 50

重庆来信:竹山青年被困黑砖窑 …………………………………………………… 51

两省警方解救,“奴工”走出黑屋 …………………………………………………… 54

■ **12 万个无证奶瓶“混入”省妇幼医院** …………………………………………… 57

■ **千里追踪伪造矿难杀人敲诈案** ………………………………………………… 58

《盲井》的悲剧本可以避免 ………………………………………………………… 61

■ **花桥街办的违建楼咋这“牛”** …………………………………………………… 64

■ **网友爆料:黄陂法官 10 天审 55 案** ……………………………………………… 67

黄陂区法院:55 起案仅 7 起没问题 ……………………………………………… 69

■ **应城至河南潜伏一条私盐贩运走廊** …………………………………………… 72

10 倍暴利　鄂豫间贩盐如过江之鲫 ……………………………………………… 74

应城私盐泛滥到全国 10 多个省 …………………………………………………… 78

■ **拆迁蛀虫 5 个月“赚”1248 万补偿款** ………………………………………… 80

■ **汉口一售楼部暗藏 51 枚假公章** ………………………………………………… 85

第二辑　护卫家园

■ **“百湖之市”仅存 38 个城中湖** ………………………………………………… 90

30 年来武汉湖泊减少 34 万亩 ……………………………………………………… 91

多少已成追忆　多少正在消失 ……………………………………………………… 96

难以承受的历史与现实之重 ……………………………………………………… 101

三个样本背后的艰辛与期许 ……………………………………………………… 105

武汉湖泊的明天在哪里 …………………………………………………………… 109

■ **治理喊了 21 年　巡司河成“熏死河”** ………………………………………… 113

老爹爹:我看着巡司河由清变臭 ………………………………………………… 114

沿岸探访:巡司河成了“熏死河” …… 116
武汉 25 亿元为巡司河整容 …… 119

梁子湖在众多“婆婆”间纠结 …… 121
湖之痛:年吞工业废水 600 万吨 …… 124
专家建议成立梁子湖“特区” …… 127
可否打出“湿地公园”这张牌 …… 130

黄孝河污臭治理到底难在何处 …… 133
昔日黄金水道渐成武汉“龙须沟” …… 134
一条臭水河让两岸居民频添堵 …… 137
黄孝河治理明年解决水体黑臭 …… 140

丽华苑小区近 200 套房出现渗水 …… 143
房管局、建筑质监站展开调查 …… 145
“怕下雨”的经济适用房真不少 …… 146
建筑质监站组织专家入户“会诊” …… 148
渗水经适房小区着手维修 …… 149

天兴洲大桥伸缩缝施工太马虎 …… 150

白沙洲大桥桥面再现坑洼 …… 152

江夏 29 套商住楼开裂渗水严重 …… 153

东湖边的“乡村公路”惨成搓板路 …… 154

第三辑　直击现场

乘客拳击司机酿惨祸　公汽失控撞死女高工 …… 160

载 5 吨黑火药货车凌晨大爆炸 …… 161

七千辆车受困京珠湖北段 …… 163

惊心五小时,特警枪下解救女人质 …… 164

两名武汉大学生一同遭劫持 …… 167

■ 湖北16岁烈女殒命凤凰古城 …… 169

■ 跨省追击，采访车截住"贩黄车" …… 173

■ 迈亚董事长开车撞倒一女警致死 …… 176

■ 路过警车将太婆拖行千米致死 …… 179

■ 民警出警后，歹徒重返现场破门杀人 …… 180

■ 齐声呐喊淤泥中抬出受困孕妇 …… 181

■ 卧铺车冰雪大雾中坠下百米深崖 …… 182

■ 竹溪大客先被追尾后被压扁　17名湖北老乡不幸命殒南京 …… 183

第四辑　民生热点

■ 小区电子眼几多都是"睁眼瞎" …… 188

江城上百小区　监控设施成摆设 …… 189

集中两月整治小区监控"不作为" …… 192

小区电子监控不能形同虚设 …… 194

■ 通宵排队也挂不到热门专家号 …… 195

每月赚6万　号贩子利润惊人 …… 197

医院建议：打击号贩子出组合拳 …… 198

■ 襄樊一青年老挝发来救命短信 …… 200

跨国解救又有新进展　10名身陷老挝赌场人质获救 …… 201

■ 200湖北用户投诉惠普公司 …… 204

■ 阅马场几成"公交百慕大" …… 206

■ 95万募捐款成私营公司劳务费 …… 207

■ 公安县"红头文件"下达抽烟计划 …… 209

■ 汉蔡高速路牌为何让人"犯迷糊" …… 211

■ 61℃高温烘烤万里长江第一隧 …… 214

■ 耗资千万的社区卫生中心　刚建好就面临被拆…… 216
■ 嘉沦河，热气蒸腾中的疑问 …… 217
■ 咸宁崇阳数十名大人小孩铅中毒…… 220

第五辑　经济视点

■ 武汉禁改限“搭上”霸王条款…… 224
■ 江城楼市“捂盘”花样迭出…… 226
■ 罚不倒的钢材市场，被积雪压垮 …… 228
查处后，违建市场缘何继续经营？ …… 229
■ “一站式服务联盟”缴走了谁的钱…… 232
■ 凌晨遭工商查封　天亮厂房就搬空…… 233
■ 才买27天的朗逸轿车　发动机突然破了个洞 …… 235
■ “两费”停征，费用为何一分不减 …… 237
■ “中国三汽”咋就关不住呢…… 240
解剖“死灰复燃”现象…… 242
■ 麻城房产办竟发“山寨房产证”…… 245
■ 公积金套现公然招摇江城街头…… 249
■ 武汉1400业主4亿预售款哪去了 …… 251
■ 武汉8家家具厂伪造产地被查…… 254
汉产家具为何不愿姓“汉”…… 255

第六辑　教卫观察

■ 肿瘤科竟给医生定“放疗任务”…… 260
“放疗任务”激起科室内部公愤…… 261

在医保药店买药为何更贵 …… 263

部分医保定点药店药价调查：普遍高于一般药店 …… 264

专家称：医保定点药店药"贵"与变相垄断有关 …… 265

读者热议"药价高" …… 267

58 所希望小学沦为深山"摆设" …… 269

高考加分，谁在搭民族政策"便车" …… 273

谁，挪用了我们的学籍？ …… 276

"替考公司"组织 50 名枪手上考场 …… 281

数十"枪手"轻松闯过成人高考审核 …… 283

"替考公司"庆功时被民警一锅端 …… 287

100 人聚集招待所传自考答案 …… 290

研考前，作弊团伙潜入考场"彩排" …… 291

汉口一奥数考点乱成一锅粥 …… 294

石牌岭职高助学金名单错漏百出 …… 297

孕妇竟被 4 位教授判为"月经不调" …… 300

免费来妇检，冤枉掏钱"挨一刀" …… 302

免费妇检是馅饼，还是陷阱？ …… 304

医护人员竟在遗体旁谈笑风生 …… 307

第七辑　食品安全

酒店鲜榨果汁"潜规则"令人瞠目 …… 310

江城酒楼鲜榨果汁调查 …… 311

谁让酒店鲜榨果汁变了味 …… 314

鲜榨果汁缺乏相关标准 …… 318

香精疑云笼罩"现磨芝麻油" …… 320

摊主承认：便宜芝麻油大多是勾兑 …… 322

工商部门抽检可疑“现磨芝麻油”…… 325

■ **作坊小工自曝:工业染料做卤鸭** …… 328

■ **“酱牛肉”为何不是那个味** …… 331

■ **记者三度暗访汉口华南海鲜市场　全程直击“猫变兔”** …… 334

■ **屠宰专用章攥在屠户手中** …… 336

■ **一漂一染,陈年豆变身“新鲜豆”** …… 338

漂白+染色,陈年豌豆摇身变鲜嫩 …… 339

■ **江城超市“鳕鱼”多半是冒牌货** …… 342

廉价海鱼穿马甲　冒充鳕鱼上柜台 …… 343

■ **武汉市场的豆芽多是药水泡出** …… 346

“药水豆芽”找不到监管部门 …… 348

■ **记者乔装应聘超市卖肉　惊看光鲜肉馅藏污纳垢** …… 351

■ **10000瓶假白酒流向市场** …… 354

■ **“野生”黄甲鱼原来是喂出来的** …… 357

守望社会

第一辑

真相调查

揭开经适房“6连号”疑团

5141人参与摇号，6个连号集体摇中；
摇号前，他们集体突击迁户口

经适房摇号摇出一串疑问

本报记者陈世昌　舒均

武昌余家头小区三期B座是一个经济适用房小区。6月12日，武汉市有5141名符合资格的困难家庭市民参与公开摇号。摇号结果一公示，却引来了众多市民的质疑。原来，这摇中的124名市民中，竟有6人的购房资格证明编号是连号，且均为2009年在硚口区登记。

连日来，记者对这种蹊跷的摇号事件调查发现：这6名困难居民都是在摇号前从青山、洪山、武昌等地将户口迁往硚口的，疑点重重。

6连号市民集体摇中

近日，很多市民在登录武汉市国土资源与房产管理局官方网站（http://www.whgtfcj.gov.cn）发现这一蹊跷事，全市的经济适用房摇号情况都要在该网公示。

记者登录了该网，点击“经济适用住房预（销）售情况”——“经济适用住房摇号情况”——“余家头小区三期B座”后，随后弹开“申购房型确定名单”一栏，里面公示了此次摇中的124名市民基本情况，其中包括6个连号的市民。

记者发现，6个连号分别是硚经房（2009）00811号——硚经房（2009）00816号。这其中，有4人摇中了93.81平方米的D户型，另外两名市民摇中了98.91平方米的C户型。

5000余名摇号的市民中，竟然有6个连号集体抽中，简直不可思议。华中师范大学一位数学博士在计算后表示，出现此种情况的概率极低，约为千万亿分之一。

突击将户口迁硚口

根据《武汉市经济适用房管理办法》，要想获得《武汉市城镇居民购买经济适用住房资格证明》,必须向其户籍所在地的街道办事处申请,并由街道办事处进行审核和公示。

前日,记者从开发商处获悉,这抽中的6个连号市民,其提供的身份证明分别是青山、洪山、武昌。开发商也不清楚,这些人为何到硚口申请住房资格证明。

记者随即从武汉市公安局户政部门了解到,这6个人中,有4个人于5月27日从青山区和洪山区迁往硚口区长丰村1号或2号。另外两人则是在摇号前,6月初将户口从武昌迁往硚口。

既然他们已经是武汉市城镇常住户口,为何要突击迁户口,然后再申请经济适用房资格证明呢?有业内人士介绍,有人在原户口所在地有房,不符合申请标准。而将户口改迁其他城区后,此人也就摇身变成"无房户",可以堂而皇之进行申请了。

让人奇怪的是,他们本为武昌、洪山、青山户籍,却将户籍突击迁至硚口,最后买房又在武昌余家头,这是为何?

有人空挂户头

武汉市国土资源与房地局有关负责人介绍,想申请《武汉市城镇居民购买经济适用住房资格证明》,应当过街道、区民政、区房产部门等三关,程序非常规范。

昨日,记者来到为这6位市民颁发资格证的硚口区房产局,该局有关负责人表示:他们已经注意到网上的帖子了,有关部门已将这6个人的原始申报材料收走进行调查。记者随即来到长丰村了解到,长丰村1号或2号的居民,全都姓"涂",并没有其他外姓。

可6个连号中迁住长丰村1号或2号的市民中,户主分别姓罗、姚、胡、桂,这到底会是怎么回事?这名工作人员称,可能有人通过关系,将4人的户头空挂在该村。

当事人均选择回避

昨日中午,根据知情人士的指点,记者找到了6位市民之一的胡某家,她住在青山区钢花新村。

据其父胡先生说,他在武钢工作,女儿则常年在外打工,未婚。5月初,她突然回家,告诉家人说:"准备在余家头买个房子!"随即,她还带着家人去看了房子。

胡先生告诉记者:数天前,女儿还将户口拿去了,说要将户口迁往硚口。记者发现,胡先生房子约有60余平方米。他说,这套房子是当年武钢的福利房。

昨晚，记者与“6连号”市民一一取得了电话联系。电话中，在记者的询问下，他们中的4人承认，余家头经济适用房摇号前，他们“集体”将户口迁至长丰村1号或2号，且时间集中在5月27日。

因何关系迁移户口？在记者的追问下，6人均表示，这是自己的私事，不愿对此过多的详谈。

市民对此有何看法，是否知情，请拨打027—86777777。

（编者：胡成　2009年6月17日见报）

经适房摇号风波冒出新"猫腻",记者调查发现

摇中的"6连号"人人弄虚作假

本报记者陈世昌　舒均　实习生李郁文

武昌余家头小区三期B座的经济适用房,5141名符合条件者参与摇号,6个连号离奇的集体摇中;摇号前,他们曾"集体"突击迁户口。这一蹊跷事引发众多市民热议。昨日,相关部门和记者调查后又发现新的"猫腻":这6个连号户的经适房申购材料中均存在弄虚作假!

昨日,本报记者在这6人的相关申请材料上看到,材料中存在很多疑点,漏洞百出。比如,桂某、姚某、胡某等3人提供的收入证明中,虽然他们的就职单位分别为"武汉市九鼎寄售有限公司"、"武汉汇通在线物流公司"等三家不同单位,但单位联系人居然同为"柯鹏";单位联系电话同为"87008968"。而另三人申报材料中的单位地址、电话或不存在或存在明显错误。

随后,记者到武汉市工商局进行查询,这6人在申请表中工作单位一栏填写的公司名称,均不存在。武汉市工商局工作人员称,这意味着这些公司要么不存在,要么根本就没办营业执照。

武汉市国土资源和房产管理局有关负责人说,根据初步调查,这些证明材料都有作假的嫌疑。

昨日,武汉市住房保障管理中心主任冷山德向记者表示,市国土资源和房产管理局领导非常重视此事,要求严肃查处。根据目前房产部门掌握的情况,这些人能够摇中经济适用房,确实存在很多疑点。

昨日下午,他们已组织武汉市国土房产测绘中心、摇号软件公司、公证部门查看录像,分析软件,查看出现6连号的具体原因。冷主任说,至于何时邀请媒体和代表参与公开测试摇号程序,还有待于进一步的商定。

市民对此事有何看法,是否知情,欢迎拨打027—88567238。

硚口区委高度重视“6连号”事件，初查认定

一民警违规办理“集体”迁户

昨日，硚口区委书记王绍志在本报“6连号”报道上作出批示，要求相关部门严肃查处。

昨日下午，该区区长胡勤华召集区监察、房产、民政、公安及相关街道主要负责人，要求连夜清查户口迁移、资格审批、公示等环节。同时，各相关部门要举一反三，继续清查有无类似情况。

据了解，硚口公安分局初步调查，参与摇号购房的6人中，其中4人系长丰派出所一民警未按户政管理规定，为其办理立户手续，另外2人户籍地属韩家墩街派出所，该所正在清查其立户手续。硚口公安分局表示，一经核实情况后，将严肃处理相关人员。

“6连号”如何连闯四关

武汉市有5141名符合资格的困难家庭市民参与摇号，摇中的124名市民中，有6人持有的购房资格证明编号是连号。经过记者调查，这6人中,4人落户在硚口区长丰街道办事处长丰村。

昨日，记者来到硚口区，采访了硚口区长丰街办长丰社区、长丰街道办事处、硚口区民政局等相关部门，探访“6连号”中的这4人是如何层层闯关，成功获取《武汉市城镇居民购买经济适用房资格证明》，并继而通过摇号取得经济适用房的。

长丰街：按程序审核了

据了解，根据《武汉市经济适用住房管理办法》，申请人在提供收入证明、住房情况证明、户籍证明和身份证明、婚姻状况证明等后，首先应由户籍所在的街道办事处进行审核。

昨日下午，记者来到长丰街道办事处，找到了负责辖区内经济适用房申请工作的社会事务办公室。一名工作人员称，该办主任李永刚接房管部门通知，下午已到房管部门具体说明辖区内4人申办经济适用房的情况去了。

随后，记者与李主任电话联系，欲见面了解此事。李主任说在外面

办事，拒绝见面请求，并称该办的审核手续，都是按程序办理的。随后，记者提出能否查看该办以什么依据通过对4人的审核时，李主任表示4人的材料均已上交，没有备案资料可查，若记者要查看依据，只能到区房产部门查看了解。

而昨日，记者在这4人的原始申报材料上看到，李永刚主任在5月26日盖章后，将材料报给了硚口民政局最低生活保障管理服务中心进行审批。

有人质疑：未见社区公示

辖区街道办事处审核过申请人购买经济适用房的资格后，依照规定应对申请人的情况在社区公示，长丰社区又是如何公示的？昨日下午，长丰社区主任涂玉川介绍，该社区管辖范围为22平方公里，公示一般就在社区办公点前公示7日，往往是街办或申请人将公示材料送至社区后，他们及时公示。公示过程中，社区只负责将情况张贴在社区办公点前，至于社区居民是否能够及时察看和得悉，他们无法保证。

涂玉川主任还介绍，因公示时，有关部门并没有要求社区对公示的材料和情况备案，“6连号”中的4人是否被公示过，现在在社区无法查询。有社区居民指出，他们从未看到社区公示过这些人的申请材料，不知道他们是怎么通过的。

民政部门：材料完整就批

据了解，街办通过初审后，须将购买经济适用房的个人情况，报送区民政部门，由民政部门就申请家庭的收入状况是否符合规定条件提出审核意见。

这其中，负责审核几人家庭收入状况的是硚口区民政局最低生活保障管理服务中心。他们如何审核把关呢？昨日下午，该中心负责人介绍，他们的审核结论，主要依据长丰街办审核的情况作出。一般情况下，街办社会事务办初审后，认定申请人提供的申请资料完整属实，他们往往就会通过申请人的审核，并盖上公章。

记者发现，5月26日，长丰街在这4人的申请表上盖章后，民政部门在第二天也盖章通过。

房产部门：很难一一细查

据了解，经济适用房的审核最后把关在房产部门。昨日，武汉市国土资源和房产管理局有关负责人表示，既然街办、民政部门都作出了审核意见，他们一般都会通过。而且，他们也无法对申请人的户口、收入、婚姻等条件进行详细的审核和调查。

随着房产部门审核通过后，申请人就顺利持有了《武汉市城镇居民购买经济适用房资格证明》，有效期为两年。这也就意味着其具有了参与经济适用房摇号的资格，在两年内摇中任何一套经济适用房都有效。有业内人士认为，现有经适房申购审核制度看似严密，但民政、房产等“后端”审核环节多数时候只是书面审查，往往流于形式。一旦社区、街办等“前端”审核环节被突破，很容易导致层层审核的“失守”。“6连号”这种离奇事之所以会出现，就是有人利用了经济适用房的审核制度不严，而轻易连闯这四道审核关。

（编者：沈伟　2009年6月18日见报）

武汉公布“6 连号”事件调查结果

武汉市调查经济适用房“6 连号”事件工作专班昨日通报，余家头小区三期经济适用房摇号“6 连号”问题调查工作取得实质性进展。

现已查明，这是一起由社会中介人员与有关部门工作人员相互勾结，利用经济适用房摇号进行舞弊、涉嫌经济犯罪的案件，王频等 5 名涉案人员已抓获到案。武汉市国土房产局副局长朱志强等 5 名国家工作人员因渎职、失职受到严肃处理。

中介、房产部门工作人员勾结作案

“6 连号”事件发生后，武汉市委、市政府高度重视，迅速成立由纪检监察机关、司法机关等组成的工作专班，对“6 连号”问题彻底调查。

经初步查明，今年初，武汉三六零四厂工人王频与武汉鹏程寄售有限公司老板柯鹏密谋，招募有意购房者，分别向每名委托人收取 8000 元至 2 万元不等的费用，找相关部门为其中一批不具备购房资格的人员办理了经济适用房资格证，并承诺做手脚让委托人摇中经济适用房。

王频随后联系其在武汉市国土房产测绘中心负责经济适用房摇号工作的亲戚刘胜君（聘用人员），并伙同该中心聘用人员陈天垦，商量如何操作此事。刘胜君提出“以前没有搞过这事，不知如何操作，需找人帮忙”，王频遂找到他在深圳市某公司担任程序员的亲戚黄志，制作了摇号作弊软件程序。6 月 11 日，刘胜君在武昌区房产局摇号预演现场，瞒过他人将该作弊软件程序装入摇号电脑中。当晚，刘胜君将带有作弊标记的人员信息存入 U 盘。6 月 12 日摇号当天，陈天垦借故肚子痛离开摇号岗位，刘胜君负责操作，用U盘将作弊人员信息输入作弊程序的数据库，瞒过公证人员启动作弊程序，导致一批委托人顺利摇中。

上述 5 名涉案人员共收受委托人的“好处费”近百万元，其行为已涉嫌经济犯罪，目前 5 人已全部抓获到案，公安机关将依法追究其刑事责任。

5 名国家工作人员涉嫌渎、失职被处理

武汉市监察局昨日决定，在“6 连号”事件中，分管该市经济适用房工作的市国土房产局副局长朱志强负有重要领导责任，责令停职检查；

分管经济适用房销售的市住房保障管理中心主任冷山德负有主要领导责任,免去其中心主任职务;分管经济适用房摇号监督管理工作的市住房保障管理中心正处级调研员唐昌汉负有主要领导责任,给予其行政撤职处分;负责分管经济适用房摇号工作的市国土房产测绘中心副主任焦金明负有主要领导责任,给予其行政撤职处分;对已查明在经济适用房资格审查过程中,严重失职的硚口区房产局局长吴晓国免职,同时,对相关区的职能部门责任人员存在渎职、失职行为的,将继续进行调查,并依法依规追究责任。

骗取资格证人员被取消购房资格

对此批经济适用房中号人员中存在办理虚假资格证的问题,工作专班正进行全面复查。对违规骗取经济适用房购买资格证的人员,取消其购房资格。

抓紧整改,严格监控措施

针对经济适用房管理制度上的漏洞,武汉市监察局、市国土房产局已按照市委、市政府要求组成专班,抓紧整改,严格监控措施,建立健全长效管理机制,从源头上防止此类事件再度发生,确保经济适用房申购、摇号等全程公开、公平、公正。

(编者:张勤耘　张仕武　潘勤　2009 年 6 月 27 日见报)

关注武汉特大套牌的士案

武汉套牌的士为何屡打不绝？记者卧底暗访数月揭开惊人内幕

客管处人员充当套牌的士“内鬼”

我省侦破特大经营套牌的士案，
12名涉案人员被刑拘，其中包括5名客管处工作人员

本报讯（记者姬栋）套牌的士为何大行其道、屡打不绝？本报记者历经数月暗访，揭开了惊人内幕：武汉市客管处数名工作人员每月收取一定信息费后，每天向套牌的士通风报信，让他们逃避稽查。

昨日，记者从省公安厅获悉，武汉特大经营套牌的士案告破，12名涉案人员被刑拘，其中包括5名客管处工作人员。

今年2月7日，本报接一李姓市民举报称，他曾经是一个套牌的士司机，花2.3万元从青山男子付某手中买了一辆报废车，然后改装成的士进行营运。他每月都会向付某缴纳上千元套牌费和信息费，付某则每天将经营时间和路线发给他，从而躲避客管部门的稽查。

李先生称，像他这样的套牌的士在武汉有成百上千辆，套牌的士从改装到经营，早已形成了一条完整的利益链条。

接举报后，记者乔装成出租车司机，多次联系付某，但付某十分警惕，一再拒绝记者加入“套牌的士网”的请求。

4月27日，经过两个多月的不懈努力，付某终于同意与记者在青山建设一路一家餐馆见面。当晚，付某带来了一整套套牌的士设备：计价器、顶灯、的士车牌等。几经讨价还价，记者以4300元购买下这套设备，随后顺利打入“套牌的士网”。第二天起，付某每天都会将数条稽查信息以短信的方式发给记者。

记者将此情况通报给省公安厅，该厅领导高度重视，决定抽调精干警力，成立侦破专案组。经过一个多月侦查，一个以客管部门工作人员与社会人员内外勾结形成的套牌的士网，逐渐浮出水面。

7月1日下午，专案组在青山大洲加油站门口，将正在收取信息费的付某抓获。2日，民警又将付某的上线张某抓获。随后，武汉市客管

处的5名工作人员相继落网。

落网的客管处人员供认:他们每天将稽查信息发给张某,然后由张某转发给他的下线。每个月,他们从中收取数千元不等的好处费。专班还发现,这些工作人员不仅卖信息,还自己经营套牌的士。

据了解,涉嫌经营这个特大套牌的士网的12人已被刑拘,警方在行动中收缴了10余台套牌的士。

客管人员贩卖执法信息，套牌车花钱就可买安全

记者卧底揭开特大“套牌的士网”

本报记者姬栋

今年2月7日，农历正月十三。有位自称姓李的的士司机给记者发来短信：“我知道武汉有大量的套牌的士，它们大部分是报废车，而且还有客管部门的工作人员在背后充当‘保护伞’！”“这些套牌的士不仅套走国家税费，还埋下了事故隐患，但却因为执法部门中有‘内应’而难以禁绝。希望你们能将这事曝光，把根源挖出来！”

从这一天起，本报记者进行了为时近5个月的暗访调查，渐渐揭开一个组织分工明确、各种利益交织的套牌的士网络……

举报
只要交钱，套牌的士照样“安全”

举报者李师傅本是荆州人。2008年5月，他在老家开了几年的士后，萌生了到武汉找份工作的念头。

随后，有武汉朋友表示，可以帮他找到一份开车的职业。朋友带他见到了一付姓中年男子，称付某手上有很多套牌的士，“只要你进入他的圈子，他会保证你的车辆安全。”

李师傅权衡了许久，决定以买车的形式进入“套牌的士网”。他以2.3万元的价格购得一辆报废车，然后改装成的士。

2008年5月，付某将他约到青山一汽车修理店。不到半天的时间，一辆富康988经过喷漆，再装上顶灯、计价器、显示屏、从业资格证。这辆报废车看起来和真的士已无二致。付某要求李师傅每月缴纳300元信息费，他每天都会将稽查人员执法线路的信息用短信发过来。李师傅说，如果不按约定交信息费，付某就会停发短信。过不了几天，这辆套牌的士就会被举报，继而被稽查队员抓获。“等你被抓后，你不得不向付某求救。当他帮你时，你不仅要将拖欠的信息费补交，还得交一笔罚款！”

李师傅介绍，付某以前是青山一名的士司机，后来发现开套牌的士很赚钱，便凭借着各种关系，购进报废车改装成套牌的士销售。这些报

废车主要是从江苏等地运过来。通过这种方式，付某慢慢建成拥有近百台套牌的士的地下网络。

暗访
4300元可加入“套牌网络”

见到付某并不容易。在李师傅的介绍下，记者先后5次和付某取得联系，但都被推脱。直至4月27日晚上，记者再次联系上付某，佯称：非常想在付总手中买些设备，尽快加入他的队伍赚钱。数分钟后，付某终于回话在青山一餐馆见面。

当晚11时许，记者见到了40余岁的付某。付某手提蛇皮袋，里面的士顶灯、车牌、计价器、发票等一应俱全。当得知记者“以前在外地开过的士”，付某这才拿起设备介绍：计价器1500元一个，顶灯300元，车牌使用费1200元，押金1000元，信息费每月300元，共4300元。另外，发票每卷5元。

记者看到，两张车牌的车牌号是鄂AY1860，几乎和真车牌一模一样。只是计价器有些破旧。但付某说，虽然旧点，这样不易引起怀疑。

套牌使用真车信息
“出事也能帮你摆平”

酒酣耳热之际，付某逐渐放开，向记者吹嘘：“等你进入我们这个圈子后，就知道我的能耐了。”

付某说：“我们的车牌都是得到了真车主同意才去套的；要是瞎套牌，容易被举报……”加入这个圈子后，每个月要向真车主交纳1200元车牌使用费，车主们因此都很配合。另外，每月还要预交1000元，作为电子眼违章记录的押金。

见记者有些怀疑，付某拍了拍胸脯说：“如果被交警或者客管处逮住，一定要迅速给我打电话，这样我好帮忙摆平。否则，等车被拖进停车场，再取车就不划算了。”付某强调，万一被客管处抓了，他与执法队员都有非常铁的关系，出事也能找熟人摆平。

当记者将4300元钱交给付某，他连忙放下酒杯，点了两遍才装进裤兜。记者要求写个收据。他说，做这行的从来不写收据，免得被人抓到把柄。

“内部人”传出稽查路线
每日发短信规避执法

在付某所收的钱中，有笔300元信息费，付某告诉记者：这笔钱就是他用来买信息的费用。每天都会有“内部人”发来短信，告诉他稽查人员的执法路线。

“这些信息，我都会及时转发给你们司机！”付某说，“只要每天按照短信内容来跑，出了事我负责。”

4月28日，记者交钱加入“网络”的次日下午，便收到付某的短信：下班了，明天早上8点半停车。

李师傅解释，下班了是指客管处的执法队员下班了，套牌车可以放胆出来跑了。他们都是根据短信提示来出车的，如果没有接到短信，是不能跑的。

此后，每天上午或下午，付某不定时地向记者发来提示短信，有时一天一条，有时一天甚至有4条。

附：短信记录：

5月6日上午8时15分：快回家停车，收到给我信息或者打电话

5月6日上午11时12分：可以出来跑，接信息停车

5月6日上午11时25分：下午三点半全部停车

5月7日晚7时10分：就在青山武昌跑，不要去汉口，半小时后过汉口。注意回避亚贸，明天早上8点半停车。没有交信息费的今天一定交。

调查
网络组织严密　客管人员涉入其中

尽管套牌的士司机提供了一些有效信息，但这个网络组织严密，他们在交易时非常保密，下线甚至连上线的姓名、身份都不知情。

李师傅说，虽然他在付某手开了半年多套牌车，但他和付某见面的机会不过5次。而且，在交信息费时，付某选的交易地点和时间总是一变再变。付某平常都用的是假名字，而且他还持有两部手机，其中一个是专门用来接受信息，另外一部则发送短信。

在整个套牌的士网络中，从购买报废车刷漆到安装，然后再到经营，各个环节都有专人负责。这其中，改装报废车和发送客管处的稽查短信是两个关键环节。

李师傅介绍，以前，他在青山开套牌的士时，只要车子一出现故障，付某就会让他将车开到武昌和平大道上的一汽修厂内。记者来到武昌和平大道旁的这家地下修理厂时，只见该厂没有挂任何招牌，几名工人正在为一辆爱丽舍刷漆，顶灯和车牌虽还没来得及悬挂，但他们显然是在改装的士。

付某每天发给的士的短信从何而来呢？经过多方调查，记者获知，是一名姓张的青年男子每天将信息转发给付某的。张某曾经是武汉市客管处稽查科的工作人员，他曾经因为贩卖稽查信息而被开除。而张某的信息则是客管处工作人员发过来的。

投诉指向不同上线
套牌网络绝非一家

就在记者调查套牌车老板付某的信息时，又有一名张姓市民举报：他也是名套牌司机，包括的士、计价器都是从上线刘某手中买的。

5 月 28 日晚，张师傅向记者介绍，去年，他经朋友介绍，认识了专门经营套牌的士生意的刘某。后来，他花 1.8 万元从刘某手中买辆套牌的士营运。和李师傅一样的是，老张每个月也向上线缴纳一笔信息费。每天等信息出车停车。

没想到的是，刘某时常找各种理由向张师傅收费，“如同敲诈勒索！”算下来，每月只能勉强够本儿。半年后，他偷偷将套牌的士卖掉。张师傅说，他的几名朋友至今仍被刘某控制着，沦为他赚钱的工具。

记者初步核实了张师傅的举报内容。这显示，武汉市的大量套牌的士已形成了地下网络，而这类网络并非只有付某一家。而且，平常执法很难触及他们。

警方突击行动，12名涉案人落网

客管处5名工作人员被刑拘

5月中旬，记者将暗访情况向省公安厅通报，引起警方高度重视。省公安厅有关部门负责人表示，警方已接到了很多关于套牌的士的举报，正在着手调查此案，严厉打击这种不法行为。

公安厅专案组经过紧张侦查，案件逐渐清晰起来：这个特大非法经营的士网络，是以付某和张某等人为核心，通过修理厂改装、客管处工作人员做“内应”而渐渐形成的。

7月1日下午，专案组在青山将正在向下线收取信息费的付某抓获。7月2日，武汉市客管处的5名工作人员落网。当天下午1时许，整个案件的核心人物——张某在逃跑时被截住。

7月1日和2日两天突击抓捕行动中，专案组共抓获12名犯罪嫌疑人，收缴10余台套牌的士。这里面既有客管处的工作人员，也有付某和张某等中介，以及从事非法营运的套牌车司机。目前，这12人已被警方刑拘。

四大利益链条串起套牌的士网

本报记者姬栋

“经过多年经营，武汉的套牌的士不仅成为组织严密的网络，而且还形成了一条完整的利益链条！”昨日，有关人士介绍，从客管处工作人员，到张某、付某，以及套牌车司机、修理厂等，他们构成了这个利益链条的四个环节。

由于正规“的士”每月需向国家和出租公司缴纳数千元的税费和管理费；而“套牌黑的”不仅不需要缴纳一分钱税费，每年还可获得数万元利润。现在情况更为严重的是，从购车、改装、贩卖，都有黑恶势力渗透，已经形成了制假贩假、盗、销“一条龙”体系。

利益链条一
客管处“内鬼”充当保护伞

据了解，在这次案件中，武汉市客管处共有5人被刑拘，其中包括稽查办公室的4名工作人员，以及一名门卫。

记者发现，这4名工作人员的年龄大多只有20余岁，他们刚参加工作时，也是非常勤奋和认真的，但很多被抓获的“黑的”车主托关系找上门，塞钱要求从宽处理。面对金钱和人情双重关系，他们原本就不牢固的心理防线便松动了。

在2006年11月，稽查办公室的同事张某因出售稽查信息而被开除，但这并没有让他们警醒。之后，张某主动和他们联系，以各种方式引诱他们，此后，稽查队员便和张某建立了默契的合作关系。平常，有人每天早、中、晚分别将稽查信息偷偷发给张某。如遇紧急检查，则再及时通知。而他们得到的回报则是：每人每月可得到不菲的“信息费”。有名门卫也禁不住金钱诱惑，每天守在门口掌握稽查人员的行动信息，然后发短信为套牌的士通风报信。

令人吃惊的是，客管处还有工作人员为了牟利，竟然自己也经营起套牌的士。

利益链条二

中间人倒卖信息来赚钱

据了解,在整个武汉黑的网络中,张某扮演着非常关键的角色。正是他从客管处工作人员手中购买信息后,转发给他的下线,继而扩散到武汉市黑的司机手中。有了张某的存在,让套牌的士能够轻松躲避稽查。

记者了解到,张某自从2006年被客管处开除后,就更加大胆,和以前的同事联手,专职倒卖信息赚钱。平常,如有被抓获的套牌车,他动用关系将其取出后,还会收一笔劳务费。

张某承认:因为他在客管处工作过,有着和其他人不可比拟的沟通优势。而且,倒卖信息,只需动动手机就行,不需要费很大的功夫。每个月,他就能轻松赚近万元。

目前,张某的下线有七、八名,每名下线每月都会向他“进贡”上千元。而他则需向同事交纳数千元的信息费。有时,遇到重要突击稽查时,稽查人员也会打电话通知他。他再用短信把这些信息及时发给下线。

利益链条三

组织者撑起套牌的士网

在这个套牌车网络中,付某等人是张某的下线。有了张某发来的短信,顺利地让套牌的士躲避稽查,付某才能进一步扩充他的网络和市场。

付某说,平时,有许多套牌的士司机向他索取信息。由于信息准确性高,时间一长,他的名气便传开了。不少人便通过他买报废车、套牌、购买计价器等,进而加入他的队伍。高峰时,付某所经营的车辆达到近百辆。

付某介绍,一辆报废的士不到1万元,经他组织改装后,除给修理厂一部分利润外,他还可以赚取数千元。此外,他每月还向这些司机收取300元信息费,套牌费1200元。除了给张某1500元、真牌的士司机1000元外,剩余全归他赚。

由此可见,付某和同伙不仅倒卖信息,还经营报废车辆牟利。他实际是一名组织者,上联下串,经营起了这个庞大套牌的士网。

利益链条四

下游已经形成产业链

现在,武汉套牌的士已形成了一个非法经营的产业链。据介绍,由于套牌的士存在暴利空间，当一辆套牌车以 2—3 万元买进时，往往跑上半年就能收回成本。这种暴利让一些不法分子趋之若鹜，并形成一条产业链。

据了解，武汉城区很多修理厂还做起黑车的生意。他们从进车、改装、上牌，甚至制作相关证件等，都可以提供相关服务。武汉客管处有关负责人也承认：目前，在武汉，从购车、改装、贩卖等环节都存在极大的利润空间，已经形成制假贩假、盗、销一条龙。

从去年起，正规的士都装了 GPS 和 LED 显示屏，这也一度成为区分真假的士的重要标志。但记者发现：现在，套牌的士也装起了显示屏，并且滚动字幕也基本上和正规的士同步了。在黑市上，有人打着“与真的士同步”的旗号，出售的每台显示屏售价达到 4000—4500 元，而且每月还收取 200 元信息费。

本报曝光"客管人员勾结套牌的士",杨松、阮成发批示从严整治

武汉严处"客管内鬼"事件责任人

客管处五名领导干部被处分,其中两人被撤职

事件回放

记者卧底牵出"客管内鬼"

●2月7日,本报记者接到一位读者的投诉称:武汉套牌的士经营已呈网络化、组织化趋势,且有客管人员充当"保护伞",使得套牌的士现象屡禁难绝。记者随即对此进行了调查核实。

●4月27日,经过两个多月的联系后,本报记者缴纳4300元加入武汉人付某的"套牌的士网络",并证实:确有客管人员每日向套牌的士经营者发送客管稽查信息,以提醒他们避开监管执法。

●5月15日,在初步了解到"套牌的士网"的基本结构后,记者向省公安厅通报了此事,警方高度重视,当即成立专案组展开调查。

●5月底至6月中旬,记者配合专案民警初步查明:客管处中有5名工作人员先后向套牌的士经营者泄露执法信息;曾在客管处工作、当时已被开除的张某在组织贩卖执法信息中扮演重要角色。

●6月30日至7月2日,省公安厅专案组抽调50余名民警展开集中抓捕,抓获包括5名客管人员在内的12名犯罪嫌疑人,收缴10余台套牌的士。这起特大套牌的士案告破。

昨日,武汉市交委新闻发言人覃诗章约见本报记者,通报了市客管处工作人员向套牌的士经营者泄露稽查信息的情况以及市交委对相关责任人的处理意见。

武汉市客管处5名聘用人员因涉嫌向套牌的士经营者泄露稽查信息等问题被公安部门刑拘的消息,经本报报道后,在社会上引起强烈反响。事件发生后,省、市领导杨松、阮成发、尹维真相继作出重要批示,要求市交委及市客管处举一反三,从严整治,切实加强管理。

市交委反思“内鬼事件”
要求切实整改争取群众谅解

市交委高度重视客管人员勾结套牌的士经营者事件。7 月 10 日，市交委主任彭俊主持召开专门会议研究整改措施。市交委认为，此事件对交通行业的整体形象造成严重损害，政府的公信力也因此受到影响，性质严重。市交委立即成立调查组，进驻市客管处对此事件进行彻查。同时，责成市客管处以此为契机，从制度建设、教育培训、规范执法、人员监管等方面认真分析问题产生的原因，查找管理中的漏洞和薄弱环节，切实搞好整改，尽力消除此事对交通行政管理部门造成的负面影响，争取广大人民群众的谅解。

市交委调查组与警方进行了联系，了解了案件有关情况；询问了市客管处领导班子全体成员、16 名中层干部和 25 名稽查工作人员。

在分析原因时，覃诗章谈到，主要是市客管处对干部职工的思想教育抓得不牢，针对性、实效性不强；对聘用人员的管理抓得不严；相关制度执行不力，使得少数人员钻空子。

客管处五名责任人被处分
处长被给予行政警告

昨日，武汉市交委研究决定，对相关责任人作出如下处理：

一是对内外勾结参与非法经营，泄露稽查信息的 5 名聘用人员予以开除；

二是按照有关规定，严格追究市客管处相关领导管理上的失职失察责任：市客管处稽查办公室副科长蔡迅、关晖，对稽查具体组织工作不严谨，发现问题不及时，致使少数聘用人员长期在稽查过程中泄露稽查信息，对事件发生负有直接责任，给予撤职处分；市客管处稽查办公室主任周大燕（副处级），对稽查人员管理不善，对事件发生负有主要领导责任，给予行政记大过处分；市客管处副处长张江路分管稽查工作，对稽查工作监督检查不力，对事件发生负有重要领导责任，给予行政记过处分；市客管处处长熊普选，对稽查工作中存在的问题失察，对事件发生负有重要领导责任，给予行政警告处分。

此外，由于市客管处党委和行政班子对职工思想教育抓得不牢，对制度执行不力，责令作出书面检查，并在全市交通系统进行通报批评。

稽查执法时禁用手机

多项措施预防“内鬼”出现

目前，武汉市交委责成市客管处制定整改措施，内容包括：严格聘用条件和程序，加强对聘用人员的教育，签署廉洁执法承诺书，每半年对聘用人员进行评价和考核；建立健全稽查管理机制。建立完善市场稽查责任监督制度，认真落实市场稽查、行政处罚和法制监督“三分离”。建立完善市场稽查保密制度，每次市场稽查计划在行动前20分钟方能下发给稽查工作组组长，遇有突击稽查行动，提前将稽查人员的手机集中保管，在稽查工作过程中使用统一配发的对讲机进行联络、指挥；建立人员轮岗制度。每年轮岗的工作人员不少于总人数的三分之一，每个稽查工作组之间每半年进行一次人员调整组合。对稽查工作人员有涉嫌徇私舞弊苗头的，及时“打招呼”，进行警示谈话，仍不改的，调离稽查工作岗位；强化对稽查工作的监督检查。充分发挥社会监督作用，邀请社会各界参与到打击“黑车”工作中来，同时畅通举报渠道，实行有奖举报。

（编者：王溥　韦忠南　胡成　周保国　沈伟　潘勤　2009年7月8日—15日见报）

昨日,2008 年高校招收高水平运动员测试上出现的一幕——

“高水平运动员”,百米跑却像走路

本报记者舒均　陈世昌　许洋　荆楚网记者任大鹏

昨日上午,湖北省 2008 年高校招收高水平运动员测试在中南财经政法大学(首义校区)举行。据了解,今年参加这项测试的考生共有 1200 余人。他们是具有国家二级运动员资格证书或具有相当水平的高中毕业生。如果考生顺利通过测试,将会在高考中享受国家给予的“特殊照顾”。

就在测试开考后,很多家长却反映:考生中有人鱼目混珠,一些人的竞技水平非常低……

昨日上午 9 时,记者赶往现场,没想到在这个严肃、紧张的比赛现场,看见了很多颇让人费解的场景。

测试成绩,大跌眼镜

测试现场位于中南财经政法大学体育场。在校园的马路上,停满了接送考生的小车,不时可见一些公务车辆。

而在体育场侧门,保安人员拉起了两道警戒线,监考人员手持花名册,将考生一一核对后,才放进体育场。

警戒线外,是父母一双双焦急的眼睛。他们目不转睛地盯着体育场的侧门,有人还双手合十,暗暗祈祷:因为随后几分钟的比赛就能决定孩子的命运。

不一会儿,工作人员就将成绩单张贴出来,焦急的父母立即乱成一团,奋不顾身地挤了进去。透过人缝,记者看到正在公布的女子 100 米的成绩。令人惊奇的是其中一名女考生 100 米的比赛成绩竟是 41.92 秒,超出女子 100 米国家二级运动员的达标时间 13.04 秒 3 倍多;另有一名女考生比赛成绩是 30.96 秒,超出达标时间 2 倍多。

而在另外一张“女子第 2 组 100 米预赛”成绩单上,记者还发现,参赛的 7 名考生中,一人弃权外,其余 6 名考生,仅一名编号为 11088 的考生取得 12.20 秒成绩,其余考生均未能达到国家二级运动员所要求的

13.04 秒时间标准。

几名操外地口音的家长小声议论说："能参加这次考试的，都应具有国家二级运动员的水平。有些人的成绩这么差，也太不正常了！"

但他们看见记者在一旁探听时，立刻停止议论，相继散开。不过，一名家长模样的男子气愤地说："真不知道这些考生是怎么获得报名资格的？"

武汉体育学院一教授称，作为具有国家二级运动员水平的考生，跑出这样的成绩确实不正常。

测试现场，表现滑稽

与此同时，另外一路记者则在热心市民的带领下，站在高处，目睹了整个测试过程。

记者在男子 100 米分组测试中看到，一名身穿蓝衣、白白胖胖的男生引起了众人的注意。起步时，他明显慢了半拍，整个跑步过程也显得十分"悠闲"。而在比赛中，他 6 次将头偏向赛道左边观望，似乎在寻找着什么。结束后，他的成绩接近 15 秒，但他一点也不着急，笑嘻嘻地和同伴走出了赛场。

在随后的几组测试中，抢跑现象十分严重，几乎每轮都要重跑，很多选手在起跑时明显落后，跑步过程中动作僵硬，显得十分笨拙。有的选手在跑完 100 米后，还出现了抽筋现象。

记者观察到一个有趣的现象，不合格的考生大多体型偏胖，皮肤很白。"这样的人也来参加比赛？"两名过路的学生看到一名选手在冲刺时一个趔趄，差点摔倒时，不禁笑出声来。

更让记者大跌眼镜的是，在男子 200 米比赛中，一名皮肤白净的考生在跑了不到百米时，突然停了下来，双手撑着地面，大口喘气。然后，他紧了紧鞋带，四处观望了一下后，才慢慢走出了跑道。看样子他实在坚持不下去了。

随后比赛中，一名身材瘦小的男生才跑了约 80 米，就停下脚步。"不要停！坚持跑完！"他的父亲趴在体育场的院墙上，眼见儿子如此不争气，一声怒吼。这名男生抬头张望了一下，又极不情愿地慢慢往前跑……

看似高难，却成捷径

据了解，教育部和省教育厅多次发文，要求做好 2008 年普通高校招收高水平运动员工作。文件中明文规定，报考者至少是获得国家二级运动员（含）以上证书或者高中阶段在省级（含）以上比赛中获得集体项目前六名的主力队员或个人项目前三名者。只有在这次统测中成绩合格的考生，才有资格作为高水平运动员被录取。

湖北考生的报考资格由主管部门负责审核。2日，湖北省教育考试院的官方网站上公示了今年湖北获取报考资格的考生名单，约有1200人。既然报考条件如此苛刻，为何还引来众多考生趋之若鹜？一位知情人士说，通过高水平运动员这种录取方式，已经成为了很多考生进入大学的"捷径"。在考生通过测试后，只要高考中达到我省第二批本科（二）录取控制分数线，就能被省内武大、华科大等14所高校以"特长生"的名义录取。

为了防止有考生借此混进高校，省教育厅多次强调，凡通过弄虚作假等欺骗手段获取专业测试资格或被录取的考生，一经查实，取消其当年高水平运动员报考或录取资格，并将其违规事实记入考生高考电子档案。

（编者：韦忠南　胡成　易敏　2008年4月6日见报）

揭开“来电任意显”面纱

骗子“变号”冒充公安局、银行 几多市民受骗上当

“任意显”电话诈骗引发黑色警报

本报记者楚口 通讯员代果

当你接到公安局的电话:你的亲人遭遇车祸,急需筹钱抢救;当你接到银行客服电话:你的信用卡交易异常,需输入密码保护账号……心急如焚的你这时会产生怀疑吗?

这些都是骗子用过的伎俩! 近期以来,一项名为“来电号码任意显示”的技术在全国各地泛滥,骗子利用这项技术,将自己的电话伪装成公安局、银行等重要单位的号码,显示在对方的手机或座机上,然后冒充民警、银行工作人员等频频行骗得手。

这种所谓的新技术,让骗子在电话另一头轻易“变身”为你所信赖的人:有的冒充受害人的上级单位领导、有的冒充权威部门负责人、有的冒充受害人的重要客户……一切令人不寒而栗!“来电号码任意显示”究竟是什么货色?本报记者经过两个多月的调查,揭开其神秘面纱。

骗子以“任意显”冒充民警 武汉多位市民接连上当

记者接到这项调查任务,是在今年3月10日。当日,十堰市警方发布紧急预警:一伙歹徒利用“任意显”软件,将自己的电话号码伪装成十堰市公安局的总机号码,并以民警办案为由诈骗武汉市民钱财。

警方介绍,2月22日,武汉新洲区一女子致电十堰市公安局,称自己接到“十堰市公安局民警刘杰”的电话,被告知犯罪分子将其住宅电话与十堰市某小灵通捆绑,其电话已欠费。“刘警官”让她缴清欠费,并称结案后钱将会退还。该女子通过114查询发现:“刘警官”来电号码确为十堰市公安局总机号码。她便按照吩咐,向指定账户打入2500元。

与此类似,2月26日晚,江岸区一女士接到自称“十堰市公安局民警刘杰”的电话,说其电话欠费。她按要求汇出8000余元。当后来得知公安局没有这名民警时,她忍不住放声大哭。

十堰市公安局机要通讯科负责人介绍,这是不法分子使用网络电

话，利用“任意显号”冒充公安机关进行诈骗。从2月上旬起，该局几乎每天接到从武汉打来的电话，找“十堰市公安局民警刘杰”，但该局没有叫刘杰的民警。这类电话有时一天多达6起，受害人被骗金额2500元—8000元不等，大多是中老年妇女。

得知此消息，本报值班总编辑一口气向记者提了几个问题：这个骗人的“软件”是怎么造出来的？是如何销售的？是否利用了监管漏洞？市民该如何识别防范？

从当晚起，记者就此展开了两个多月的调查。

荆门6市民被骗47万 “任意显”骗局此起彼伏

在记者调查的同时，“任意显”电话诈骗案件的消息不断传来。

荆门警方于3月17日发出预警：“任意显”骗局在荆门出现，6位市民先后被骗，总金额达47万余元。

警方介绍，3月6日9时许，荆门陈先生接到一女子电话，对方自称是武汉市公安局某分局的警官，“警官”称陈先生的账号等资料已外泄，要其转账到另2个账号加密升级。陈先生分2次向对方提供的账号转了38万元，结果被骗。3月5日至7日，荆门城区接连发生6起冒充外地民警进行银行卡诈骗的案件，涉案金额47万余元。

民警表示，此类骗局中，骗子使用了一种“任意显号”软件，给受害人打电话或发短信时，受害人手机上显示的来电号码确为警方电话，甚至是110，令受害人深信不疑。由于骗子转移赃款的账户均为假身份证开具，此类案件一旦发生，警方侦破难度极大。

本报“180°交友俱乐部” 专用手机亦被“克隆”

意想不到的是，通过“任意显”骗人的事在记者眼皮底下也发生了。

今年3月以来，每周四本报“情感周刊·牵手”栏目，都会出现一则醒目声明：近期，我们发现多起冒用楚天都市报180°俱乐部名义的欺诈事件。有不法组织和个人通过“任意显号”软件，让自己的电话号打出时显示我们的联系电话号码：13476198940，然后四处打电话拉征婚生意、行骗，请读者朋友提高警惕……

30多岁的扬杉(化名)女士险些被骗。她告诉记者，骗子曾冒用180°俱乐部专用号码打电话给她，称为其物色了一名条件不错的男士马先生，“马先生很有经济实力，为人诚实。我们俱乐部核实了他的身份，可以放心。”

接着，马先生打来电话与她聊天。由于此前接到“推荐”，扬杉对马先生多了一分信任。

马先生自称40岁，是做工程的，在全国都有生意。妻子去世两年了，现在想找个知冷知热的伴侣。此后，马先生打来的座机区号显示，他一会儿在广州、一会儿在南京、有时还在香港。有一天，马先生开口向扬杉要钱：能不能汇8000块钱给我，我有急用……

扬杉起了疑心，拨通本报电话询问。180°俱乐部主持人大路告诉她，这个号码绝不会拉人征婚，更不会保荐某人“有实力、值得信任”。扬杉这才明白遇到了骗子。大路介绍，从去年3月起，他就发现有人冒用180°俱乐部的专用手机，后来才知道有一种“来电号码任意显示”的技术。骗子利用这种技术，冒用俱乐部旗号征婚骗钱。“任意显”电话诈骗案件不仅在湖北出现。据不完全统计，仅今年2月份以来，新疆、江苏等十余省市警方先后就此发布紧急预警。4月中下旬，上海、广州有两位市民先后遭遇“任意显”骗局，分别损失200余万元……

这类骗局为何泛滥？骗子们所依仗的“变号”技术从何而来？记者就此展开探访。

记者连日暗访，亲身体验了“来电任意显”的可怕之处——

花980元，随意冒充省公安厅总机

网上泛滥成灾的“随意变号技术”

种种冒充他人号码的手机，究竟使用了什么“高明”的技术？

记者通过上网搜索，发现“来电任意显示”等相关搜索结果竟有数十万个网页，更有不少网站声称能提供这项技术。也有许多网页提醒，所谓“来电任意显示”，只是网上常见的“出售违禁物品诈骗”的一种，骗子让你汇钱过去，便会消失得无影无踪。

为了揭开“来电任意显示”的真面目，记者从搜索结果中挑选了5个网站，并通过QQ将其一一加为“好友”。又经过长时间的聊天进行甄别，最后，决定通过一个名为“变号商务”的QQ，花钱购买，一探究竟。

“变号商务”十分狡猾，聊了十来天才给报价

在QQ上，“变号商务”一开始显得很是“正义”，反复声明“只能用于娱乐，绝对不准借此行骗”，并强调：变号只能变成普通的手机号，禁止冒充公安机关等专用电话。

聊天时，“变号商务”似乎并不急于做成“生意”。如果问多了，“变号商务”丢下一句话“哪里来的这么多问题”，就不再理睬。

就这样，断断续续聊了十来天后，“变号商务”打消了疑虑，给记者发来报价。

电脑版：本产品可以登录管理平台（网站）来绑定和修改显示的电话号码。每分钟0.2元打全国，自己随意改号，不受人控制。

手机版则可直接使用电话拨打不需使用电脑耳麦，价格为550元。

记者提出：网上骗子太多，汇款给你，如果不能使用怎么办？“变号商务”回答：你不信就算了。此后不再搭腔。“冷场”数天之后，记者才再次与“变号商务”接上话。

汇款100元，体验一天“中转变号”

为了减小上当受骗的风险，记者采用“激将法”：请你演示一下，打

我的手机，让我的手机显示我本人的号码。“变号商务”嘲讽地传来一行字：笨，不可能显示本机的号码，系统不允许。

记者再提要求：请显示 1390123××××。“变号商务”打出两个字：稍等。

记者的手机随即响起，显示的正是 1390123××××。紧接着，电脑上跳出几个字：怎么样？看到了吧？

记者决定购买，为降低风险，坚持说 550 元的手机版太贵。“变号商务”：要不这样，你汇 100 块钱，仅限 1 天使用。

记者按要求汇了款。“变号商务”说：把你的号码和你想显示的号码告诉我。我给你设置。

约 5 分钟后，“变号商务”称：给你设好了。如果想使用变号，先用你的手机拨打预约号 1391537××××。记住：你要拨的所有电话号码前要加“0”。

记者拨打此号，响铃一声被挂断。几秒钟后，一个无号码的电话打进来，记者接听，听筒里传出声音：请输入您要拨打的电话号码，以#号键结束。

记者遂输入办公室座机号，果然，记者的手机号“摇身一变”为先设定的另外一个号码。

再花 980 元，随意冒充省公安厅总机

记者随后拨打多名同事的手机，都成功了，但是通话质量很差，而且经常接不通。“变号商务”称：你这是最便宜的，线路不好。如果买高级的，给你换一条线路。

第二天，100 元的“体验版”失效了。“变号商务”建议：你可以买普通版。“能不能显示短号码？比如 12345？”记者问。“现在这个不行了。”“变号商务”煞有介事地发来“警告”：110、10086、10010、10000、95588、95599、13800138000，严禁显示此类服务号码和连号超过 4 位的，不能拨打或显示国家政府机关、银行客服电话、400 电话。“没有高级版了吗？”“是的。”“变号商务”回答得很干脆。

然而，事隔 3 天之后，记者再次联系“变号商务”，问：有没有显短号码的卖？我跟老板汇报了，决定买你们的顶级产品。

“变号商务”回答：有。980 元，不还价。

记者如数汇款后，“变号商务”传来一个网址。打开网页，出现一个“用户管理平台”的方框，显示有“登录名称”、“登录密码”。

记者按“变号商务”提供的账号和密码登录“管理平台”，页面上方

标注着醒目的警告语:严禁用于诈骗等非法用途!一旦发现,我们将报公安机关备案。希望配合!本软件只做娱乐之用。

进入该页面的“特别设置”栏目,出现“强制显示”菜单,在“强制显示”菜单中输入任意号码,就可以“任意显号”。此后的操作,与“一天100元”的“测试版”相同——用手机拨打“预约号”、被挂断、“变号平台”呼叫本人手机、接听后按提示音输入想要拨打的手机或座机号码。

记者如法炮制,先后将自己的手机号变成了省公安厅总机和某银行专用客服号。

看到这项“特技”,本报同行惊讶不已:如果心怀不轨的人任意变换自己的手机号,会有多少人上当!

各地频繁发生的“任意显”电话诈骗,明显与这种“变号技术”有着密切关系。这种技术到底是什么原理呢?

本报明日将继续报道,揭开这一谜团。

(编者:王溥　韦忠南　沈伟　潘勤　2009年5月14日—17日见报)

网购黑客陷阱调查

网购货款被黑客劫至陌生账户

本报记者王昱晔　张泉　见习记者夏宇　统筹记者杨向明

网上购物因其便捷、实惠、安全，已成为人们特别是年轻一代的生活方式之一。然而，武昌顾先生的亲身经历则提醒大家，网购在安全性方面亦可能存在漏洞。

拥有丰富网购经验的顾先生，本想在七夕节前为妻子订购一份礼物，但没有想到，他在线付给支付宝的钱，却莫名流向了一个陌生账户。究竟是谁动了顾先生的网购货款？这背后藏着怎样的网购陷阱？本报记者兵分多路，历时多日对此展开调查。

打给支付宝的钱不见了

8 月 15 日下午，家住武昌八一路的顾先生在国内知名购物网站淘宝网搜索“Dissona66339”，这是妻子早在实体店看中的品牌女包，但因为价格高达 1608 元，妻子没舍得买。根据顾的网购经验，淘宝各路卖家能通过各种渠道拿到低折扣的品牌商品。于是，他决定在七夕前网购这个包，圆妻子这个心愿。

进入搜索界面后，他发现，这一款包的网购价格从 337 元—950 元不等。他选择价格相对较低的“韩国熊津百分百正品经销商”，价格为 439.44 元。店家在山东烟台，需另加运费 20 元。

拍下商品后，他与卖家“韩国熊津专营”在阿里旺旺上进行了简单沟通。阿里旺旺是淘宝旗下类似 QQ 的聊天工具，可供买卖双方在线交流。顾先生告诉卖家自己需要购买此包的黑色款。卖家则发来一个压缩文件，要求确认款型。顾先生打开压缩文件，却发现该文件一片空白。

不得已，顾先生重新回到卖家网页上，点击“立即购买”，通过淘宝网提供的充值路径，顾先生来到支付宝页面，进入招行网银充值 500 元，扣款成功。然而，蹊跷的一幕随后出现，顾先生发现，支付宝里却根本没有他刚充的 500 元。

在淘宝网购物的一般流程是，买家先把货款付给第三方支付平台支付宝，待收到商品后检查无误，再通过支付宝将货款付给卖家。顾先生的钱并未成功进入支付宝账户，他这次网购自然也以失败告终。

网银显示流向陌生账户

通过查询网银流程，顾先生发现他的钱被打到了“中国移动通信集团湖南有限公司电子商务中心（下称湖南移动电子商务中心）”名下。

一切按照支付宝的支付流程充钱，钱怎么会莫名流向另外一个陌生账户？而且卖家显示在山东，货款却打到了湖南的账户。顾先生顿时产生一种不祥的预感。

他立即打电话给招商银行，要求银行冻结款项。银行工作人员称，这笔款项已通过“支付”方式付出，银行方没有权力冻结。

顾先生随即又致电淘宝网客服中心，工作人员听完叙述后称：可能是遭遇到黑客侵袭，淘宝方将考虑关闭该卖家。但这笔损失由谁负责，淘宝称是顾客自己的责任。

此后，顾先生在“3·15消费电子投诉网”进行投诉，向工商消协投诉、打110报警，但此事一直未能解决。

卖家利用病毒骗钱得逞

顾先生称，次日他打开计算机时发现有病毒。他的电脑上安装了杀毒软件，但没有杀死该病毒，他怀疑这个病毒与资金被截流有关。

根据顾先生提供的病毒样本，记者找到了武汉大学计算机学院的网络安全省级应急服务支撑中心彭国军博士。经过多日分析，彭国军称，基本能确认这个病毒就是“罪魁”。

结合顾先生所叙述的场景，彭国军认为，当时卖家发过来的压缩文件，就是木马病毒，目前流行的大部分杀毒软件无法对其进行查杀。顾先生点击后，木马病毒被执行，这导致顾先生在网银支付时默认的路径被改变。顾先生网银支付的地址由“支付宝公司”变成了“湖南移动电子商务中心”。

彭国军打了个比方，好比顾客站在支付宝的收银台前，把钱递向收银员的瞬间，被黑客伸手拦截。

黑客登记的是虚假信息

有网友称，在网上查不到“湖南移动电子商务中心”的任何资料，拨打湖南移动公司的客服电话也未能询问到该公司的相关情况。那么，该中心到底是一家子虚乌有的单位，还是一家经营手续齐全的正规企业？网购资金又何以流进“湖南移动电子商务中心”？9月8日，记者赴湖南长沙进行调查。

经长沙市工商局工作人员查询，该中心是湖南移动下属的全资子公司，在湖南省工商部门注册登记。随后，记者来到湖南移动总部，经工作人员证实，该公司就在与总部相邻的某保险大楼三楼。

得知记者来意后，该中心风险管理人员黄晓亮介绍，该中心是第三方支付平台，主营手机支付。目前，该平台下拥有1000余万用户。用户只要用手机在该中心注册登记，即可获得一个手机银行账户。该平台所有手机用户统一的账户名称为“湖南移动电子商务中心”。因此，顾先生的钱，其实是汇到了该平台下某一个手机用户账下。

黄晓亮解释，湖南移动电子商务中心不会也不可能去行骗，但骗子却利用手机支付这一平台进行行骗。据了解，目前手机支付多用于缴纳通讯费、水电费、买游戏点卡等，不能直接套现。但是，骗子可以在网上购买游戏装备、游戏点卡，然后抛售给游戏玩家，将钱套现。

黄晓亮称，没有公安等部门的指令，公司也没有权力对骗子的账户进行冻结。但该中心可以根据买家提供的网银流水，查询到每一笔流入该中心的网购资金到底流进了哪一位手机用户的账户。据该中心查询，目前顾先生的500元在湖南移动电子商务中心用户“胜利”的名下，手机号为13755525844，注册的身份证号居然是54874132。

黄晓亮称，由于今年9月1日之后，手机实名制才开始推行。因此可断定，该用户注册信息为虚假信息，属于非实名制用户，记者多次拨打该号码均显示此号已停机。

（编者：李欣　2010年9月13日见报）

六百余人被骗仅仅是冰山一角

本报记者王昱晔　张泉　见习记者夏宇　统筹记者杨向明

在支付宝“收银台”前付款，收款的却是别家的“收银员”。遇到这种怪事的，远不止顾先生一个。

9月8日，本报记者在湖南移动电子商务中心采访时，看到风险管理员黄晓亮携带的一份内部资料“风险事件通告”，其上写道：最近收到多起用户被欺诈的投诉，这些用户的共同特征是在淘宝网购时，资金被充入不法分子开通的手机支付账户中。经统计，截至8月12日前，今年共收到银联、银行、用户要求协查的交易442笔，涉及资金30余万元。

支付宝公关人员王子凌接受本报记者采访时，也承认最近接到很多类似投诉。至于具体投诉量，他称“不能透露”。

半个多月来，记者多方调查得知，因受黑客侵袭，淘宝网购资金被骗的网民增长迅猛。但由于投诉无门，他们建立了多个QQ群，并在多家门户网站发帖以期引起关注。

上海受骗者李淼8月22日组建QQ群“淘宝购物维权”，9月7日群友达200人，受骗者遍及全国各地。群满后，李淼又建立“淘宝购物维权2”，目前群友已有39人。据负责统计群友受骗金额的珠海受骗者卢灵玲称，目前两个群中有统计的受骗者为160人，涉及金额13.1万余元，被骗资金均流向湖南移动电子商务中心。其中浙江台州郑景慧被骗单笔金额最大，为6600元；仅9月6日一天，群友反映被骗20余起，涉及金额2万余元。

其实，骗子并不仅仅附着在湖南移动电子商务中心这一平台。记者查询“3·15电子消费投诉网”发现，网购资金被截留至第三方支付平台的还有北京联动优势有限公司、上海银联电子支付有限公司、上海便利通电子商务有限公司、上海环迅电子商务有限公司等等。

网友卢灵玲称，目前国内有第三方支付平台公司320余家，再加上很多人被骗后“自认倒霉”，由此可以推断，黑客利用湖南移动电子商务中心这一手机支付平台骗取600余人资金40余万元，仅仅是冰山一角。

（编者：陈曙光　2010年9月13日见报）

投诉无门被劫资金难以追回

记者王昱晔　张泉　杨向明　见习记者夏宇

汇往支付宝的钱被陌生账户劫走，数百名消费者投诉无门。

9月10日10时许，记者在百度上输入“中国移动通信集团湖南有限公司电子商务中心”字样，可搜索出17900篇相关信息，记者浏览了数十页，多数帖子主题是网友对资金被劫走的疑惑和申诉。

在多个淘宝购物资金被劫的QQ群中，群友们没日没夜地讨论维权办法，但他们唯一看到的是，群友在不断膨胀，而解决之道仍是茫然无措。

资金被劫走后，顾先生先后找到工商部门、淘宝客服中心和公安部门投诉，但都没有结果。无奈之下，顾先生致电本报投诉，“我没有精力为500元东奔西走，但我真的想搞清楚这是怎么一回事。”

连日来，记者代替消费者走了一趟维权路，艰辛备尝。

淘宝、支付宝　消费者操作不当造成损失

记者叙述了顾先生的遭遇后，淘宝公司公关人员索超和支付宝公司公关人员王子凌都称：是用户操作不当造成的。

“遵循相关平台的本身规则与流程。包括在淘宝购物一定要使用旺旺等；接收交易方发来的链接和文件要谨慎；加强安全意识，保持上网环境安全。更新杀毒软件，常杀毒……”王子凌称，这些注意点之前都在公司公告栏、微博里提醒了用户，但许多用户没有按操作规范操作。

而网友则称，在淘宝网购物，通过旺旺与卖家进行交流是必不可少的环节，以前也一直是这样操作的，对于网络木马根本防不胜防，只有网站加强防护，堵住漏洞，才能真正保护网民不上当受骗。

通过淘宝后台查询得知：淘宝卖家“韩国熊津百分百正品经销商”这家网店在8月13日—15日期间有被黑客侵袭的迹象，但此后一直止常。

卖家“韩国熊津专营”是不是黑客？王子凌称“没法确定”。但是8月13日—15日期间，卖家的登录地址与平常不同，对于账户的操作也有异常。

对于如何挽回损失，王子凌称应该向公安机关报案，支付宝会全力配合。

银行　正常支付行为无法冻结

发现资金流向不对时，银行是否可协助追回？记者找到多家银行，工作人员均表示，银行无法冻结已支付或转账出去的款项。

银行人士解释，虽然钱并未流向指定的账户，但实际上，整个支付行为本身并无异常。如果没有公安机关、法院或检察院的指令，银行没有权利冻结资金。

工作人员表示，想要直接从正规网络购物订单页面上篡改收款方的可能性不大，银行方面已经对网络木马、病毒、黑客做了大量的防护，也在用户交易时进行了风险提示，提醒防范假链接。

该人士说，其实只要具有一定的安全防范意识，用户不容易受骗，例如不轻信过低价格，不通过卖家自己发送的商品页面或链接支付，付款前在查询交易订单处确认订单、核实商户名称和支付金额。实际交易过程中，不少消费者忽视了这个环节。

第三方支付平台　无法识别用户是否是骗子

一直以来，湖南移动电子商务中心被许多受骗者认作是骗子公司。经过连日调查记者发现，该公司确实存在。不仅如此，湖南还是我国第一个国家移动电子商务示范省，核心项目之一即打造电子商务中心。

有这样背景的公司，就这样被黑客攻入和利用，匪夷所思。

9月8日，记者来到湖南移动公司电子商务中心。该中心坐落在湖南移动公司大楼旁的写字楼三楼。

该中心风险管理人员黄晓亮说，出现网购者资金被劫的情况，淘宝有一定的责任，淘宝应该提供安全的购物环境。“我们中心唯一的责任是用户开户前，没有分辨出是否是骗子，实际上也无法分辨。”

但黄晓亮也表示，即便是骗子在该平台开户，也并不会必然导致网购者的资金被劫。据介绍，目前该公司的1000万用户中，只有20%的用户为非实名制用户。

公安部门　立案侦办难度大

发现受骗后，顾先生曾向警方报案，在水果湖派出所内，警察进行了比较详细的笔录，但至今未有回音。

9月8日，记者带着相关材料到长沙市公安局网技支队报案。工作人员建议：回武汉报警，请求武汉警方给湖南移动发函，冻结骗子的账户。这位公安人员称，以前没有碰到过支付宝被木马攻击导致资金被截流的案件。这种事情能不能解决，要看当地公安机关有无决心。

湖北省公安厅网络安全监察处相关负责人表示，这种情况已涉及经济犯罪，需要涉事企业所在辖区的公安部门来侦破。同时，立案需要达到一定金额并且收集到一定证据，这个积累过程会延迟公安部门破案时间。

记者从武汉警方了解到，每一笔被劫的金额都不大，不够刑事立案条件，但可以作为治安案件来侦办。由于这类案件太多，且一般涉及异地，需要异地公安机关协助，因此，侦办难度较大。

工商部门　要靠消费者自己揭露骗局

记者又找到武汉市工商局，相关人士称，这种网购投诉取证太难，不知道过错在哪一方。“靠目前工商方面的技术手段很难轻易解决这种问题，实际上，目前网购维权本身就是一大难题。”

省消费者委员会投诉科主任蔡浩告诉记者，消委会职能是调解，网络交易的调解尤为困难。由于实行辖区受理制，消委会也只能将投诉转向湖南省消委会，再通过湖南消委会进行调解。

9月9日，记者以受害者身份前往长沙市工商局投诉。该局12315中心一位姓袁的工作人员介绍，湖南移动电子商务中心是正规的注册公司，其本身并无欺诈行为，黑客只是利用这个载体行骗，工商部门没法查处该公司。

她说：“除非能证明该中心在黑客行骗过程中存在责任，工商部门才能受理。从手段、职能、权限等多方面考虑，此类事情还是要由公安部门处理。”当记者提出，公安部门因受骗金额太小而不予立案，是否意味着职能部门眼睁睁地看着更多人受骗？这位工作人员笑了笑，不置可否。

此外，这位工商人员认为，需要靠消费者自己通过各种方式揭露骗局，以免更多的人上当。

（编者：谢礼逵　2010年9月13日见报）

年逾半百的农民夫妇一生都未摸过电脑，他们的名字却赫然列入电脑培训台账上——

是谁给钟祥“阳光工程”抹上阴影

本报讯(记者郭修德　舒均　实习生殷琴　刘露　夏爽)钟祥市九里乡一对年逾半百的农民夫妇,一生都未摸过电脑,可他们的名字却赫然出现在省农村劳动力转移培训阳光网的台账上:他们去年不仅参加了电脑培训,还享受了政府给予的数百元补助。

12日,记者接举报后赶往钟祥市调查。据省阳光网台账显示:去年共有441名农民在钟祥市英才职业学校参加过电脑培训。其中,九里乡王岭村56岁的王顺刚去年7月参加培训36天,享受财政补助300元。结业后,他到北京找到了月薪千元的工作;其妻子史从兰也参加了电脑培训。

记者设法找到王顺刚夫妇,他们对此十分惊讶:“长这么大,我们连电脑都没摸过,更不知道有阳光培训一事。”且去年7月正值农忙时节,他们不可能有时间参加培训。王顺刚说,他只有小学文化,妻子史从兰连小学都没上过,根本不可能去学电脑。

该乡肖店村宋祖保也被列入了台账:参加了电子操作工的培训。但其妻子吴某称,丈夫去年一直在家,从未参加过英才学校的培训。该村的侯志祥也被指参加了电脑培训,其家人称,绝无此事。

据了解,“阳光工程”是由政府财政支持,对农村劳动力转移到非农领域就业前,进行职业技能培训的项目。按去年的政策规定,我省参加该项培训的农村劳动力,按培训时间长短,每人可获得143元、300元、500元不等的补助,钱由财政补贴给培训学校。据台账显示:仅去年一年,钟祥市就有3967名农民参加“阳光工程”培训。到底有多少农民真正参加了培训?记者不得而知。

对此,省“阳光工程”办公室负责人和钟祥市政府领导昨表示,“阳光工程”是党的一项惠农工程,绝不允许“阳光工程”出现阴影,绝不允许有人借此弄虚作假,骗取国家资金。他们将派人调查核实,如其中存在作弊行为,将严惩相关责任人。

(编者:张仕武　周保国　2008年7月17日见报)

武昌至深圳的T67次列车上，暗藏一间私搭乘客的阁楼

本报记者卧底揭开“秘密通道”

本报记者蔡青　刘毅

没有检查携带品，也没有检查任何证件，在T67次列车工作人员的指引下，我们顺利登上该车，藏身于空调发电车厢顶部的一个秘密阁楼，与其他私搭乘客一起，从武昌抵达深圳。到达目的地之前，列车工作人员向每人收取130元后，给了包括卧底记者在内的每人一张广州至深圳的短途车票，让我们顺利出站。这就是连日来，暗访T67次列车私搭乘客的过程。

目前正值奥运期间，在列车上居然有如此大的漏洞，令人触目惊心。

——记者手记

读者举报：T67次私搭乘客

本月初，读者老王约见本报记者，提供一条重要线索：从武汉开往深圳的T67次列车上，有一条私搭乘客的“地下通道”，私搭者通过打点少数列车工作人员后，被安排在列车的空调发电车厢顶部阁楼，可避开检查，并享受“卧铺”待遇。这种情况持续了很长时间。

老王说，私搭的乘客可以通过两种途径上车：一是在武昌火车站，通过拉客的“兔子”带路，与列车上的工作人员取得联系；二是买一张站台票或者短途票上车。

老王说，T67次3号车厢是空调发电车厢，也就是暗藏乘客的地方，可通过4号硬座车厢进入。他还向记者交代了一些如何进入“秘密通道”的细节，包括怎样与列车员“搭讪”。

老王告诉记者，他的做生意的儿子也被私搭过，他觉得这样很危险，迟早可能会出事，决定向有关部门和媒体举报。

老王所述是否属实？车厢阁楼如何夹带乘客？带着疑问，记者决定暗访T67次列车。

一探T67，记者半途而返

T67次列车，是由武昌火车站发往深圳的特快列车，每天晚上7时

15分发车，总行程1200多公里，单程耗时近12小时。

8月11日下午，本报两名记者前往武昌火车站，买了两张T67次武昌至咸宁的短程站票，来到该车停靠的6号站台，从4号车厢上车。当晚7时15分，列车准点发车。

列车开动后数分钟。4号车厢内，一名身着蓝制服的工作人员（蓝制服A）正在和人攀谈。“师傅，我们是到深圳去的，只有短程站票，能不能搭个‘卧铺’？”记者按老王的吩咐，上前与蓝制服A“搭讪”。“熟人介绍的？”蓝制服A打量着记者。

记者点头。“去前面等。”蓝制服A指着4号车厢与3号车厢的连接处说。

当晚8时许，列车第一次停站后，蓝制服A悄悄来到记者面前，小声说：“跟我走。”随后用钥匙打开连接处的一道铁门，旋即关上。

两名记者跟随蓝制服A，进入3号车厢内，只见一排发电机组正轰轰作响。小心地侧身穿过发电机组，进入另一扇门，走进总控室，记者看到了成排的控制箱。在总控室隔壁有休息室和卫生间，以及一架一人高的铝合金工具梯。“谁介绍你们来的？”另一名身着蓝制服（蓝制服B）的工作人员双腿搁在总控室办公桌上说。“小林介绍的。”记者按照老王教的“程序”回答。“你们是干什么的？”蓝制服A盘问。“搞点手机生意。”记者答。“到深圳什么地方买？到武汉什么地方卖？”

两人盘问了近十分钟后，嘀咕了一下，其中一人说：“你们出去吧。现在查得比较严，过段时间再来。”

随后，蓝制服B将记者带到餐车上，为记者补了从武汉到深圳的车票，并留下其姓氏和手机号码。记者见无望进一步了解详情，当晚近11时，在长沙站下车。

二探T67，记者混进暗楼

隔了几天，记者与留下手机号的蓝制服B取得电话联系，他称“可以考虑带你们走了”。

8月19日晚，记者再次从武昌火车站凭站台票搭乘T67次列车。

记者走下站台，刚靠近4号车厢，就被车门口站着的一个人叫住了。“哎，你们跑得挺勤的嘛！”原来是蓝制服A，他认出了我们。

记者登上4号车厢，小声对检票的乘务员说：“老B（指留电话的蓝制服B）介绍的。”乘务员没有要记者出示车票。

4号车厢内乘客或站或坐，满满当当。不一会儿，蓝制服A笑眯眯地走来，记者轻车熟路地跟他站在一起，等着他把锁住的3、4号车厢连接处打开。

“你们跟着他走。”蓝制服A说罢一努嘴，记者发现一名穿橙色上衣的男子，手提一只黑包和一只包装箱，走进发电车厢。

进入发电车厢总控室后，蓝制服B也在里面。他告诫记者：“最近警察查得比较严。”他还说橙衣男子是“老客户”了，是到深圳贩卖手机的，跑这条线路已经几年。

接着，蓝制服A带我们沿车头方向走出总控室，在过道上踮起脚，把头顶上贴着的盖有公章的封条小心地揭开，用钥匙将很小的通道门打开，随即将工具梯架好。反复叮嘱“将手机调成无声或震动”。手拿黑色提包的橙衣男子，迅速侧身钻进了车顶的“卧铺”。

记者有些迟疑，突然感到一阵莫名的紧张和压抑。一旦进了这个小通道，通道门就会被再次锁上并贴上封条，这就意味着自己钻进了一个封闭的铁笼子。

蓝制服A站在旁边，仿佛是在无声地催促。

不能犹豫了。两名记者对视片刻，先后钻进阁楼。

狭隘的车顶阁楼上有三个铺位，呈L形布局。一盏昏暗的灯照明，铺垫、被子、枕头等一应俱全。记者匍匐着爬到铺位上躺下。“要上厕所，就发短信。”蓝制服A丢下这句话，啪的一声将通风口锁上。“砰”！记者瞬间心跳增速。

记者躺下来后细看，阁楼不到半人高，记者身边是一个长约2米、宽1米、高约半米的大型容器，里面明显装着液体，容器周围包裹着海绵，四周还有一些金属管道，车顶侧壁上还有两个小的通风口，里面吹出凉风。

身边的橙衣男子，显得十分熟悉环境，安然躺下后，拿出杂志阅读。记者试图与之搭讪，但该男子一直未予理睬。大约夜晚10时许，男子似乎已入睡，发出了轻微的鼾声。

隔着身下的木板，可隐约听见蓝制服A与B的谈话。

夜，渐渐深了。列车在有节奏的哐当声中，过了一站又一站，向深圳方向飞驰。阁楼下的发电机轰鸣着，搅得记者无法安睡。

8月20日早晨7时许，小通道的门被打开。“到深圳了，准备出站。”蓝制服A吆喝。

橙衣男子顺着楼梯爬下。记者借帮该男子递手提包的瞬间，发现提包很沉。

下到车厢后，蓝制服A拿出三张短程车票。一名记者手中的车票编号是03H013457，起始站为广州，票价25元。

蓝制服A要记者每人支付130元,出站就跟着橙衣男子走,并把记者送到4号车厢。

火车到站以后,记者手持短途票出站,紧随橙衣男子。该男子虽手提重物,但行走速度极快。他出站后,没有随人流走出出站口,而是另辟蹊径,通过了少有人走出的地下隧道,最后消失在深圳火车站东站口的广深铁路大酒店附近。

(编者:韦忠南　刘鹏　2008年8月22日见报)

5个月交通罚款达2300元，车主蹲守3天揪出套牌车——

套牌车司机竟是武昌一民警

本报讯（记者吕锐　陈勇　叶宁）蹲守3天后，司机陈志中开着自己的黑色爱丽舍轿车，终于在武昌粮道街堵住了另一辆一模一样的套牌车。令他诧异的是，开套牌车的司机，竟然是武昌粮道街派出所的一位民警。

33岁的陈志中家住洪山区检察院附近。2004年9月底，他以妻子章敏的名义购买了一辆黑色爱丽舍轿车，牌照为鄂AKU529，供上下班使用。

今年5月至10月初，他收到许多交通违章罚单，罚款竟达2300元。罚单记录的违章地点，多在武昌中华路、粮道街、京珠高速、青山区等地。而这些地点，他在这几个月内根本没有去过。

怀疑自己的车被套牌，但抓不住套牌车，陈志中只得如数缴纳了2300元罚款。11月28日，他来到武昌交通大队调看电子眼违章录像时，发现自10月初以来，他又有3次电子眼违章记录，地点均在中华路及粮道街。监控录像显示，违章的是一辆与他的颜色、车型、牌照一模一样的黑色爱丽舍轿车。随后，他决定在中华路及粮道街蹲守套牌车。

昨日下午2时50分，在中国工商银行粮道街支行门前，他终于发现了停在路边的套牌车，并当即报警。10分钟后，几乎就在武昌交通大队二中队交警赶到的同时，一名中年男子来到该套牌车前准备开车。交警当即将他拦住。该男子称，这辆车是他开的，他是武昌粮道街派出所的民警，姓佘，并出示了警官证。交警请示大队领导后，将该车扣留，并暂扣了该男子的警官证。

开套牌车的男子随后赶到二中队，提供了一份情况说明，与他随行的还有粮道街派出所的一名领导。该男子拿出的情况说明上写着，这辆车是他们今年8月在洪湖市追回的赃车。

下午5时，记者从武昌交通大队二中队了解到，他们已将此事移交给大队处理。

昨晚，记者联系上武汉市公安局督察部门。一位值班民警称，民警驾驶套牌车上路行驶，与普通司机一样，应严格按《道路交通安全法》相关法律处罚。

根据《道路交通安全法》规定，对套牌车辆除追究当事人使用套牌责任外，还要追究其超速、闯红灯、越线行驶等交通违法行为的法律责任。如当事人驾驶套牌的拼装车或者已达报废标准的机动车上路行驶，还要处以1000元或1500元罚款，并吊销驾驶证，套牌车辆依法拍卖上缴国库。

一位不愿透露姓名的警方人士介绍，根据规定，公安部门收缴的赃车，结案前严格禁止上路；结案后应上交国库，国库可予以拍卖，也可以实物性质返还给办案机关作公务车使用，车牌由公安部门配备。

（编辑：陈红彬　宋效忠　2008年12月2日见报）

附：报道追踪

武汉警方迅速查处"套牌车"事件

当事民警被停职

本报讯（通讯员武公轩）本报昨天在一版报道《套牌车司机竟是武昌一民警》之后，武汉警方高度重视，迅速组织专班进行了调查，警方对本报的舆论监督表示感谢。

当天，派出所领导和当事民警上门向司机陈志中表示歉意，对套牌车造成的罚款给予妥善解决，取得了当事人的谅解。

根据《人民警察法》的有关规定，目前，警方已对当事民警采取停止执行职务措施，待事情查清后，将依纪依规严肃处理。公安机关并就此事举一反三，堵塞漏洞，加强队伍管理，教育民警牢固树立执法为民的意识，做遵纪守法的模范。

（编者：谢礼逵　2008年12月3日见报）

摆个筒就收钱　不交钱就扣证

高速上，施救车为何成“宰人车”

本报记者姬栋

读者来信：施救公司坏了湖北高速形象

尊敬的楚天都市报记者：

我是一名来自河北的货车司机，常年往返于河北和广东，经常经过湖北境内。最近，我不敢走湖北高速公路，因为被罚怕了。但迫于生计，我不得不再次驾车一路向南。

现在，只要车坏在湖北高速公路上，就有清障车立即赶过来，在你的车周围摆几个交通筒，动辄收费300元。如果需要维修和拖车，至少是上千元。如果你据理力争，他们就会强行没收你的驾驶证和行车证。

他们不是在提供服务，而是在败坏湖北高速的形象！我们跑一趟广东，辛苦上千公里，也只能赚1000多元。谁知被他们这样一罚，几天的辛苦全泡汤了。

后来，有司机告诉我：这些施救公司都是承包了某段高速公路的施救任务，以赚钱为目的。

在此，我代表广大司机希望湖北的交警、交通部门能管管他们，遏制这股歪风，重树“湖北高速”形象。

乱收费多次报道

接到读者的来信后，记者在网络上搜索，发现关于高速施救公司乱收费的现象并不鲜见，本报在近两个月内就报道过多次：

3月14日，随州司机秦先生在京珠高速公路东西湖段上停车检查轮胎，结果被清障施救公司收了300元“清障费”。

2月13日，司机阳先生驾驶小货车在武黄高速公路19公里处抛锚，高速施救公司强行扣留司机的驾照和行车证，以索取200元的施救费。

更有甚者，2月5日，武汉一辆面包车在武黄高速公路武东出口遇车祸，但施救公司却将事故车拖到鄂州泽林去处理，光拖车费就收了4000元。

记者探访不交费，休想走

为何这些施救公司敢明目张胆“乱收费”呢？ 3月21日，记者就此进行了暗访。

当日下午3时许，在京珠高速咸宁泉口段时，采访车停在紧急停车带不到2分钟，就有一辆印有“高速施救”的小货车疾驰而来。小货车还没有停稳，一名工作人员就跳下车。

“什么故障？”他急切地问道。

记者称：“水温有点高，停在路边休息一下。”

随后，他不动声色地从货车上取下三个交通警示筒，依次在采访车车尾摆好。另外一名工作人员则拿出发票说：“在此停车，要交280元清障费！”

记者据理力争：“我的车只是临时停一下，待会儿就走！”

这名工作人员则称：“临时停车也要收费，而且我们在这儿摆了交通筒，算是清障！”眼看记者不愿交费，他竟然拦在采访车前面。

他还拿出省物价局、省公安厅交警总队的文件，指着上面的清障、施救作业费一栏说：“上面写的收费标准就是280元，我们根本没有多收费。”

另外一名工作人员则说：“我们是高管八大队下面的施救公司，你不想交费，休想走！”

这时，记者拿出相机拍照取证时，两名工作人员连忙躲上车，准备驾车离去。记者看到，这辆施救车的车牌号为鄂A44044。

交警自称无奈只管准入，无法处罚

2007年2月12日，湖北省物价局会同省公安厅交警总队专门发文，规范高速公路清障、施救单位的收费行为，统一收费标准。昨日，省交警总队高管支队宋副支队长表示，目前，全省共有10多家高速公路施救公司，高管支队对施救公司实行“准入制”，实行社会化经营。为避免无序竞争，一个施救公司会专门负责一定的区域。

在采访中，省高管支队负责人表示，尽管不断有施救公司乱收费，但他们只能从中协调，或交由物价、工商等部门处理，交警部门没有直接处罚权。

他承认清障施救中存在不少问题：目前收费问题屡禁不止，高管支队从2006年至今共收到发生各类投诉100余起。这其中，个别公司人员冒充交警执法，甚至扣证、扣车、威胁驾驶员强行收费。

高管支队在调查中还发现，一些施救公司员工打“擦边球”，穿疑似警察制服的工作服，严重影响了高速交警的形象。而且，部分施救公司与少数民警仍然存在着“剪不断、理还乱”的利益关系，以至于出现监管不力、不敢碰硬的现象。

交通部门指出垄断经营，才是根源

“其实，施救公司乱收费是垄断经营的结果！”一位不愿透露姓名的交通部门负责人称：由于现在交警指定了专门的施救公司，司机在施救中没有任何选择余地，人为地造成垄断经营；而且施救公司是企业，自负盈亏，不可避免地将各种费用转嫁到车主身上，乱收费就不可避免了。

物价部门建议违规公司，坚决踢出

如何遏制这种情形发生呢？昨日，记者采访了省物价局收费管理处有关负责人。他说，当车辆在高速公路上发生故障时，如施救公司不请自来，强制性收费，属于违规行为，司机可以拒绝缴纳或向物价部门举报。

这位负责人也说，交警作为施救公司的准入部门，也应加强监管，不能准而不管；对经常性违规的施救公司，应坚决踢出去。

省交警总队高管支队宋副支队长表示：部分施救公司的乱收费现象已经引起了各级党委和政府的重视，加强高速公路清障施救监管势在必行，将逐渐淘汰不规范的“皮包”公司。

链接

京珠高速有免费施救

方法：拨打96576

昨日，京珠高速公路管理处鄂南收费所副所长祝巍介绍，在京珠高速公路湖北段上，司机可拨打96576，施救人员会将故障车辆免费就近牵引至高速公路的服务区、停车区或出口。

（编者：刘雄　2009年3月27日见报）

解救智障"奴工"

几经波折，几番努力，本报记者随专班深入冀南一砖场

历时四昼夜，奔走千余里 远赴河北解救竹山"奴工"

本报讯（记者刘汉泽）竹山县一名失踪6年的青年，竟受困河北成为"奴工"，稍有不慎就会遭到打骂。岁末之际，本报记者随竹山县解救专班远赴河北，救出了被困青年杨先海，同时还救出另3名外省青年。

杨先海有轻度的智障。6年前，17岁的杨先海外出打工时失踪，其家人寻找多年未果。

本月18日，杨先海的母亲肖全珍收到一封书信，重庆巫溪县农民赵申满在信中称，他在河北省临西县一砖场打工时，认识了杨先海，杨被当地一农民控制，被迫在砖场做"奴工"，每日要干活12小时以上，稍有不慎就受到打骂。与杨先海一同被困的共有4名青年，他们每天只能吃馒头、稀饭，干活儿拿不到一分钱，晚上睡觉也被锁在屋里。

杨先海的父亲杨明千请赵申满赶到湖北协助他寻找儿子。随后杨、赵二人来到竹山县政府请求解救。

27日晚，记者随竹山解救专班抵达河北临西县。解救行动得到临西县有关部门的配合。28日晚，"奴主"马连合被迫托人将杨先海等4名青年交给警方，另3人分别为河南、山东、河北智障人员。马连合赔偿杨先海家人5万元。

经查，杨先海离家后，先后被人强迫在陕西、河北的砖场、养殖场干活，所得报酬均被"奴主"拿走。从2005年起，马连合控制了杨先海等4人为其做苦力。

另3名被解救出来的智障青年已被安置在当地民政部门，临西县政府答应为他们找到家人。

（编者：张仕武　李晨曲　2007年12月30日见报）

17 岁青年失踪 6 年，就在家属几乎放弃寻找时，
一封来信却道出惊天的秘密——

重庆来信：竹山青年被困黑砖窑

本报记者刘汉泽　特约记者龙桥

6 年前，17 岁的十堰市竹山县青年杨先海失踪，家人四处寻找无果；6 年后，重庆农民赵申满竟在河北省临西县一个砖场里，发现了被逼做“奴工”的杨先海。2007 年的岁末之时，记者赶赴竹山采访，随后千里奔袭，随警方赴河北解救杨先海。

收到神秘来信，失踪儿子被困河北

12 月 18 日，竹山县深河乡茅坝村农妇肖全珍正在地里劳作，却收到一封来自重庆市巫溪县的信，她愣住了——信上有她失踪 6 年的儿子的消息。

信的署名是重庆巫溪县花台乡八龙村农民赵申满，他在信中称：你们是不是有个失踪的儿子叫杨先海，我在河北打工时见过他，他现在困在一个砖厂里被强迫做苦力，他曾求我救他……

看完信，又惊又喜的肖全珍立即将消息告诉给在武汉打工的丈夫杨明千。失踪 6 年的儿子怎么到了河北？杨明千当即按信中留下的电话，跟老赵联系，并恳请老赵尽快赶到武汉，协助他寻找儿子。老赵没有推辞，答应乘坐当晚的汽车前往武汉。

外出打工被拒，17 岁青年悄然离家

时间回到 2001 年。

杨明千家住竹山县一座大山里，杨家生活贫困，4 个孩子都没有读多少书，大儿子杨先海小学未毕业，就弃学务农。

2001 年春节，看着村里其他年轻人在外打工挣钱回家，17 岁的杨先海便吵着要外出打工。考虑到儿子年龄太小，又没有读多少书，更因为他平日表现出思维有些混乱，甚至轻度智障，杨明千担心他外出受骗，便不同意儿子外出。为此，父子多次争吵，杨先海还曾说要强行外出打

工。

2001 年 1 月 29 日，正月初六，杨明千让杨先海出门放牛，但直到深夜，儿子仍未回家。

杨明千跑到牛圈，发现牛好好地拴着。他此时才醒悟过来，儿子可能真的打工去了，便立即发动亲戚朋友寻找。

母亲急白了头发，举债万元寻子未果

杨先海失踪之后，杨明千便花 30 元一天的价格，请了 20 多名村民帮忙寻找。他们在竹山县几乎找遍了每个乡镇，均无所获。他们甚至举债万元到相邻的房县、竹溪县寻找了一个多月也没找到人。

一次，杨明千夫妻在房县大山中寻找时，饥寒交迫地迎着风雪摸索走了一晚上，直到第二天中午才找到一户人家。刚走进农户的家门，杨明千就晕倒在地。

找了半年无果，肖全珍听到一个迷信说法，说是用饭能叫回丢失的儿子。从此，每次吃饭时，她总是先盛一碗饭放在门槛上，朝门外呼叫："海燕（杨先海的小名），吃饭了，你快回来吧！"多少次，肖全珍叫着叫着就痛哭起来。她呼叫了 4 年，急白了头发。

重庆好心人，来到湖北协助解救

12 月 19 日，重庆好心人赵申满到达武汉，讲述了他发现杨先海的始末。

52 岁的老赵是巫溪县农民，今年 9 月，他和老乡到河北临西县城的一家砖场打工。

进入砖场不久，老赵就发现砖场有 4 名被老板称为"傻子"的人，这 4 人被人分别称为"二柱、二狗、小马、小杨"。他们每天被看守盯着，稍有懈怠便会遭到棍棒殴打。他们每天至少要干活 12 小时以上，但他们却只能吃馒头、稀饭和腌菜。

晚上，4 人被 3 把门锁控制在一间低矮的砖房里，拉撒都用桶往外送。老赵想知道这 4 人的情况，但看守只要看见这 4 人与别人说话，就会上前打骂。据老赵了解，这 4 名"奴工"是被当地农民马连合控制。

一天中午，砖场出了事故，正在干活的"小杨"被卷进砖机，等众人把他救出来时，他的右胳膊已经骨折。两星期后，小杨又回到砖场，他右胳膊打着石膏，左手还要搬砖、推板车。

老赵和老乡们都很同情他们。一天下起大雨，老赵和小杨在窑洞避雨时，小杨突然跪在老赵面前，说他是湖北竹山县人，请老赵带他回家。老赵认真记下了小杨的家庭住址。

11 月中旬，感到挣不到钱的老赵和同乡回到家乡重庆，随后他便按小杨所说的地址给杨明千写了一封信。

20 日，老杨和老赵回到竹山，他们向县公安局、乡政府反映了情况，请求解救杨先海。

在县委、县政府的重视下，竹山县组成解救小组，于 26 日晚从竹山出发，前往河北解救杨先海。本报记者带车前往，实施跨省大解救。

（编者：胡成　2007 年 12 月 30 日见报）

两省警方解救，"奴工"走出黑屋

分别6年，父子相拥已无泪

本报记者刘汉泽

27日晚，记者与竹山县解救小组一行11人，踏着夜色抵达河北省临西县……

记者暗访，瞥见"奴工"黑屋

28日清晨7时许，为了确认杨先海是否还在砖场，在老赵的带领下，记者前往杨先海干活的临西县临西镇侯寨砖场暗访。

侯寨砖场距县城约3公里，走过一段颠簸的土路，远远就望见一根高耸的烟囱。砖场坐落在一片广阔的平地上，附近一公里内荒无人烟。

走近发现，该场没有招牌、没有大门、没有围墙，场区内一片冷清，只有几排砖坯被塑料薄膜盖着，没有人在场内干活。从生锈了的砖机来看，这里好像停工了。老赵指着一间用红砖垒起的工棚说，那就是小杨等4人以前睡觉的地方。记者透过门缝一瞅，棚内无窗，一片黑暗，内有一个用红砖砌成的"床"，上面堆着一些稻草。

到哪干活，全听"奴主"摆布

据一名自称守场的老人说，一个月前，这个砖场就停工了，小杨等4人也离开了砖场。在老人的指点下，记者来到砖场一侧寻找砖场老板侯某，可侯某不在，侯某的妻子正在家里干活。

记者佯称想承包砖场，与侯某的妻子交谈，并询问小杨等4人的去处。她说，砖场停工后，黑工头马连合已将小杨等4人带到一个养鸭场干活去了，但具体在哪儿，她不清楚。

获此信息后，解救小组十分兴奋，并立即制定下一步解救计划：要救杨先海，必须先找马连合；要找到马连合，必须先找到砖场老板侯某。

避而不见，黑工头交出4"奴工"

28日上午9时许，解救小组来到临西县公安局。该局治安大队长刘一民获悉情况后立即向局主要领导汇报，并迅速与解救小组协商找人、解救方案。

上午10时许，刘一民大队长、县劳动监察大队大队长李强等人带领解救小组抵达侯寨砖场，将正欲外出的砖场老板侯某截住。

经查，该砖场一直是无证经营，因侯某经营不善，几年来，砖场因资金困难曾多次停工。劳动监察大队当场向侯某下达处罚通知书，要求侯某停业接受调查。

侯某承认，确有4名“智障男子”在砖场干过活，他们的工头是该县摇鞍镇马尔寨农民马连合。侯某称，马连合带着这4人，近两年来多次在附近砖场、养殖场干活，所得收入均被马连合独得。

事不宜迟，刘大队长立即带我们赶到摇鞍镇。该镇派出所关所长获悉情况后十分配合，立即带人前往马连合家中，但遗憾的是，马连合并不在家。

如果强行抓捕，可能会打草惊蛇，如果马连合闻讯逃跑，将对解救行动十分不利。关所长迅速找到马连合的妹夫，对他讲明政策，希望他通知马连合立即到派出所投案。

下午1时许，马连合打来电话称，他将在下午把小杨等4个人带来，交给警方。

众人松了口气，眼巴巴地等待着，希望这并不是马连合的金蝉脱壳之计。

下午6时许，两辆桑塔纳停在解救小组所住的宾馆门前，杨先海等4人走下车来，但狡猾的马连合却并没有出现。

父子相见，6年相思泪已干

听说马连合会将儿子送到宾馆，老杨从下午3点起就站在宾馆三楼的阳台上，紧紧地盯着宾馆的大门。

看到儿子被带进房间，杨明千迫不及待地冲了上去。这对失散6年的父子，目光呆呆地对视了很久，无泪相拥，也许，他们的眼泪在这6年间早已流干了。“儿啊，你还认得我吗？咋出来了就不回去了呢！”劫后重逢的第一句话，其中包含的酸甜苦辣，或许只有他们父子自己才懂。

记者打量眼前杨先海，他上身穿着一件旧羽绒服，下身穿着一条迷彩裤，脚穿一双崭新的棉布鞋……这身行头的大小和样式与其身材很不协调。杨先海说，这是他们刚刚给他穿上的，“平常哪有这好的衣服。”

在近一个小时的交谈中，杨先海一直没有笑过。他说话的声调是平平的，眼神有点发呆，显得有些没有条理。一名民警说，小杨智力似乎未达到正常人标准。“你的胳膊好了吗？”老杨疼爱地拉起儿子的胳膊。“好了，就是还不能使上劲。”“你还记得家里吧，你妈天天盼你回家……”两人的话渐渐多了起来。

看见儿子身上的衣服很脏，老杨从包里拿出新衣服，吩咐儿子去洗个澡换上。这衣服是10多天前，老杨在武汉为儿子买的。

29日下午，在当地警方的督促下，“奴主”马连合托人送来5万元钱，作为对杨先海的经济赔偿。

（编者：祁平　2007年12月30日见报）

12万个无证奶瓶"混入"省妇幼医院

用于喂养新生儿患者　工商人员昨现场查封7000只

本报讯（首席经济记者张乐克　通讯员陆红林　石学文）无证厂家私自加工的一次性塑料奶瓶，竟"混入"三甲保健院，用于喂养新生儿患者。昨日，工商执法人员在省妇幼保健院调查发现，今年来，共有12万多只这样的奶瓶进入该院新生儿病房。

今年3月，武汉市工商部门接一市民举报称：小孩在省妇幼保健院出生，期间因病被收入隔离病房，医院规定，新生儿患者必须使用该医院提供的一次性奶瓶，但这些奶瓶质量低劣，可能来路不正。

经过2个多月调查，武昌工商分局执法人员摸清奶瓶供货厂家为武汉新银塑料容器有限公司。昨日，当执法人员来到该公司时，公司负责人潘某拿出3份药品包装生产许可证，但这些证件在2008年前后就已全部过期失效。潘某又称，公司在2007年12月提出申请重新审批，但一直没有得到批准。

根据国家规定，生产塑料奶瓶的企业，必须获得全国工业产品生产许可证，并在包装上明示"QS"标志。执法人员介绍，潘某生产的奶瓶没有获得QS许可认证，也没有任何权威检测合格报告，奶瓶上的合格证系其自行打出。

据调查，今年1月11日—5月20日期间，省妇幼保健院共从武汉新银塑料容器公司购进128970只这样的奶瓶，已发到病房128520只。昨日，工商执法人员在该医院新生幼儿病房发现7000只尚未使用完的奶瓶，并现场予以封存，医院当场做出书面承诺不再继续使用。

据调查，这些一次性奶瓶的生产原料是聚乙烯，记者从省质检院了解到，聚乙烯本身无毒，不过在生产过程中往往会添加些有害添加剂，如增塑剂等，此外作为食品用的塑料瓶，必须经过严格的消毒杀菌程序。

工商部门表示，这些一次性奶瓶是否存在质量问题，他们将组织送检，并将对此案展开进一步调查。

（编者：周保国　2010年5月27日见报）

杀害智障者伪造矿难案调查

现实版的《盲井》一次次上演，十几名智障者做了矿井下的冤魂，是谁如此丧心病狂？

千里追踪伪造矿难杀人敲诈案

本报记者蔡青　特约记者肖庆军　策划胡成

阅读提示：2003 年，由王宝强主演的电影《盲井》，讲述了一个发生在矿区的故事。两个游手好闲的人，先是将打工者诱骗到矿区，然后害死在矿井下，制造事故假象，两人再作为死者家属向矿主索要赔偿……这部根据小说《神木》改编的电影，获得了第 53 届柏林国际电影节银熊奖。

6 年后，疑似现实版的《盲井》在我省大冶市上演：今年 11 月 23 日，该市陈贵镇安船矿业公司的 6 名矿工乘坐罐笼下井时，四川雷波县矿工"黄所格"坠井身亡。事发后，有关"亲属"迅速赶至大冶，与矿方达成了赔偿 20 万元的协议。而经雷波警方核实，黄所格已于 2 年前自杀。随后，这些"亲属"悄悄逃离。

这到底是一起矿难，还是一起以敲诈为目的的蓄意杀人案？12 月 13 日，大冶市公安局民警赶赴雷波展开侦查，本报记者随警采访。惊人的事实渐渐展开：2007 年以来，自福建某煤矿首次发现杀人敲诈这种残忍的手段作案后，案发地很快向辽宁、云南、湖北等 9 省蔓延，发案近 20 起，死亡近 20 人，大量的涉案人员均指向雷波县，目前，案情已惊动公安部。

蹊跷的"矿难"

2007 年以来，全国各地煤矿、金矿发生的杀人敲诈案，已达 17 起以上，大量涉案人员来自雷波县山村

今年 11 月 21 日，四川雷波县民工"黄所格"经老乡吴古几介绍，到大冶陈贵安船矿业公司打工。两天后，"黄所格"与吴古几等一起第二次下井时，"黄所格"不明原因滚落到井底，当场死亡。

26日下午，自称是死者七叔的黄以波、七叔的老表卢鲁日、七叔的弟弟黄阿当赶到大冶，与吴古几一起代表死者亲属处理善后事宜。他们与矿方达成了赔偿20万元的协议。但是经雷波警方核实，黄所格已于2年前自杀。随后，这些“亲属”从旅馆悄悄开溜。

这起蹊跷的“矿难”，涉及到6名四川凉山彝族自治州人：他们分别是死者“黄所格”；事发时与死者一起乘罐笼下井的装渣工吴古几、马海的伍；事发后，自称是死者七叔弟弟的黄阿当、七叔黄以波以及七叔的老表卢鲁日。其中，马海的伍是昭觉县人，其他人都来自雷波县。

真实的“黄所格”早已自杀身亡。冒名顶替的死者，以及赶来索赔，又连夜溜走的众“亲属”，给这起事件留下一个巨大的悬疑。

大冶市公安局决定揭开这个谜团。12月14日晚，该局派出刑侦大队陈警官一行赶往雷波县，与当地警方取得联系。

雷波县，地处四川省西南边缘的小凉山，金沙江北岸，隔江与云贵山区相连。

两地民警见面伊始，雷波刑侦大队的一番话，令大冶民警大吃一惊：“2007年以来，全国已经有9个省要求我县协查类似案件，发案达17起以上。”

雷波刑警介绍，2007年，临近的美姑县有人在福建一家煤矿“发明”了这种“骗人打工——伺机害死——索赔钱财”的残忍作案手段后，迅速向雷波县的部分山民传播，2009年成为多发期。这些案件有一个共同点，受害人都是智障人员，身份均不明确。今年4月，公安部专门在福建召开会议，研究制定对这种新型犯罪的打击方案。

然而，今年下半年来，类似案件还在全国各地不断发生，甚至有“井喷”之势。如7月23日福建三明市莘口镇某矿、8月13日河北宽城县某矿、8月14日四川甘洛县某矿、8月11日山东省蓬莱市某矿……

2009年9月，云南警方破获的一起案件，可见一斑。

9月2日，云南临沧市耿马县华良矿业公司的矿老板吴某遇到了一件倒霉事：一个刚来3天、名叫“阿杜取也”的工人下井时出了事，据称是被矿上掉下来的石块砸中头部而死。两大后，死者的“弟弟”来到矿山，提出要赔偿20万元。吴老板也想尽快了结此事，一次性将钱存进了死者“弟弟”的邮政储蓄卡里。然而，就在此人取款时，被银行系统查出是福建警方通缉的网上逃犯。耿马县警方闻讯将其抓获，揭开了一个隐藏在矿井深处的阴谋。

被抓获者名叫黑来黑石，雷波县人。据其交待，他和卢古体等人，找到一个智障青年，冒充成本乡的阿杜取也，在矿主那里登了记。9月

2日，他们在矿井里先用石头将“阿杜取也”击昏，再把支撑岩体的木头拆掉引起坍塌，从而制造矿难假象。目前，除黑来黑石外，其他人均在逃。

了解这些情况后，陈警官分析，到大冶冒充死者亲属的黄以波、吴古几，也是元宝山乡人。两起案件虽然发案地点不同，但这些人同在一个乡里，他们有没有某种共同特征呢？

智障的“娃子”

目前发生的敲诈杀人案，被害者很多为身份不明的智障人员
而雷波山里圈养的“娃子”，大部分也有智障

元宝山乡离雷波县城76公里，全是险峻高山，海拔最高的蚂蟥格则山海拔2530米，属卡哈洛派出所管辖。

12月17日清晨，大冶民警租车前往时，司机阿年和向导阿果（均为化名）向民警透露，当地一些山村像养牲口一样圈养着一些痴呆人员，当地人称为“娃子”。他们是“主人”的私有财产，可以买卖，甚至条件成熟时，以他们的性命作为赚钱工具。

阿果说，有一些人好吃懒做，成天四处游荡，碰到神志不清的流浪人员，悄悄跟在后面，拿出吃的喝的进行哄骗，然后圈养在深山中，贩卖给需要劳力的家庭。

还有更歹毒的人，将哄骗来的或买来的“娃子”进行训练，带到全国各地去打工，伺机推下建筑工地，或在矿井下杀死，以骗取老板的赔偿金。“好歹是一条性命啊，太惨啦……”阿果连连说。

阿年说，去年县政府曾发出通报，要求各家各户交出“娃子”，返送回乡了一批。“但绝对还有！”

雷波警方也称，去年6月，在该县公安局后面的深山中，警方一次性解救了40名痴呆人员。今年在卡哈洛山区也解救了7人。这些人员被圈养在草棚中，平时帮人放羊、干农活。

12月17日上午10时许，大冶民警赶到卡哈洛派出所。这个派出所跟卡哈洛乡政府一起办公，管着卡哈洛和周边三个乡的治安。

经卡哈洛派出所反复排查，在安船矿业公司死亡的“黄所格”以及充当“黄所格”弟弟的黄阿当，均是大岩洞乡人，两名“亲戚”黄以波、卢鲁日，则是元宝山乡人。

那么，这些人回到老家没有？民警决定进村调查。

（编者：潘勤　2009年12月26日见报）

《盲井》的悲剧本可以避免

本报记者蔡青　特约记者肖庆军　策划胡成

深山的罪恶
赚大钱的欲望，让一些山民铤而走险
苍茫大山，又成了他们作案后的藏身之地

在元宝山乡，民警查到一个事实：在大冶持有吴古几、卢鲁日身份证的人，就是他们本人。村民称，两人在外打工，一直没有回家。

陈警官决定，赶到相邻的大岩洞乡。该乡是雷波县最偏远的乡之一，距县城102公里，全乡绝大部分地区处于高山。该乡兰家湾村3组是黄所格的老家。

卡哈洛派出所所长张取坡是本乡人，他说："兰家湾村山高路陡，不是本地山民，很难翻过数座山头的。"他于是派民警小陈协助调查，并联系上大岩洞乡乡长沈取且、乡综治办主任金格补给予协助。

到大岩洞乡的路仅一小车宽，贴着悬崖走，跟摩托车会车都困难，往下望去深不可测。才走了一小段，司机阿年说什么也不愿再往前走了。张取坡所长于是又联系了一个胆大的司机。

乡长沈取且介绍，该乡只有3000多人，仅乡政府有条电线，点亮的灯泡还不及蜡烛亮。整个乡，也只有乡政府周边有手机信号，乡里唯一的无线上网卡，一分钟掉三次线，网页都打不开。

沈取且在这里当了3年乡长，他笑着说："要去兰家湾村的话，我可能要4个小时爬上去，你们江汉平原来的人，最少也要8个小时。"

他在民警出发前，还派人去联系上了村支书和村委会主任，让他们赶到乡政府来接应。

沈取且说，雷波县人均年收入在2600元左右，而他们乡的人均年收入只有800元。贫瘠艰苦的条件，使得很多山民选择了外出打工。

卡哈洛派出所民警介绍，这个地方的收入太低，山民的文化程度也低，他们有赚大钱的欲望，却难得有这个能力，于是有人铤而走险。

该所民警称，这里处于三省交界，犯罪嫌疑人如果发现不妙，马上可以越过金沙江，潜逃到云贵山区。福建发生多起类似案件后，当地警

方曾派出专班在山里蹲守，每班8—10人，每次时长两三个月，前后只抓获了2人。

艰难的追踪

民警在大山中调查发现，冒充死者“亲属”的人均有重大作案嫌疑，警方将采取布控措施

等到12月18日凌晨，兰家湾村的干部还没有到。沈取且和赵信望腾出了他们的床，让湖北客人挤到天亮。

金格补在乡里工作了6年，每一个角落他都去过，自告奋勇当起了向导。他说：“兰家湾村的海拔在2000米以上。”

金格补是一个优秀的向导，每翻过一座山，他就会说再翻一座就到了，并且还带上“恐吓”：再不快点，天黑之前只有在原始大森林中过夜了。

我们碰到数段垂直的“路”，石头凸出的部分，仅能搁得住手指头，在金格补的帮助下，我们都爬了上去。

抵达兰家湾村一组的山头时，大家的双脚在冰冷的溪水中浸湿过多次，陈警官的左脚韧带还拉伤了。不过看了看时间，大家仍然十分惊喜，一共才用了3个多小时。

山的一头，大约有七八户人家，还有几户在对面的山头。在金格补的帮助下，民警找到了黄所格17岁的堂弟黄所惹。

黄所惹说，黄所格在2007年9月的一天，酒后一时想不开上吊自杀。黄阿当是黄所格同父异母的弟弟。

大冶陈警官把黄阿当的照片拿出来给村民辨认，但没有一个人吱声。但当民警在村外调查时，一名青年悄悄靠近说：“是不是黄阿当干的坏事被发现了？我刚才也看了照片，那个就是黄阿当，住在上面的屋子，前几天才从外地回来，我看见他今天早上离开村子的。”“你们对这里不熟，还没有进村，风声就走漏了。”在一个山洼处，又一个村民追上民警说，他也看不惯有些人在外面做伤天害理的事，败坏了山里的名声，但外地警方来抓人，实在是太难太难。

深夜，陈警官一行疲惫地返回卡哈洛派出所，并就调查的基本情况进行了分析。

民警介绍：可以肯定，大冶死亡的“黄所格”是假冒的，具体身份待查；冒充死者亲友的吴古几、黄阿当等人，身份均已明确，比照其他类似案件以及相关旁证，他们均有重大作案嫌疑。

陈警官说，下一步将向领导汇报，可能会采取更大范围的布控行动。

疏忽的代价
矿方加强防范，警方提早介入
可以避免悲剧发生，并且可有效打击犯罪

“你们本来可以很轻易地抓人、破案，但矿方丢失了这个机会。”卡哈洛派出所所长张取坡不无惋惜地说：“事发后，你们大冶安船矿的人，打电话要求我们协查‘黄所格’的情况，凭第一直觉，我告诉他，有99.9%的可能是杀人诈骗案!”他做了一个环抱的姿势说：“如果这个人及时向当地警方报告，不就一把抓了吗？”

雷波警方还认为，安船矿业公司另外的疏漏是，没有认真核对矿工的身份，给犯罪嫌疑人提供了可乘之机。而有些地区提早预防，有效地堵塞了犯罪漏洞。

如今年11月4日，辽宁省朝阳警方发出了“以制造矿难索赔为目的，实施故意杀人案件”的预警。预警指出，年初以来，朝阳市境内相继发生4起四川省美姑县、雷波县来朝阳务工人员杀害同乡，制造假矿难索赔的案件，共造成5人死亡。警方提醒矿主加强戒备，在接收打工人员时，要特别注意是否有“痴、呆、傻、侏儒、少言寡语”等成员。一旦发生此类或疑似矿难，要及时报告公安机关。

今年8月15日，山东蓬莱市某金矿发生“矿难”后，两个自称是死者亲属的人来到矿上索赔50万元。矿方觉得金额过高，两人又自动降为10万元。如此大幅度的“降价”，引起矿方怀疑。而当要求“家属”与死者进行DNA比对确认其关系时，两人却慌忙拒绝。矿方迅速报警，8月22日，警方将来自四川雷波县、美姑县的4人抓获。这4人交待了杀人敲诈的犯罪事实。“这些案件告诉我们，今后如再有类似事情发生，不要轻易地满足所谓家属的条件，要尽量拖住他们，稳住他们，等警方来处理。”警方提醒。

记者离开雷波时，大山里仍然云雾弥漫，而陈警官一行，正在赶往另外一个嫌疑人马海的伍的户籍所在地——四川昭觉县支尔莫村。在这里，他们还将进行艰难的蹲守。

昨日，大冶市公安局负责人称，将继续向雷波增派警力，不管跑多远的路，跑多少趟，一定要找到嫌疑人，将此事查个水落石出。

（编者：潘勤　2009年12月26日见报）

13 年来，小区居民不断上告；法院判了 11 年，就是拆不掉

花桥街办的违建楼咋这“牛”

本报记者陈世昌　见习记者彭一苇　实习生李成林

小区绿地上建起违建楼

在江岸区蔡家田小区，说起“最牛违建楼”，居民们都会往 B 区 89 栋旁指去。在那片绿地旁，有栋灰色的 3 层楼房矗立其中，与周围式样统一的楼房相比，它好似“另类”，突兀地横亘在两栋居民楼之间。

小区居民彭华荣介绍，此处原本是绿地，1997 年 8 月，挖掘机突然开进来施工。当他们得知这块绿地是被街办事处占用，准备用来建楼时，更是吃惊不小。

花桥街办事处占用这块绿地的理由是要修建环卫工具存放处及工人宿舍楼，而且规划部门已经获批。但在居民看来，他们买房时，小区的规划中并没有这栋房，这属于二次规划，应当拆除。

虽然居民不断反对，但花桥街办事处依然将这栋三层楼建成。无奈之下，小区 24 户居民将花桥街办事处和规划部门告上法院。1999 年，武汉市中院判决：撤销规划部门颁发的建设工程规划许可证。这意味着，这栋 3 层小楼成了违法建筑，应当拆除。

违建楼上又有违建

判决书下达后，居民们都以为这栋三层楼很快就会拆除，但让他们没想到的是，半年过去了，违建楼不仅纹丝不动，相反却不断有人进来装修。一年过去，楼上楼下住满了人。

2000 年 9 月，居民们来到武汉市规划局咨询，得到的答复是已对花桥街办事处环卫综合楼立案查处，但因涉及相关部门的职能，还不能最后下达行政处罚决定，将协调相关部门抓紧办理，并尽快结案。

随后，居民又找到了花桥街办事处，得到的又是一个“软钉子”。负责人称，政府部门正在研究，将会给居民一个满意答复。

可直到现在，这栋违建楼仍然存在，更有甚者，有人还在楼顶又搭盖了一层。早先起诉的 24 户居民，有很多人已经身心俱疲，他们宁可

搬走，也不愿再看到这闹心楼。

如今，只有几户居民依然倔强地坚持，“既然法院判决属于违法建筑，就应该拆除。法律的尊严不容他们践踏。”

其实，他们谁也不知道还能坚持多久！居民彭华荣甚至苦笑道：“拿到判决书时，满头青丝，如今已是两鬓斑白。也许等到拆除的那一天，我们都老得走不动了。”

违建楼里住的是干部

3月29日，记者在小区看到，违建楼的2楼和3楼都有人居住，1楼被出租作门面。

楼里面到底住了些什么人呢？据了解，1996年，江岸区花桥街办事处曾专门向有关部门打报告，要求在蔡家田小区的这块380平方米空地上建一栋房子，用作环卫工人工具存放处和工人宿舍楼。

报告中说，花桥街环卫所一直在环境非常艰苦的情况下超负荷工作，一无住房、二无劳动工具存放处，经常丢失工具。经多次研究，多方筹集资金，拟定近期建一座环卫工人工具存放和工人休息室，以解决环卫工人的后顾之忧。

然而，有知情人士介绍，这栋楼建成后，环卫工人一天都没有住过，里面住的都是花桥街办事处的干部和职工。

记者辗转找到了住户吕先生，他刚从花桥街办事处调任江岸区另一办事处副调研员。吕先生说，这套房子是他花几万元从花桥街办事处买的，就是没法办房产证。

居民们愤慨地说，如果是真正的环卫用房，他们也就默认了。花桥街办事处副书记段哲俊解释，在1996年，办事处为了解决部分干部职工住房难的问题，便以环卫用房的名义，申请集资建起了三层楼，陆续分给了干部职工。

流弊所及，小区违建成风

明明是一栋违建楼，为何无法拆除呢？花桥街办事处副书记段哲俊称：“历史遗留问题。”

他告诉记者，当时，建这栋楼时，各种手续都齐全。只不过，由于居民不断告状，法院将其判为违法建筑。而且，这栋楼建成后，产权实际已从办事处转移到他们个人手中。“如果要拆除，谁来赔偿这些人的损失？”

段哲俊说，至于以后什么时候能拆除，现在确实没有一个时间表。

记者随后来到江岸区城管局咨询，有关负责人表示，当时，这栋楼违建时，城管局还没有成立；因此，此事不应属于城管部门负责。

如今，在蔡家田小区，违建楼的示范效应还在不断发酵，这里到处可见居民自行搭起来的违章建筑。每当居民投诉到城管部门时，有人便对城管队员说：“那么大一栋房子你们都不敢拆，我这点小事你们就要管？”最后的结果是，城管队员悻悻而归，违建规模越来越大。

（编者：潘勤　2010 年 4 月 7 日见报）

讨到的187万财产尚未过户，呼啦啦冒出一群债权人

网友爆料：黄陂法官10天审55案

本报记者舒均　陈世昌　实习生李成　林吕平

5月4日，一网友在天涯等网络论坛上爆料称，武汉一建筑商提起诉讼，向黄陂一公司讨要200万元欠款时意外发现，短时间内有55名原告，同时向同一公司提起诉讼讨要债务。接下来的事情发展更出乎意料，“黄陂区人民法院的一名法官，仅在短短10天内，就审理了55起案件”。

昨日，按该网友留下的联系方式，记者联系上爆料中提到的武汉建筑商段昌干。

200万借款十多年要不回

今年55岁的段昌干，家已搬到汉口，可自小就生在黄陂、长在黄陂的他，对外仍习惯称自己是黄陂人。

段昌干向记者介绍，他与黄陂县第二工业建筑工程公司（以下简称黄陂二建）经理刘厚建的债务关系，也因自己是黄陂人而起。

段昌干与刘厚建是老乡。1994年9月起，时任黄陂二建法人代表、经理的刘厚建通过朋友找到他，商量借一笔钱，帮公司周转。考虑到两人是老乡，又有朋友介绍，段昌干便借给对方100万元。截至1997年6月3日，他共借给黄陂二建200万元，双方约定按月息1%计息。

借款10多年，段昌干每年都向黄陂二建及法人代表刘厚建催收欠款，可对方每次都推说没钱。

“这么多年，黄陂二建及法人代表刘厚建不仅没给过利息，连本金也没有还一分钱。”段昌干说。无奈之下，2007年6月5日，他向黄陂区法院前川法庭起诉，要求法院判令黄陂二建立即偿还200万元借款及利息，并要求法院查封黄陂二建位于该区环城新村的一栋房产和2.9亩土地。彼时，上述财产拍卖价为187万元。

55名原告冒出来分财产

前川法庭受理该案后，2007年11月2日作出判决：黄陂二建应向对方偿付200万元借款及利息。同时，刘厚建对该债务承担连带清偿责任。因双方都没有上诉，法院的判决依法生效。后因黄陂二建和刘厚建没有履行判决，段昌干依法向法院递交了强制执行申请书。

段昌干介绍，去年9月22日，黄陂区法院向段昌干下达民事裁定书：将上述属于黄陂二建的房产和土地变更登记到其名下。

让段昌干没有想到的是，正当他准备将上述房产和地产过户到自己名下时却被告知，这部分财产还需要和另外55位债权人共同分配。

原来，在段昌干起诉黄陂二建后，有55名原告在同一天向黄陂区长岭法庭起诉，向黄陂二建索要共计237万余元欠款。10天内，这55起案件相继调解结案，黄陂二建应向55名债权人返还237万元的借款。

根据相关法规，这55人将和段昌干一起，共同分配黄陂二建仅有的187万元财产。此前，段昌干打官司已用了两年多时间，前后花费了数十万元。

55起案件疑点重重

怎么一下子冒出来那么多讨债的原告？段昌干顿觉蹊跷。

去年9月，他委托律师，查询到了55人起诉黄陂二建的卷宗，结果发现55起案件存在诸多疑点。

据了解，这55起案件，均由时任长岭法庭庭长的刘建东、书记员冯维忠，在2007年7月31日至8月10日短短10天内审理完毕，其中2007年8月2日一天时间内，刘建东、冯维忠审理了35起案件；此外，10多名原告提供的借条，上面显示的落款时间为1994年1月至1998年9月24日期间，当时黄陂还没有撤县改区，可借条上的印章竟为“黄陂区第二工业建筑工程公司”。

此外，55起案件委托的律师系同一人——湖北卓力律师事务所的合伙人、主任律师陈觉，而审理55起案件的法官刘建东，其妻王某在该律师事务所当会计。

段昌干说，这些案件中暴露出来的疑点，让他怀疑是有人想瓜分自己保全的房产和土地。在多方反映无果后，家人便选择了通过网上发帖维权。

段昌干所言的情况是否属实？这些案件中存在的疑点，相关当事人有何解释？本报记者昨日赶赴黄陂，试图揭出谜团背后的真相。

（编者：李欣　2010年5月6日见报）

记者调查发现，当事法官在宾馆流水审案，7小时判了35起

黄陂区法院：55起案仅7起没问题

本报记者陈世昌　舒均　实习生李成林

10天内，黄陂区人民法院长岭法庭庭长刘建东和书记员冯维忠，审理了55起案件。这些案件中，部分庭审笔录中前后字迹不一致，还有一些核心证据的签名也前后不一。

昨日，记者赶到黄陂，一一采访了知情人和代理律师，试图探寻这些疑问背后的真相。

法庭设在标间里

2007年7月31日，有55人分别向黄陂长岭法庭起诉黄陂县第二工业建筑工程公司，讨要借款。时任长岭法庭庭长的刘建东和书记员冯维忠分别于2007年8月2日、7日、10日将这55起案件全部审理完毕。而在8月2日一天内，他们就在黄陂大酒店审理完结了其中的35起案件。

55起案件中，原告的代理律师是湖北卓力律师事务所律师陈觉。昨日，陈觉向记者回忆了当时的整个经过。他说，8月2日开庭前，他特意来到黄陂大酒店租了一间标间和一间会议室。法官和书记员把标间当法庭，35名被告则在会议室内集中等待，一一排队进来开庭审理。

陈觉说，从早上8点半到下午5点半，除了中午吃饭的两个小时外，法官和书记员没有歇口气，马不停蹄地审理完了35起案件。只要双方当事人对债权债务没有异议，就立即做出判决。

记者注意到，黄陂大酒店和黄陂区人民法院位于同一条街道，相隔百余米。黄陂区人民法院相关负责人说，为了方便群众，刘建东法官特意从长岭来到黄陂区审理这些案件。由于案件比较简单，他采取了简易程序审理。“一天开庭审理35起案件，并不算少见。”

而中南财经政法大学一位法学教授告诉记者，算起来，7个小时审了35起案件，相当于12分钟审理一起案件，这连作庭审笔录的时间都不够。

部分庭审笔录提前写好

在55份庭审笔录中，段昌干发现了一个蹊跷的现象：多份笔录中，前后的字迹明显不一致，显然不是同一个人所写。此外，还有一些证据上的前后签名也不一样。

黄陂区人民法院执行局局长陈小平是调查组负责人。昨日，他告诉记者，55份庭审笔录中，确实存在一些问题。经调查，由于一天要开庭审理35起案件，书记员冯维忠的工作量很大。于是，在开庭的数天前，法庭便请人填写了一部分开庭笔录。

多份借条均“早产”

除了庭审笔录笔迹前后不一，段昌干还认为，“连核心的证据上，也出现了诸多疑点”。昨日，段拿着从法院复印出来的证据，百思不得其解。

据了解，1998年10月15日，黄陂撤县设区。而段昌干发现，在55名原告持有的借条等证据中，落款时间分别为1994年1月20日至1998年9月24日期间，也就是黄陂尚未设区，但借条上盖有的印章却是“武汉市黄陂区第二工业建筑工程公司”。这意味着，这家建筑公司早产了。

陈小平介绍，这些重要的证据中，印章确实存在一定的问题。经他们到工商部门调查，暂未查询到黄陂区第二工业建筑工程公司的注册资料。这意味着，这家公司有可能是假的。

黄陂第二工业建筑工程公司经理、法人代表刘厚建解释说，为了方便办案，这些借条上的印章都是后来加盖的。

而55名原告中，人员众多，关系复杂。其中既有被告刘厚建的爱人程某，也有他的妹夫。刘厚建说，当时创办企业时，他们找家人和朋友借了一大笔钱，共计200多万元。当得知段昌干起诉要拿回200万元欠款时，他们也闻讯起诉。

律师为法院拉案子办理

据记者了解，55起案件的当事人大部分都居住在黄陂城关，正常应在黄陂城关的前川法庭立案起诉。现实情况则是，他们集体选择了远离城关20余公里的长岭法庭。

55名原告的代理律师陈觉解释，他和长岭法庭庭长刘建东有业务往来，关系较好，且刘建东的爱人就在他们律师事务所工作，审理案件起来比较方便。

陈觉同时透露，由于长岭法庭位置比较偏僻，审理案件数量比较少，完不成绩效考核任务。他便想着给长岭法庭介绍些案件，以便对方早日完成任务。

在55起案件中，陈觉得到了5万余元的律师费。他说，案件完结后，仍有1万多元律师费没有拿到。记者发现，这些原告的起诉标的有大有小，最高的45万元，但每笔案件只向法院缴纳了100元不等的诉讼费。后来，法官刘建东以经济困难等理由，批准这些诉讼费缓交。

上述情况得到黄陂区法院负责人的证实。他说，经调查，刘建东的爱人确实在这家律师事务所工作。法院对减免缓交诉讼费有着严格的规定，刘建东私自决定缓交诉讼费，属于严重违规行为。

最新进展　当事法官已被停职

昨日，黄陂区人民法院副院长彭俊介绍，当事法官刘建东已被停职，由于部分案件可能涉及经济犯罪，已经移交黄陂区公安分局进行侦查。

对于网络上反映的问题，黄陂区人民法院经过调查认为，当事法官刘建东负有对案件的证据审核等方面把关不严的责任。

彭俊说，在刘建东审理的55起案件中，有7起债权关系确实存在，但总金额只有13万余元。另外48起则不同程度存在一定的问题，其中有23起案件中的债权关系可能涉嫌经济犯罪，已移交给黄陂区公安分局进行侦查。而区法院也冻结了这48起案件的再审工作，等待公安机关的侦查结果。

彭俊强调，一旦查证属实，法院将严肃处理相关责任人，并及时向社会通报。

（编者：李欣　2010年5月6日见报）

揭秘鄂豫私盐走廊

10 多天来,记者跨省跟踪追击,
发现我省每天有大量私盐被悄悄贩运到河南

应城至河南潜伏一条私盐贩运走廊

本报记者蔡青

阅读提示:众所周知,为保障国民健康,我国实行的是盐业专卖制度。群众如果食用了非法渠道购进的私盐(多为工业盐),会严重危害身体健康。

10 多天来,记者根据群众举报,顺藤摸瓜,日夜跨省跟踪追击,摸清一个贩运私盐的走廊,发现了一个令人震惊的现象——每天都有大批工业盐从湖北应城经京港澳高速(107 国道)运往河南各地,严重威胁着当地群众的健康安全。

今年 6 月 1 日,《食品安全法》正式实施一周年。泛滥的私盐,再次给我们敲响警钟。

司机投诉 "被人遥控贩盐受罚 2.5 万元"

记者获知此事线索,源于 10 多天前一个货车司机的投诉。

5 月 12 日晚,"豫 C891××"大货车司机李某向记者喊冤:"我被人栽赃贩运私盐,现在货车被扣,还要罚款 2.5 万元。"

李某称:5 月初,他从河南运了一车货到汉后,空车到东西湖吴家山一家物流园区配货,中介让他到应城东马坊找"石老板",运送 20 吨"添加剂"到河南。5 月 4 日下午,他根据石某的短信提示,七弯八拐找到东马坊街道内一个旧仓库,一名艾姓男子帮他装好货后,给他两张运输单,让他把货送到洛阳,由收货人付运费。李某见运输单上收货人一栏是空的,便问"有没有收货人的电话?"艾某称:"你放心好了,到时收货人会跟你联系。"李某走到信阳后,石老板打电话追问他在哪里,随后告诉他:"照我说的继续往前走,不要走高速公路,直接走 107 国道。"当晚 11 时许,在靠近确山县城时,李某的车被交警和盐业执法人员查扣。盐业执法人员认定他贩运私盐,决定罚款 2.5 万元。"我又不知道装的是盐,

要处罚也只能罚货主和收货方。”李某大呼冤枉，但无济于事。他返回应城寻找石老板和艾某，两人却避而不见。

就在李某四处奔波申诉的过程中，又有一辆“辽P546××”大货车与他遭遇相似。该车司机董某在应城东马坊配运20吨“印染剂”，货主电话遥控董某走到京港澳高速确山服务区时，被盐业执法人员查扣，也是罚款2.5万元。董某称：“要是我知道车上装的是私盐，打死我也不敢往河南运！”

李某、董某告诉记者，他们事后得知，应城货主通过这种遥控手段，不仅害得一些司机糊里糊涂被查处，更有大量漏网的私盐流入外地，“要是不相信我们的话，你可以亲自去调查。”

记者跟踪　盐贩狡兔三窟“巧妙”出货

知情人称，盐贩为了避人耳目，往往事先不会告诉司机运的是私盐，而是用“化工产品”、“大米”、“食品添加剂”等名称遮掩。托运时，还要对车主进行审核，再一步步“引导”到运货地点。

为了一探究竟，记者决定前往应城。5月13日，记者来到应城东马坊街道的必经路口——一个铁路道口边“守株待兔”。巧的是，当天下午3时许，一辆河南牌照的大货车停在道口边问路。记者上前搭讪，司机自称姓沈，通过东西湖一家物流中心找到应城的货源，准备到东马坊一家工厂拉20吨“化工产品”到河南周口。记者称经常有货要带到周口，希望以后请沈某帮忙。沈某爽快答应，并与记者互换了手机号。

当晚5时许，记者询问沈某在哪里，他称货主还没找到搬运工，他得先在车上待一晚，明天发车。

5月14日一早，记者打电话给沈某，准备提醒他查验货物是否为合法的化工产品后再走。孰料沈某称，货主在13日夜间找到了搬运工，督促他连夜上路，他通过京港澳高速到了信阳后，货主电话通知他立即出收费站。随后，收货人开来一部小车为他引路，在一个城郊结合部货被卸走。沈某此时已到驻马店，准备再寻找新的货源。

沈某运送的到底是什么呢？14日上午，记者赶到驻马店，沈某描述是“白色袋装物”。记者跟他在车厢内查找，发现散落了很多细盐。“这些盐产品根本没有准运证，要是早知道真相，我也不会做这趟生意。”沈某把细盐尝了一下，半天合不拢嘴，后怕不已。

（编者：潘勤　2010年5月25日见报）

10倍暴利　鄂豫间贩盐如过江之鲫

本报记者蔡青

暴利驱使　贩运私盐走廊形成多年

河南私盐泛滥是怎样的状况？ 5月14日下午，记者来到确山县盐业局。李某、董某的货车还扣在这里。李某车上的20吨货已被卸下。

确山县盐业局执法队负责人告诉记者，已经验明李某运输的是工业盐。“从湖北流入河南的私盐，已经泛滥成灾！仅今年以来，我局就查获20多起贩运私盐案。”何谓私盐？执法人员解释：私制、私运、私销、私购的盐产品，都是私盐。

该局盐业执法人员称，湖北应城和云梦一带的岩盐储量非常丰富，被称为“膏都盐海”。湖北的工业盐售价每吨在二三百元左右，运到河南后被包装成小袋的所谓“加碘盐”后，再偷偷销到河南一些偏远地带，每吨售价可高达二三千元。10倍的暴利之下，盐贩趋之若鹜。自2006年起，大量私盐从湖北等地流入河南，且每年呈上升趋势。

该局分管执法的副局长张明介绍，湖北的盐产品进入河南，必须要有两地盐务部门核发的准运证，否则就属违法。运输者不管是否知情，也在受罚之列。

张明告诉记者：2009年，该局仅在京港澳高速、107国道两条运输线上就查获贩运私盐车辆57辆，查没私盐1200余吨。“被查获的只是冰山一角。”张明说，由于很多贩盐车漏网，京港澳高速实际上成了私盐运输的“黄金通道”。打击只能治标不能治本，希望盐产地的相关部门加大管理力度，堵塞贩运源头。

河南全省私盐的泛滥程度如何？张明称，仅2006年，该省就查处盐业违法案件4950起，其中大要案193起。郑州市盐业局一份资料显示：在城乡结合部，加碘食盐的市场占有率不足30%。

探寻源头　应城仓库“矿产品”令人生疑

流经河南的非法私盐，有多少来自湖北？应城的盐产品工厂，又是什么样子？5月17日下午，记者再次来到东马坊暗访。“过铁路2.5公里看路标。应城交警大队三中队右转直走。到路口再右转直走。走到头再右转走二百米，左转到汪前粮食储备库。走到头最左边仓库找艾师傅15549541×××。”

司机李某就是根据这条绕口令般的短信，找到拉货的地点。记者按短信提示，驱车寻找该处，也是颇费了一番周折。

在汪前粮食储备库一排弃用的旧仓库门口，杂草丛生。最左边仓库的大门锁着，透过铁门看到，里面堆放着一袋袋白色物品。“谁叫你拍照的？”随着叫声，两名男子迅速关上院墙大门，其中一人上前抢夺记者的相机。

记者报警后，东马坊派出所民警和工商执法人员迅速赶到，控制住两男子，随后责令其中的艾某打开仓库展开清查。

仓库里码放着大量已包装封口的产品，外包装上写有“强化元明粉，恒伟矿物加工厂”字样。地上散落着粗盐，还有很多粉碎过的细盐状产品。工商执法人员当场查封了40多吨成品，并取样带走。

据介绍，元明粉又名无水芒硝，用于制造硫化钠，硅酸钠等，也用于造纸、玻璃等工业。

那么，恒伟矿物加工厂生产的这些成品，真是强化元明粉吗？

偷梁换柱　工业盐假扮“元明粉”售出

这个废旧的仓库，正是恒伟矿物加工厂厂址，经营者为张某，河南太康县人。据东马坊工商分局周局长介绍，张某只在这个工厂挂名，真正的经营者为石某。

19日上午，记者拨通石某的电话：“前几天河南确山查扣的20吨货是你的吗？”“货是我的，但不是他们说的工业盐，我们的产品只是氯化钠占主要成分，约80%，实际上叫强化元明粉。”石某说。

记者：强化元明粉是什么东西？石：就是每吨工业盐中，加入200公斤元明粉做成的产品。

记者查询《河南省盐业管理条例》第三条：盐或盐产品是指氯化钠含量为主要成分的盐制品。凡居民直接食用以及饮食加工、渔业和畜牧养殖业所用的盐产品为食盐，其他盐产品为工业盐。

记者：按照河南的盐业法规，含氯化钠80%的“强化元明粉”，也是工业盐，禁止非法运输到当地。石：我不知道。

记者：你的工业盐从什么渠道购来？石：我通过正规手续，拿到省盐业公司的准运证后，从应城长江盐厂进的货，再加工成强化元明粉。

《湖北省盐业管理条例》第二十八条规定，省内企业发运的盐产品，必须持有省盐业行政主管机构开具的通行证。通行证应当载明运输品种、数量、始发地和到达地，并由到达地盐业行政主管机构查验。恒伟矿物加工厂又是怎么做的呢？

记者：你的产品出厂前，有没有经过化验或检验？石：没有。也没有人来检验。

记者：销往哪里？石：都销往河南。

记者：有通行证吗？石：没有。

记者：销往哪些单位？石：大部分是些个体户，我也记不清。

5月21日，记者从应城工商局获悉：经检测，从恒伟矿物加工厂抽检的产品，根本不是什么“强化元明粉”，而是氯化钠含量高达94%以上的工业盐。

监管缺位　盐业市场亟待规范

“这些工厂做的就是盐生意，矿物加工只是个幌子。”一名正规盐厂的老板透露：“在应城，类似工厂何止一两家！”

为了验证这个说法，记者通过河南媒体又找到多例司机被骗运盐的经历。如2009年11月4日，河南司机邹某在应城市××化工复合肥有限责任公司运送一车“化工原料”到河南，被郑州市盐业局查扣，经化验其货为工业盐。邹某为特困家庭，靠贷款买车谋生，被扣车罚款后痛不欲生。“造成今天这种局面，除工商要在审核资质上把好关，质监和盐业部门也要尽到责任，分别管好生产和流通环节。”应城市工商局东马坊分局一名负责人说。

5月19日上午，记者电话采访湖北省盐务管理局(应城)直属分局张副局长，他另有一番说法，认为是“国家的(盐业)法律法规不健全”。他说，国家对再加工后的工业盐并没有一个准确定性，而鄂豫两省盐业管理条例不尽一致。“工业盐加入一些微量元素后，主含量是盐，但不能称为盐，我认为只能是盐产品。而生产环节由质监局管，他们也拿不出一个标准。”张副局长还认为，这些盐产品在运输途中可能流向食盐市场，最终的去向只能由当地来监管。

应城市质监局负责人则称“正在进行岗位交接”，婉拒了记者采访。

记者查询《湖北省盐业管理条例》，氯化钠含量在50%以上的盐制品，由省盐业行政主管机构批准设立的盐业批发企业统一经营，其他任何单位和个人不得销售。显然，像恒伟矿物加工厂这样的企业，不具备经营和销售资格。

据了解，针对盐产品行业的乱象，应城市已召开紧急会议，成立由公安、工商、盐业等部门组成的专班展开调查，对境内盐厂和盐产品储存点进行清理，严防盐产品通过非法渠道流入外地。该市公安局经侦大队已对恒伟矿物加工厂立案调查。

链接：

工业盐危害

工业盐主要用于制碱、锅炉软水、染料、肥皂等领域，如流入食用领域，其危害不小。因其内含有汞、铅、亚硝酸钠、砷等，人吃了以后会发生慢性中毒。同时，工业盐不含碘，人的身体若严重缺碘会导致疾病发生。

（编者：潘勤　2010 年 5 月 25 日见报）

应城私盐泛滥到全国10多个省

本报记者蔡青

一些不法分子将应城的工业盐偷运到河南当食盐出售,牟取十倍暴利。此稿刊发后,引起强烈反响。一些省市盐业主管部门和网友纷纷来电称:长期以来,应城的盐贩不仅向全国10多个省贩卖私盐,有些人还非法提供食盐包装袋,形成贩盐"产业链"。人们呼吁:如果不从源头上把关,暴利将驱使盐贩更隐蔽、更狡猾地作案,防范和打击会越来越难。

屡禁不止 应城几成私盐泛滥源头

"应城的私盐,已经让我们防不胜防!"昨日上午,河北郸城县盐业局一名工作人员打来电话,希望湖北有关部门管好私盐源头。据介绍,今年4月25日,该县盐政执法人员查获一次性贩卖18吨私盐案,这些工业盐就是从应城某厂运出的。

昨日,国内数十家大型网站转发本报这一报道。有网友列举近几年来全国各地查获的非法贩盐案,很多都指向应城。

打开搜索引擎,输入"应城"、"私盐"等关键词后不难发现,近几年来,全国出现大量有关从应城贩卖私盐的案例,应城的私盐已经泛滥到了全国10多个省。

货运中介 贩盐已成公开的秘密

为应城盐贩运输私盐的货车,大多通过武汉东西湖的货运中介,签订运输合同,而真正的卖家和买家,司机并不知晓,即使途中被查,盐贩也能逃避打击。

昨日,记者在东西湖找到多家物流中心,有很多外地货车在此等候。一些中介门前的黑板上,写有各种托运信息。"去不去应城?有一批货要托运。"记者询问多名河南籍司机,他们都摇头。为什么不愿意去呢?一名司机说:那里的"货"难运,被逮着了要受罚,这已经是公开的秘密。

"只要是长期跑湖北的司机,都知道到应城运私盐很危险。"一名货车司机告诉记者:到应城拉货,只要运输单上不注明详细的送货地点和联系人,就可能是陷阱,只有初来乍到的司机才会上当受骗。

“盐贩子为逃避打击，反侦查能力越来越强。一些不明就里的司机往往当了替罪羊。”昨日，河南省盐务管理局盐政处一名负责人接受电话采访时介绍：从该省查处的案例来看，活跃在湖北应城一带的盐贩组织严密，分工明确，贩运、分装、销售“一条龙”基本上都是单线联系，且手机号码更换频繁；违法行为被查后，只承认当次的事实，不交代以前作案的问题。货运到后，盐贩采取分散销售的办法，分包后销往私人的批发部、商店和饭馆等。

私盐泛滥　监管和打击不力是主因

在应城，为何贩卖私盐如此猖獗？“监管和打击力度不够是主因。”该市东马坊镇一名不愿透露姓名的干部直言。

这名干部说，工商部门为企业发放营业执照后，该企业就可以通过盐业管理部门拿到“盐票”，购进大量工业盐。但是这批盐的用途和去向却少有监管。有的外地盐贩子为了贩盐方便，干脆在应城注册一家企业，打着生产其他盐产品的名义，直接完成“购盐—加工—贩盐”的工序。而应城的质监、盐业等部门却没有尽到监督和管理的职责。

“长期失去监管，必然导致今日的私盐泛滥。”昨日，在荆楚网等相关网站上，很多网友表示，应城作为产盐基地，相关管理部门应该担起责任。对盐厂和加工企业应严格登记和发放准运证，严管工业盐外流。

查处进展　非盐生产企业已停产整顿

昨日，应城召开紧急会议部署查盐，非盐生产企业全部停产整顿。该市称，将以此为契机，坚决封堵贩盐“灰色通道”。

本报报道见报后，应城市成立专项整治工作领导小组，公安、工商、质监、盐务四部门迅速行动。根据安排，从25日开始，在该市范围内对类似企业进行全面清查整顿，发现一起，查处一起，彻底整治。

据介绍，该市相关部门迅速拿出了整改措施。盐业部门对涉嫌转卖原料盐的企业停止供应工业盐，并将依法进行处理。公安部门对涉嫌非法生产经营的企业展开调查；质监部门对硬件、软件不达标，超标准生产的企业予以注销；工商部门严格资格审查，凡环评、场地、设施不符合法定要求的不审批，不发营业执照，已发的依法予以变更或吊销营业执照。通过联手整顿，规范盐业市场经营，确保群众生命安全。

（编者：潘勤　2010年5月26日见报）

虚增31户居民拆迁面积　每家多出30万—50万元差价

拆迁蛀虫5个月"赚"1248万补偿款

本报记者余皓　实习生邓思慧　李君　通讯员吴红

汉阳一家拆迁公司数名高管与社会闲杂人员勾结，采取伪造房屋拆迁资料、虚增房屋无证建筑面积等手段，在短短5个月内骗取国家拆迁补偿款高达1248万余元。检方发现，31家被拆迁户的无证建筑面积均被人做过手脚，每家凭空多出了30万—50万元补偿款，被上述一伙人瓜分装进了各自的腰包。昨日，武汉市检察院对相关涉案人提起公诉。

此案也是武汉首次披露的拆迁公司工作人员贪污国家拆迁补偿款大案。

双方一拍即合
图谋虚增拆迁建筑面积多出的钱私下瓜分

2005年4月，武汉市土地整理储备中心委托瑞安拆迁公司（国有性质的有限责任公司），负责实施汉阳区鹦鹉洲二期改造工程的房屋拆迁安置工作。拆迁补偿资金由储备中心提供，瑞安拆迁公司代为支付。瑞安拆迁公司聘请钟青、高春兰、郭元喜，分别担任鹦鹉洲二期改造工程房屋动迁三组组长、一组组长和四组组长。

2006年5月，汉阳居民冯明贵通过瑞安拆迁公司副经理龚某结识了钟青，两人商定先由冯明贵出面和被拆迁户商定补偿金额并先行支付拆迁款，然后由钟青通过伪造房屋拆迁资料、虚增房屋无证建筑面积的方式，在实际付款的基础上多算拆迁补偿款。冯明贵再组织人员找钟青办理拆迁补偿款的领取手续，所套取的多余的拆迁补偿款由冯明贵、钟青等人私分。

第一笔造假
虚报拆迁面积188平方米轻松骗取差价35万元

主意打定后，冯明贵把第一个目标锁定在杨泗街165号户主黄某身上。2006年7月，黄某委托他人找到冯明贵，表示希望62万元包干走人（意为搬家）。

随后，冯明贵给钟青打电话称，黄某一家已谈好，让她按照 97 万元左右计算拆迁补偿金额。钟青当即表示同意。

冯明贵从自己的银行卡上转了 62 万元到黄某的账户，然后派人找钟青办理了该房屋的拆迁补偿手续，后到银行领取了存有 97 万余元拆迁补偿款的银行卡。冯明贵轻松吃进"差价"35 万余元。

经查，杨泗街 165 号房屋有证建筑面积是 91 平方米，无证建筑面积约 160 平方米。而在拆迁补偿协议中计算的房屋无证建筑面积则为 348 平方米，足足大出实际面积 188 平方米。

领卡当天，冯明贵约钟青见面，分给她 5 万元。余下的钱除了打点拆除验收组组长孙先迪等人之外，冯明贵个人实得 19 万余元。

最大一笔造假
虚增拆迁面积 646 平方米 79 万元差价多人瓜分

初次尝到造假的甜头后，冯明贵等人一发不可收拾。

2006 年 9 月的一天，杨泗街 137 号的拆迁户周某找到冯明贵，希望 180 万元包干走人。冯明贵估价后说最多给 150 万元，周某表示同意。

事后查明，杨泗街 137 号房屋申报的有证建筑面积是 106.9 平方米，无证建筑面积约 250 平方米。拆迁补偿协议中计算的房屋无证建筑面积，大于实际无证建筑面积 646 平方米。

手续办完后，冯明贵和周某等人一起到银行领取了存有 229 万余元拆迁补偿款的银行卡。这意味着，除去 150 万元补偿给拆迁户外，还有 79 万余元"差价"被冯明贵等人瓜分。

领卡当天，冯明贵用报纸包着 10 万元现金"奉送"给钟青，说是杨泗街 137 号多算的钱。余下的钱除打点其他人之外，冯明贵分得 16.2 万元。

最大一次私吞
请清洁工假冒委托人签字冯明贵吞下了 37.9 万元

冯明贵等人的胆子变得越来越大。

杨泗街 140 号和 141 号拆迁户周某、李某是母子关系。钟青曾多次上门做工作未果。2006 年 9 月，钟青请冯明贵出面"谈判"。很快，冯明贵谈好 139 万元两户包干走人，并致电钟青按 192 万余元补偿金计算相关面积。

杨泗街 140 号和 141 号房屋有证建筑面积共 154.51 平方米，无证建筑面积共220平方米。钟青经测算，只有无证建筑面积大于实际无证建筑面积约235平方米，才能算出192万余元的高价。但她还是点头答应了冯明贵。

荒唐的是，冯明贵所在公司的两名清洁工，作为委托人在委托书上签了字。此后，冯明贵和他们一起到银行领取了存有192万余元拆迁补偿款的银行卡。

就这样，冯明贵骗取了国家拆迁补偿款53万余元差价。当天，冯明贵开车在瑞安拆迁公司附近与钟青见面，在其轿车内当面奉送用报纸包裹着的5万元现金，还送给了孙先迪1万元。余下的钱中，冯明贵“赚”了37.9万余元。这也是他私吞的最大一笔款项。

最小一笔差价
虚报120平方米赚了11万元冯明贵感叹“搞少了”

拆迁工作还在继续。

杨泗街131号拆迁户方某，一直没有和动迁组谈好价格。2006年10月，方某找到冯明贵帮忙，价格定在了53万元。“照葫芦画瓢”，按照以前的做法，冯明贵做手脚虚报了120平方米无证建筑面积房屋，这笔单做下来，他“赚了”11万余元。事后，冯独自吞了此款，还发出感叹：“这次赚得不多，搞少了……”

事后，钟青找到冯明贵领“赏银”，冯明贵答应给钱，但一直未兑现，这事让钟青感到很不痛快。

伎俩愈发娴熟
巷子“变身”无证建筑面积轻松多出47万元差价

冯明贵等人的伎俩越来越娴熟，距离东窗事发也越来越近。

杨泗街65号是一栋三层楼的私房，高春兰去做户主王某的动迁工作时，王某说和冯明贵是亲戚，要高春兰直接跟冯明贵谈。经商议，两人决定给予77万余元拆迁补偿款。后来，冯明贵想捞些“油水”，再次找到高春兰，让其将王家一条150多平方米巷子算成无证建筑面积加进去。

高春兰觉得有些离谱，没轻易答应。冯明贵遂做高春兰工作，声称会给她一笔好处费。高春兰当即应允，后据此虚增该户房屋无证建筑面积210多平方米，制作了一份125万余元的拆迁补偿协议。

冯明贵再次吃进“差价”47万余元，给了高春兰5000元，他则拿了

37 万余元。

检方查明，2006 年 6 月至 11 月间，在总共 31 起拆迁中，拆迁公司高管伙同冯明贵等人，5 个月内共骗取拆迁款 1248 万余元，其中冯明贵涉嫌个人实得 425 万余元。

查处结果
多名涉案人已判刑

法院认定，拆迁公司高管高春兰伙同冯明贵等人先后六次共同贪污国家拆迁补偿款 296 万余元，一审以犯贪污罪判刑 12 年，并处没收财产 1 万元；

钟青、郭元喜均已判刑或追究刑事责任；

拆迁公司拆除验收组组长孙先迪 21 次收受冯明贵贿赂 21 万元，一审以犯贪污罪、受贿罪判刑 17 年，并处没收财产 2 万元。

嫌犯其人
冯明贵曾多次入狱

汉阳区检察院在查办钟青等人案件中，发现冯明贵涉案。去年 3 月 22 日，汉阳检方对冯明贵实施刑拘，后移送至武汉市检察院审查。昨日，市检察院对冯明贵提起公诉。

冯明贵绰号“大耀”，男，1964 年出生，初中文化程度，湖南省新化县人。1980 年 5 月，他因抢劫被送少管 2 年；1982 年 9 月，因流氓、盗窃被送劳动教养 2 年；1986 年 11 月，因盗窃被送劳动教养 1 年 6 个月；1989 年 11 月，因犯流氓罪被判刑 3 年。2002 年至今，他任武汉市随缘物业管理有限公司法定代表人。

案发后，冯明贵家属协助退出赃款，检察机关还依法扣押了冯明贵用赃款购买的思威牌轿车和红旗轿车各一台，评估价值合计 34 万余元，合计追缴赃款赃物 277 万余元。

同时，检察机关已查实冯明贵伙同钟青、高春兰、郭元喜等共同贪污国家拆迁补偿款 1248 万余元，截至去年 11 月，已追回赃款 558 万余元。

检察机关认为，冯明贵应以贪污罪追究刑事责任。

律师观点
加强监管保护国有资产

湖北九通盛律师事务所主任律师刘贻苏指出，拆迁公司工作人员与社会人员勾结“黑钱”的行为，严重违背了拆迁应公开、公平、公正原则。令人关注的是，相关拆迁户在自身利益下，也极为配合，以致国有资产流失。

律师呼吁，相关部门应加大对拆迁公司的监管，绝不给犯罪分子可乘之机，以保障拆迁人的合法权益和社会稳定。

（编者:李欣　2010 年 6 月 19 日见报）

汉口一售楼部暗藏51枚假公章

涉嫌伪造证明助二套房购房者获取首套房贷优惠

本报记者谈海亮

位于汉口循礼门武汉剧院旁的一家售楼中心，暗藏51枚假公章，其中大部分属私刻的各地民政局婚姻登记处公章。接到知情人士举报，记者经过数日暗访取证，昨天就此事向警方报案……

知情人士举报　售楼中心私刻印章办假证

近日，一名知情人士来到本报，举报新洲区阳逻街某楼盘循礼门售楼中心私刻印章，帮助购房者伪造离婚证、收入证明等，以将二套房购房者的身份“变”为首次购房者，从而规避国家楼市宏观调控政策中对二套房所做的限制性规定，让不符合规定的购房者享受首套房贷利率优惠，以此提高楼盘的销售量。

该知情人士说：“他们刻的章子太多了，而且还敢主动向购房者承诺，帮忙办假离婚证、假收入证明。”

该楼盘名为东城明珠，位于阳逻新城。其广告宣传单显示，楼盘限量特价为2688元/平方米，全程代理商为“志联地产顾问”。

记者暗访数日　获取相关造假证据后报案

接到举报后，记者连日来进行了多渠道暗访，证实该售楼中心确实存有大量公章，并获取了相关证据。其中，包含一份贴有江岸区渣家左路女性居民余某照片的“无婚姻登记记录证明”，并盖有江岸区民政局婚姻登记处专用章。然而，江岸区民政局婚姻登记处证实，这份证明明显属伪造。

今年4月召开的国务院常务会议要求，对贷款购买第二套住房的家庭，贷款首付款不得低于50%，贷款利率不得低于基准利率的1.1倍。该售楼中心暗藏假公章，是否正如知情者所言，目的是帮助二套房购房者，办假证获取首套房贷优惠?

昨日上午，受举报者委托，记者将相关证据，提交给江岸区球场街派出所并报案，以寻求警方深入调查此事。

警方立案突查　铁皮柜内查出一批假公章

由于该售楼中心涉嫌私刻的公章数量很大，江岸区公安分局高度重视。昨日上午，该分局法制科、刑侦队干警及球场街派出所所长共同进行立案研讨，最后以刑事案件立案，并向分局申请了搜查令。下午3时许，球场街派出所多名干警突查该售楼中心，在大厅背后一个铁皮储藏柜内，当场查获了51枚假公章以及大量相关材料。

这些假公章中，有“武汉市公安局珞南街珞南派出所户口专用章”，武汉市硚口区、江岸区、武昌区、汉阳区、洪山区、黄陂区等区民政局的“婚姻登记专用章”，襄樊市、天门市、仙桃市、太原市、浙江省桐庐县等各地民政局“婚姻登记专用章”，深圳发展银行“信用卡中心章”，还有武汉市中百超市连锁有限公司、上海大唐移动通信设备有限公司等单位“公章”……

随后，干警们将在场的售楼中心员工带至派出所调查。售楼中心涉案人员辩称，这些公章均是由客户私刻和使用的。当客户使用完后，他们便将公章收回，由此积累了51枚公章。

该楼盘开发方负责人对记者表示，2008年初，他们便已通过招标，将楼盘整体打包给武汉志联房地产顾问有限公司销售。对于该售楼中心涉嫌帮助购房者向银行提供虚假材料、以获取首套房房贷优惠的行为，开发商并不知情，且多次对代理商强调，要合法销售。他们随后将考虑与志联公司解除合作协议。

警方表示，将进一步深入调查此案。

链接

私刻公章该负何法律责任

《刑法》第二百八十条规定：伪造、变造、买卖或者盗窃、抢夺、毁灭国家机关的公文、证件、印章的，处三年以下有期徒刑、拘役、管制或者剥夺政治权利；情节严重的，处三年以上十年以下有期徒刑。伪造公司、企业、事业单位、人民团体的印章的，处三年以下有期徒刑、拘役、管制或者剥夺政治权利。伪造、变造居民身份证的，处三年以下有期徒刑、拘役、管制或者剥夺政治权利；情节严重的，处三年以上七年以下有期徒刑。

伪造证明申请首套房贷购房者面临哪些风险

若故意伪造离婚证、收入证明等证件和材料，用以规避国家对楼市进行宏观调控的二套房限制政策，来获取首套房房贷优惠利率，则购房者应承担哪些法律责任，将会面临哪些风险？

湖北首义律师事务所李国宏律师表示：首先，若购房者参与到了伪造证件的行为中，则触犯《刑法》第二百八十条，需承担相应的法律责任；其次，购房者若以虚假材料向银行申请贷款，则违反了合同法，甚至可能涉嫌欺诈，一旦银行发现贷款申请人的信息不真实，可撤销贷款合同，中止或追回已发放的贷款。而购房者与开发商所签的购房合同仍然有效，此时，开发商可要求购房者在限定期限内一次性付款，购房者无法按规定付款，则开发商可收回房屋。总之，使用虚假材料向银行申请房贷，购房者将面临很大的法律风险和违约责任。

（编者：宋效忠　2010 年 7 月 3 日见报）

Mainstream

楚天都市报主流化转型探索丛书

守望社会

第二辑

护卫家园

守望社会

武汉湖泊调查报告

谁在侵蚀武汉的"眼睛"？湖泊保护之责谁来担当？

"百湖之市"仅存38个城中湖

本报讯（记者张泉　见习记者高东起）您知道，享有"百湖之市"美誉的武汉还剩多少湖泊吗？您了解，江城这片"梦里水乡"现存湖泊的面积吗？权威部门提供的最新数据显示，武汉城区湖泊由建国初的127个锐减至目前的38个。社会各界大声疾呼：保湖治湖，刻不容缓！

"湖泊是地球妈妈明亮的眼睛"，曾经，武汉市内数百个大小湖泊星罗棋布，遍布三镇，武汉当之无愧地被称为"百湖之市"，湖泊成为武汉市民的骄傲。

然而，武汉市水务局最新的调查数据显示，近30年武汉湖泊面积减少了228.9平方公里，50年来，近100个湖泊人间"蒸发"，杨汉湖、范湖等耳熟能详的名字仅仅成为带"湖"字的符号。目前中心城区仅存的38个湖泊，仍面临着继续被侵蚀的危险。

我国湖泊与水资源环境研究领域权威专家、华中师范大学教授金伯欣等专家认为，武汉湖泊数量减少、面积锐减，既有特殊历史背景下围湖造地、围湖养鱼的"历史之殇"，也有因城市建设需要而填湖占湖的"发展之殇"，更有屡禁不止的违法填湖的"现实之殇"。

武汉曾经优于水，如今却忧于水。面对严峻的湖泊保护形势，武汉市长阮成发在多次重要会议上大声疾呼："要像爱护自己的眼睛一样爱护湖泊！""要以对历史负责的态度，来治理湖泊，保护湖泊！"金伯欣教授也呼吁："政府当需铁腕治湖，市民也应主动保护。"

武汉在湖泊保护方面也做了诸多努力，出台《武汉市湖泊保护条例》，实施"一湖一景"、"清水入湖"、"大东湖水网"等治湖工程。但是，一方面在花巨资治湖，一方面湖泊却在继续遭到侵蚀与破坏。

本报记者历时两月，就此进行深入调查采访，为您讲述武汉湖泊的命运变迁，展现湖泊保护的历史、成绩和难题，探寻湖泊保护的对策与良方。

（编者：张仕武　周保国　2010年6月23日见报）

30年来武汉湖泊减少34万亩

本报记者张泉　见习记者高东起

浩浩长江奔腾而过，数百湖泊星罗棋布——武汉，因此被称为“江城”、“百湖之市”、“梦里水乡”。这是这座城市的骄傲。

而在今天，人们为城市建设的日新月异而欣喜的同时，也为湖泊保护的严峻现实而忧心。来自武汉市水务局的资料显示：20世纪80年代以来，武汉市的湖泊面积减少了228.9平方公里（1平方公里等于1500亩，合343350亩——编者注）。近10年，武汉中心城区湖泊面积由原来的9万余亩缩减为8万余亩，净减少面积数千余亩。

再往前看，建国初期，武汉市7个主要城区大小湖泊就达127个，目前仅剩下38个，总数已不及20世纪50年代初的1/3。这意味着，近50年来，共有近百个湖泊已经消失。譬如我们耳熟能详的“杨汉湖”、“范湖”，水已不见，只留下一个带“湖”字的地名。“一座湖泊是城市的一双秀目，一窝笑靥，一只美脐。”著名作家刘醒龙曾如此抒发对湖的眷顾。现实却是，曾经清冽甘甜、捧之即饮的湖水，不少已变得污浊脏腻，甚至臭气扑鼻，垃圾遍布；碧波荡漾的水面一片一片遭到蚕食，变成繁华的街市、宽阔的马路和成群的楼宇——这几乎是武汉市主城区湖泊近30年来共同的命运。照此下去，武汉的明天还会有湖泊吗？

三镇　曾经的梦里水乡

碧水连天，荷叶连连，飞鸟蹁跹，群鱼戏水，草长莺飞，夏可摘莲花，捕虾蟹，戏清水；冬可采湖藕，观飞鸟，尝鱼鲜。这不是画家笔下的画图，而是老武汉人记忆中的真实图景。

史料记载，1635年和1904年分别修筑袁公堤和张公堤后，武汉成为水上闹市，“帆樯林立，商贾云集”，茶楼客栈，鳞次栉比，绿荷红莲，乌梢青柳，亭台水榭，倒映水中，水乡风情，秦淮不及。

在武昌城内，原有九湖。蛇山以南，今解放路东西各有一组湖泊。今人民电影院附近的菱湖，是旧两湖书院的外湖，今花堤街即为菱湖的拦水堤，在堤的北端经平湖间出江，南与都司湖、东与西湖均相连。两湖书院的内湖为都司湖，沿湖原来建有水阁、凉亭、长廊，风景宁静宜人。

街东侧有西湖和歌笛湖。西湖原有湖上花园，绿柳成荫；歌笛湖，因湖中芦苇薄膜可做笛簧而得名，位于水陆街与紫阳路之间，现仅存歌笛湖街巷名称。如今幸存下来的紫阳湖就位于其东侧。另外，位于水陆街巡回岭和清真寺街附近有教唱湖，曾为楚王府歌伎集中的地方。

这些湖泊连成一片，这片湖区就是古南湖。古南湖外与长江相通，各个子湖之间的湖堤即为街道。从蛇山俯看下去“荷叶弥望”，莲香扑鼻，黄庭坚曾有诗云“凭栏十里芰荷香”。古南湖随着旧武昌城从蛇山北扩展到山南而包入城内了，现在的南湖指城外的赤栏湖。

此外，今紫阳路北，复兴路和烈士街之间曾有弯把湖。凤凰山以北，中山路以南得胜桥、西城壕街一带原有应山湖。旧城西北外筷子街附近有筷子湖。而如今，这一带除沙湖外，这些小湖均已不复存在。当时的沙湖水域可达青山港，与长江直连可通船。

汉阳的湖泊除了古郎官湖和今莲花湖外，最著名的要数月湖了。月湖的范围原来从梅子山向东在龟山北麓直达江边。龟山、梅子山凸出湖中，古琴台、崇福寺、钟楼、文昌阁等建筑，仿若西湖风景。汉阳西南郊，今武汉动物园一带，还有马沧湖、墨水湖，有港直通汉阳县诸湖，如官湖、刀环湖，再南还有太子湖。往西在汤家山和扁担山之间有龙阳湖。在汉南区还有银莲湖、沉湖等诸多湖泊。

汉口中山大道西北边原来都是湖泊，统称“后湖”，包括牛湖、西长湖、鲸子湖、十八淌等众多小湖泊。在张公堤未修筑之前，从江汉路一带，可直接乘船经后湖达黄陂、孝感。后湖风景优美，曾是骚人墨客、往来商贾的游乐之地，被称为“潇湘湖”。在今建设大道和青年路的夹角上有一西湖、北湖，建设大道以南还有罐子湖等多个小湖。在汉口西北，原有一片面积为40万亩的水面，泛称东西湖，其中又有小湖猫儿湖、桑台湖等。

即使是在五六十年代，从空中俯看，大小百余个湖泊，如形态各异的珍珠镶嵌在江城大地，勾画出武汉梦里水乡的风韵情致。

蚕食　大片湖泊变陆地

来自湖北省测绘局不同年代的航摄影像和地图，直观而清晰地反映了大片湖区、多个湖泊渐遭蚕食，由水域变陆地，从梦里水乡到繁华街市的变迁过程。

这些权威影像资料显示，20世纪80年代初，汉口发展大道以北、张公堤内外，绝大部分是成片的湖区，发展大道以南的核心城区亦有多个大小不等的湖泊；汉阳的墨水湖西南，亦是大片湖区，较大的包括墨水湖、南太子湖、北太子湖、龙阳湖等众多湖泊，其他小湖泊更是星罗棋布；在武昌，则有东湖、南湖、沙湖等几个主要湖泊，水域面积几乎占到武昌城区版图的一半。

而到2000年前后，发展大道以北，以汉口火车站、杨汉湖小区为中心的大片湖泊已遭填占，常青花园、民航小区、杨汉湖小区、桥苑小区、汉口火车站、民航管理局等在这片湖区上拔地而起。汉口中心城区内的多个小湖泊已经消失，仅剩下北湖、西湖、菱角湖等几个小湖泊；汉阳中心城区星罗棋布的众多小湖泊大多已经消失，墨水湖、南太子湖、龙阳湖、三角湖面积均有不同程度缩小；武昌的沙湖、东湖及南湖面积剧减，青山公园旁的戴家湖、水果湖附近的茶叶港已经消失，晒湖、四美塘已变成了小水塘。

现如今，又过10年，发展大道以北，张公堤以内的大片湖区已几乎消失殆尽，百步亭花园等多个大型小区成片崛起，城市道路密如蛛网；墨水湖与南太子湖的连通港大片水域已经消失，墨水湖南路以南墨水湖的一部分消失，连接墨水湖、龙阳湖、南太子湖的湖汊、河港因为城市和道路建设全部遭填占，几大湖泊的联系被完全截断；沙湖、南湖变得更小。

专家学者和勘察部门的调查研究结论，与上述影像资料基本一致。

华中科技大学公共管理学院卢新海教授与其弟子曾忠平博士，曾作过专题调查和研究分析：从1991年至2002年，仅这11年时间里，武汉主城区湖泊水域消失近25%，遭蚕食的湖泊面积近40平方公里，年均减少近4平方公里。其中，汉口湖泊的减少率最高，达29%，而武昌由于湖泊的总面积较大，减少的湖泊面积总量也就最大，达23平方公里，居三镇之首。另外，汉口的后襄河、北湖、菱角湖、鲩子湖，武昌内沙湖、水果湖、晒湖、四美塘等8个湖泊面积急剧减小，减少幅度超过35%。

来自勘察部门的调查数据同样令人触目惊心：1996年，勘察部门对汉口中心城区的5个主要湖泊进行了调查，1995年，汉口湖泊面积比1980年共减少550亩，平均减少率为44.06%，其中最高的达66.9%。

城市在建设，湖泊在变迁。“回过头来看，武汉的发展史，其中一部分是填湖史。”武汉市水务局一位官员称。武汉大学环境法研究所副所长杜群教授、华中师范大学环城学院副教授张毅两位专家，对这一观点亦表赞同。

《武汉地理信息蓝皮书》披露，截至2006年年底，武汉市城市建设总面积从1986年的220余平方公里，增加到455余平方公里，整整扩大了一倍有余。与此同时，20世纪80年代以来，武汉市的湖泊面积减少了228.9余平方公里，仅近10年，武汉市中心城区湖泊面积就由原来的9万余亩减为目前的8万余亩。这其中经合法审批填湖占53.3%，非法填湖占46.7%。

武汉人为之自豪的东湖，20年减少了1094亩，相当于减少了现在的12个汉口西北湖。武昌区的晒湖，现在已变成了干涸的小泥塘。

武汉市水务局湖泊保护处副处长周承甫介绍，汉口火车站、建银大厦、建设大道、中山大道、西北湖广场、武昌友谊大道、南湖大道的建设无不是大面积填湖所建，中心城区所有湖泊周边近几年拔地而起的楼群，也有以牺牲和破坏湖泊资源为代价开发的，填占湖泊所建的机关、企事业单位、学校等更是数不胜数。许多城区"从无到有"：东西湖区、后湖片区、吴家山、金银湖地区、武汉经济技术开发区、东湖新技术开发区关山、庙山一带。

禁止填占湖泊的呼声不绝于耳，填湖的行为却从不曾止息。周承甫说，湖泊保护部门每年都要处理少则十几起，多则数十起填湖事件。到目前为止，有关填湖的举报仍然是老百姓反映的湖泊问题中最多的。

湖殇　近百个湖已消失

与湖泊面积大量减少对应的，是湖泊数量的锐减。

曾经是梦里水乡的武汉，数百个湖泊，我们不可能一一历数。但来自武汉市水务局最新的调查数据显示，全市中心城区现存的湖泊只有38个，湖泊总数已不及20世纪50年代初的1/3，而在建国初期，武汉市城区登记在册的湖泊总数为127个。

在消失的那些湖中，"杨汉湖"、"范湖"只留下一个抽象的名字，一个空洞的地名，更多的大小湖泊甚至连名字都没留下，永远消失在岁月的河流中。

目前纳入管理的38个湖泊，情形也不容乐观。据统计，1995年以来，这38个湖泊的总水面减少了1083公顷，相当于25个沙湖的水面消失了。汉口的竹叶湖、武昌的晒湖已严重淤塞，几乎看不到水面，如果不进行抢救性保护，它们将同杨汉湖、范湖一样，不可避免消失的命运。"百湖之市"面临的现实，并不仅仅是湖泊数量和湖泊面积的减少。这座因水得名、因水而优的城市，如今还面临着巨大的治污难题。"面积的剧减和数量的锐减，使污染状况进一步恶化。就像同样一滴墨水，掉进一大盆水里和掉到一小杯水里一样，污染程度是完全不一样的。"武汉大学教授杜群打了一个简单的比方。

据环保部门对武汉湖泊的水质监测，全市没有一个湖泊的水可以直接饮用,主城区的绝大部分湖泊已不适合游泳,甚至养的鱼人也不宜食用。而在建国初期,武汉市90%的湖泊的水可直接饮用。“武汉的明天还会有湖吗?”这并非杞人忧天的一个问号,而是关于武汉湖泊命运的真切忧思。

(编者:李欣　2010年6月23日见报)

多少已成追忆　多少正在消失

本报记者张泉　王功尚　周鹏　见习记者高东起　实习生胡弦

从碧波荡漾的湖泊到高楼林立的街市，湖泊的消亡经历了一个怎样的历程？连日来，记者对武汉的多个湖泊进行了现场踏访，湖泊消失的命运发人深省，幸存湖泊的生存状态让人担忧。

那些已经消失的湖泊

杨汉湖是近20年来较早消亡的湖泊之一。80后、90后的一代武汉人大多已经不知道，今天这个以“湖”命名的地方，曾经是一片湖区，因为杨汉湖早在他们出生前，就流干了最后一滴眼泪。

行走在杨汉湖的大街小巷，如果不是亲耳倾听这一带老居民的述说，我们也无法想像，这片处处车喧马闹、房屋鳞次栉比的现代都市，曾经是一片宁静的湖区。

在杨汉湖小区的背后，有一片城中村，大多杨汉湖的老居民就住在这里。

73岁的金银香婆婆是汉口杨汉湖的老居民，50多年前从新洲嫁到杨汉湖村后，就一直生活在这里，见证了杨汉湖从浩渺水域向繁华街市演变的历程。

“那时候，只有十几户人家居住在湖边，我们到汉口赶集都是划船去，当时这一片都是湖。”金婆婆说。

虽然说不清杨汉湖具体的大小，但居民告诉记者，东至姑嫂树路，北至张公堤，南至发展大道路，西至常青路，都属于杨汉湖的区域，几近于今天南湖的面积。

金婆婆告诉我们，当时的杨汉湖水非常清澈甘甜，他们的生活饮用水都是直接从湖里挑，稍稍沉淀就可以直接饮用和用来做饭。

“当时杨汉湖的藕和鱼都非常有名，产量也非常大，我老伴秋冬季节，一天要挖900斤藕。”金婆婆说，“70年代末、80年代初，村里把湖区的水域分成一片一片，分给村民们养鱼，我们家分了几十亩，后来整个湖区就被分成大大小小若干个湖塘，搬到这里的人也越来越多，许多湖塘就被填了建房子，修马路，水也不能喝了，家家户户就打井。80年代，杨汉湖还有几个湖塘。但没过几年就全被填平了，建起了小区。大约20年前，这里就连一个小水塘也不复存在，杨汉湖仅仅成了一个地名，现在杨汉湖一片居住的人，绝大多数都是从外地搬来的。”

金婆婆说：“那时候，一盒‘游泳’牌香烟，就能从汉口换来一车渣土，甚至不用花钱，也会有人把汉口的垃圾拖到这里，倒在湖中。”杨汉湖就这样，在极其廉价的填湖造地的大潮中，日渐消瘦直至消亡。“多好的湖，多好的水啊，都被填光了，一点儿也没剩下。”金婆婆不无遗憾地说。

相比之下，作为城区消亡湖泊的另一个代表——范湖则要晚一些。从省测绘局1995年的航摄影像中，记者还能清晰地看到范湖，如一块不规则的璞玉，镶嵌在城市的中央。而到2008年，范湖已经完全消失，淹没于大片大片的房子中。一直在范湖边生活工作的清洁工康师傅告诉记者，范湖被填没就是最近几年的事情。前两年，随着范湖的开发热潮，范湖大面积遭填占，变成一个小塘。现在这个小塘被填没，建起一家钢材市场，范湖从此消失在人们的视线中。

短短几年，范湖就从一个湖泊变成了一个都市中心。采访中，提起范湖，许多居民只记得正在兴建的范湖地铁站、即将崛起的第一高楼，而忘了它曾作为一个湖泊的存在。

那些日益消瘦的湖泊

因为大面积遭填占、严重污染和淤塞，曾是仅次于东湖的第二大“城中湖”的沙湖，成为近几年来关注度最高的湖泊之一。

10余年前，湖北大学沙湖之滨的琴园，柳岸湖堤、亭台水榭曾给记者的大学时代留下了美好的回忆：捧一卷书，或坐于滨水的石条凳上，或半躺于堤岸的草地上，听水拍岸堤，看鱼戏水面，宁静致远，虽置身闹市，却犹处远郊。

10余年后的今天，当记者再次踏访这里时，已人是景非：离琴园尚有数十米之遥，污水的臭味就已扑面而来。琴园园内，两个面积达数十亩的池塘油黑一片，水面上不停地泛着气泡，其中一个池塘大半被填，泥土和垃圾、树叶还在向水面延伸，池塘水面上的曲廊亭榭只剩下残迹。

从小在沙湖边生活的王志铭对于湖泊，特别是沙湖有着特别深的情结，几年前，因为不忍看到沙湖越填越小，他多次深夜只身拦停填湖的运土车。王志铭也因此被称为“护湖义士”。

采访车行驶在秦园路、友谊大道和公正路这几条曾是沙湖水域的道路上，王志铭指着湖边越来越多向湖心侵袭的楼宇，向我们讲述着沙湖的历史和日益消瘦的面容：

沙湖位于武汉市武昌老城区东北部，东邻中北路，南至小龟山，西抵粤汉铁路线，北达徐东路，曾是武汉市区内环线内最大的湖泊，也曾是武汉市仅次于东湖的第二大“城中湖”。史料显示，明洪武年间，沙湖面积有将近万亩的规模。1900年，粤汉铁路的建设，将沙湖人为地一分为二，分别为“沙湖”（又称“外沙湖”）和“内沙湖”。上世纪60年代末，沙湖水域尚有3200亩左右。到了90年代，为了修建长江二桥而拓宽中北路、徐东路，部分沙湖水面被填。而近10年来，随着友谊大道的修建和周边的房地产开发热潮，一些单位盖办公楼，几乎填占了沙湖的一半水域。

“我记得小时候，冬天，沙湖上结着很厚的冰，成群的水鸟就在湖边的冰面上觅食，我和小伙伴们悄悄走近时，鸟群轰地一声飞起，遮天蔽日，非常壮美。那时候，沙湖的鲇鱼非常肥美，上世纪60年代远销香港。藕从湖里挖起来，就着湖水洗洗就可以直接吃。”王志铭说。

对于孩童时代的王志铭来说，将一只口罩拆开，做成网，在沙湖里捕小鱼小虾，或在湖水中嬉戏，成为他和小伙伴们的最快乐的童年记忆。

“从80年代开始，沙湖就一直在填，20年间几乎就没间断过，往沙湖倾倒垃圾、碴土的各种大小车辆，最多的时候一天有近百辆。”王志铭说，“1996年，填湖建起了‘地球村’（楼盘），2000年动工修建的友谊大道从中山路到湖北大学这一段就是填占沙湖所建，友谊大道建成通车后，沙湖一带就成为开发热土，湖北电视台门前现公正路以内全部是沙湖水域外，你们看现在曾经的湖面上长出了多少小区、楼盘和办公楼。”

填湖几十年，加上城市生活垃圾，沙湖自然生态平衡遭严重破坏，早已失去湿地的特征和价值。2006年，根据武汉市有关部门的环境状况公报显示，沙湖污染严重，成为非人体接触的劣五类水质，已不适合水产养殖。2007年，沙湖被禁止养鱼。

沙湖被填，尤以内沙湖的缩减则最为明显，其原面积约为1275亩，1994年还有600余亩，但是现在水面面积仅剩119.85亩，这让位于武昌西南的南湖一跃成为武汉市仅次于东湖的第二大湖。随着武昌版图的不断扩展，昔日的郊区湖如今已变成城中湖。

5月18日上午，68岁的李爹爹和几个市民正在南湖渔场垂钓。湖面上漂着成片死鱼，隐隐飘来阵阵恶臭。李爹爹说，这几年南湖年年都发生大面积翻塘。

李爹爹回忆，上世纪60年代的南湖，可谓湖光山色，鸟语花香，绿树成荫，清澈见底；70年代、80年代，水质也不错，单位还组织到南湖进行游泳比赛;90 年代之后,水质就一年不如一年了。

“以前湖里什么鱼都有，现在桂鱼、花姑娘鱼等近 10 种鱼都绝迹了。”李爹爹说。

那些等待治理的湖泊

“你们快过来看看,晒湖已经好长时间没有水了,是不是今年就要消失啦?”4 月 23 日,武昌中南路街晒湖小区居民给本报打来电话。

走过晒湖小区的大门,不见晒湖之景,先闻晒湖之臭。循着扑鼻的臭味继续前行，看到了被小区和新楼盘包围的晒湖。一条福安路将湖面分成了两部分,路上行人来往穿梭,不少人捂着鼻子低头疾走;福安路口,一块“严禁违法填占湖泊”的牌子,早已经损坏歪倒。

福安路南边,湖水已经干涸,湖底袒露,是一塘正在龟裂的烂泥,一条排污沟在淤泥中蜿蜒向前，正在向湖内排放乌黑发臭的污水。路边的小贩把生活垃圾、腐烂的蔬菜扔进湖床,间或有老鼠窜过。

北边一半的晒湖,湖水早已干涸,在野草和杂树之间,附近村民于沟汊之间垦荒,辟出格子状的地,种上了各种蔬菜。菜园子中间,还点缀着几间简易木棚。

今年 58 岁的邓珍梅抱着孙儿,向记者娓娓讲起她的晒湖记忆。从曾祖父到她,家里四代人都住在晒湖边,“我是一个‘老晒湖’了。”

“以前,晒湖面积特别大!”邓珍梅说,她清楚地记得,现在晒湖周边的傅家坡客运站、梅苑小区、晒湖小区、银海小区等,以及附近部分新开发的楼盘,都曾经是晒湖湖区。

晒湖不仅大,而且美。记忆中的晒湖水清澈明净,水中游鱼往来嬉戏,湖边空气清新,市民经常去散步。

晒湖还是个聚宝盆,首先盛产鱼。邓珍梅说,每逢大雨,湖水漫过堤岸,大量的鱼儿涌上岸,村子里的洼地到处都是鱼。

鱼之外,还盛产藕,让“老晒湖”人津津乐道的是,晒湖的藕还曾南下广州,北上京城,款待五湖四海的贵宾。晒湖奉献给人们的另一份厚礼,是美味的菱角,那时候,孩子们经常跑到湖边捞菱角吃。

邓珍梅称,上世纪六七十年代,晒湖一带大搞建设,上世纪 80 年代以来,湖周边大规模开发,晒湖元气大伤,不过“还活到在”。

市民李师傅在晒湖边居住了近 30 年，他记得刚到晒湖边时，湖面还有近 800 亩。以 1982 年左右梅苑小区兴建为标志，晒湖周围开始陆续兴建小区,大规模开发商业楼盘,居民也大量增加,垃圾不断填入湖中,晒湖越变越“瘦小”。

2005年，武汉市出台《中心城区湖泊保护规划》，公布的晒湖面积已剧减至约190亩，到了今年，晒湖成为一个约100亩的臭水塘。“天气越热越臭。“湖边一名居民感叹，“这哪里还有湖的样子？”

与晒湖同样陷入险境的还有汉口的竹叶海，这个以“海”命名的湖泊，也曾经有着像海一样的宽阔水域。

竹叶海位于硚口西北部，原是一个主体湖泊200多亩的原生态湖泊，历史上的竹叶海由几个大的湖面组成，“一眼望不边”是当地老人们对于这个湖泊的记忆。而如今，问起竹叶海，人们会指路说：“你说的是竹叶海公园里面的那个小塘吧？”

“救救竹叶海！”这曾是硚口区数十位人大代表、政协委员联名呼救。震聋发聩的呼声犹在耳边，而那片美丽的蓝色却已淡出人们的视野。

（编者：李欣　2010年6月23日见报）

难以承受的历史与现实之重

本报记者张泉　见习记者高东起

“是什么原因，让数千年孕育的湖泊资源，短短几十年的时间，就遭到严重毁坏，近百湖泊甚至遭灭顶之灾？”面对武汉湖泊的今日现状，人们这样诘问。政府有关职能部门及专家学者高度重视，不断探寻个中原因，并研究相应对策。

连日来，记者采访了湖泊保护的相关部门负责人、民间护湖人士及多位专家学者。他们认为，江城湖泊被“蚕食”是个渐进的过程，有填湖造地等特殊历史原因，又有因城市发展“牺牲”水域的无奈之举，更有甚者则是因利益驱动而非法填湖。

历史之殇：填湖造地和围湖养鱼

众所周知，气候变化等自然因素是导致湖泊面积缩小和消亡的原因之一。但对武汉市消亡的近百湖泊而言，这一因素几可忽略。“武汉市近几十年来没有一个湖泊是因为自然原因消失的。”武汉市水务局湖泊保护处副处长周承甫称。

客观地说，武汉湖泊的大面积缩小和消亡，有着特殊的历史原因。武汉市水务局的统计数据表明，武汉市缩减的湖泊面积有六成是由于上世纪五六十年代填湖造地和围湖养鱼造成的，武汉市的各大湖泊几乎均受波及。

华中师范大学城市与环境学院张毅副教授的研究结果显示，特别是面积较大的湖泊，在这一阶段面积剧减，有的甚至完全消失或转化为人工精养鱼池，如东西湖、杨汉湖等；有的则被切割成若干小湖泊，如沙湖、东湖等。

华中师范大学城市与环境学院金伯欣教授是我国湖泊与水资源环境研究领域的权威，曾对湖泊垦殖作过专题研究，他介绍，武汉填湖造地、围湖养殖大致可分为两个阶段：

第一个阶段是上世纪50年代至上世纪80年代初，由于人口增长，粮食问题成为我国当时最大的问题之一，而当时由于生产技术落后，单位亩产不高。为获得更多的粮食，全国掀起一股“以粮为纲”的运动，大面积的湖区和湿地被填占，变成了田地。应该说这一阶段是在政府主导下的围湖造田。

第二个阶段是上世纪80年代至上世纪90年代，则是顺应改革开放，增加经济效益的需要，群众自发性的围湖养殖，发展水产。加之武汉人口激增，工业经济加速发展，水质污染与湖泊水体富营养化问题日益严重。武汉三镇当时几个大的郊区湖泊均大面积遭到垦殖，东湖在这一阶段亦有大面积的缩减。

来自武汉市水务局的数据显示，上世纪50年代武汉湖泊的面积达1581平方公里，到上世纪80年代，湖泊面积已缩减为874平方公里，。仅1972年一次填占青菱湖，便使其面积减少240多亩。

发展之殇：湖面不断长出的街市

金伯欣教授说，进入上世纪90年代中期，一般意义上的围湖造田、围湖养殖逐步停止，但却掀起了市政建设和房地产开发的热潮，滨湖地区成为房地产开发的“热土”，加上发展旅游，滨湖地区水域一块一块地被蚕食、侵占。

华中科技大学公共管理学院卢新海教授和曾忠平博士通过研究分析指出，当前我国正处于快速城市化进程中，城市各类用地不足的矛盾日益突出。一方面因城市建设需要，一些城市湖泊水域经政府审批同意转化为了城市建设用地，其中主要包括城市道路、市政设施和公园配套设施等，如汉口青年大道占用后襄河、长江二桥占用四美塘的部分水面、西湖变电站占用西湖、“五湖”公园建设填用部分水面等。另一方面是因商业利益驱动，一些开发商钻相关政策法规的漏洞侵占城市湖泊水域进行开发，导致原来完整的城市水系、广阔的湖泊水面大量萎缩。

进入上世纪90年代，随着城市建设的发展，武汉市逐渐加快旧城改造和城市道路建设，汉口商业中心城市建设步伐加快，用地逐渐向北纵深腹地发展，西北湖、菱角湖附近的复兴村地区、后湖、新火车站等地区逐渐成为汉口开发建设的热点。旧城的改造和城市的兴建，使得汉口西湖、北湖、小南湖、鲩子湖等所在的地段不断增值，在经济利益等因素的驱动下出现了湖泊填占的趋势。图书大世界、建银大厦以及新世界水族公园的兴建分别占用了菱角湖、机器荡子、塔子湖部分水面，汉口青年大道等道路的修建与拓宽，也逐渐改变了后襄河周边的环境，使得道路沿线和附近的部分水面逐渐消失，城市发展建设过程中的填湖行为造成汉口地区湖泊面积迅速减小。

专家称，武昌地区四美塘湖和晒湖是城市建设和房地产开发造成面积急剧萎缩的典型例证。如梅苑小区及周边的多个小区都是在填占晒湖基础上建成的，四美塘湖的萎缩主要与1995年前后长江二桥的修建占用部分湖泊水面有关。此外，1994年雄楚大道建设和珞喻路的向东拓展，占用了南湖、东湖部分水面。

此外，随着城市人口激增，填湖一度成为武汉市处理垃圾甚至是治理污染湖泊的手段。“特别是一些小湖泊及连接湖泊的明渠，因为遭到严重污染，变成臭水塘、臭水沟，塘里老鼠横行、蚊蝇乱飞，周边居民反映强烈，干脆一填了之。”武汉大学环境法研究所副所长杜群教授说。

现实之殇：利益驱动下的蚕食

“无论是哪一个年代的填湖行为，都是在经济利益的驱动下进行的。”金伯欣教授分析说，上世纪五六十年代的围湖造田，其后的围湖养殖，是如此；目前的滨湖地区开发亦是如此。相比较而言，房地产开发利益的驱动就更大了，而且伴随着政府利益的驱动。“从人们的居住需求来说，滨水地区有着更令人宜居的环境，从开发商的角度来说，填湖成本远远低于旧城改造，而且滨水楼盘售价更高、更好卖，他们也能从中获得最大利益。一个滨水项目的开发，政府、开发商、购房者都能从中得到各自的利益，那么，牺牲湖泊资源也就在所难免了。”杜群教授说。

武昌修建中北路、徐东路填掉了部分沙湖水面，内环线逐步畅通并形成环线经济带，沙湖周边土地利用程度逐渐提高，面积急剧减少。

南湖亦是如此。随着雄楚大街的建成通车及周边路网的改善，吸引了更多的人在环南湖区域投资置业。1999年，丽岛花园在南湖岸边打出“告别汉口”的旗帜，开启了“南湖居住新城”建设的序幕。短短几年，南湖滨水区域就冒出数十个楼盘，造成南湖大面积缩减。“武汉城市湖泊萎缩的背后是城市建设水平、道路交通规划、政府调控与湖泊改造等因素的复杂交织。”卢新海教授和曾忠平博士在其共同著述的文章中，一针见血地指出。

金伯欣则指出：“一般来说，一个地区的经济发展，在初级阶段，往往会走资源开发型的道路，这是完全可以理解的。但需要着重指出的是，经过30多年来的快速发展，我国已走过了经济发展的初级阶段，对湖泊资源的保护和治理，亦应该进入新的阶段。”

管理之殇：非法填湖处罚太低

而提起武汉湖泊的保护工作，武汉市水务局湖泊保护处副处长周承甫在接受记者采访时，也似有许多难言的苦衷。

周承甫介绍，鉴于武汉市面临的湖泊保护的严峻形势，水务局2008年专门成立了湖泊保护处，专门负责督办和查处非法填湖行为，湖泊保护处刚成立时整个处室仅有3人。特别是这一年，武汉市政府将湖泊保护的权力下放到各级政府后，市水务局主要负责监督协调、宣传和服务。而各区水务局属于区政府的一个职能部门，市水务局对各区局只是业务上指导，这给市水务局的湖泊保护工作带来很大的困扰。

周承甫介绍，现在发生的填湖事件，一般都不是某一个人或某一个单位私底下进行的，往往与各区政府的态度有很大关系。“由于这些企业、单位与区政府的关系比较密切，市水务局要求整改的督办函也下了，但区里就是不执行，我们也没办法。”周承甫说。

另外，就是对填湖行为的处罚过低，一次填湖，不论面积大小，最高罚款限额为5万元，而填一亩湖的土地可卖到几十万元，巨大的利益驱动和低廉的填湖代价，让填湖行为屡禁不止。“如果发生填湖行为，我们一般会要求责任单位整改，填多少挖多少，如果责任单位拒不整改，我们也可按规定代挖，但代挖的成本远远高于填土的成本，市水务局也拿不出钱来代挖，所以很多时候湖泊被填了也无法还原。”周承甫说。

按照《武汉市湖泊保护条例》，重点工程建设尽量不占用少占用湖泊，确需占用的，应报水务部门审核。“武汉湖泊这么多，湖岸线这么长，违法填湖在任何一个角落里都有可能发生。”周承甫说，今年，填湖仍然是老百姓反映最强烈的问题。

要挡住蚕食湖泊的这张贪婪大嘴，武汉任重道远。

（编者：李文光　2010年6月23日见报）

三个样本背后的艰辛与期许

本报记者张泉　见习记者高东起

“人类今天对大自然的破坏，必将在未来以数百倍、甚至更高的代价来补偿！”这是世界环保组织发出的警告。对武汉湖泊而言，亦然。从月湖的警示，到涨渡湖的经验，再到梦泽湖的蓝图，我们从中看到的是一个城市对湖泊保护的意识觉醒，政府的治理决心和人们的湖泊梦想。当然，这一切，都是一个艰辛无比的漫长过程。

月湖之鉴　亡羊补牢为时未晚

跟武汉市的其他湖泊一样，曾经富有婉约情韵的月湖也有着不幸的昨天。但今天的月湖是幸运的，不是每一个湖泊都能有这样的幸运，同时，代价也是沉重的，为了给月湖“洗肺”，前后投入达1个多亿。

月湖毗邻长江、汉水。古时月湖“长八里许，宽以一里计”，面积超过400万平方米，但如今的月湖只剩下60万平方米。在老月湖人的记忆中，月湖水清鱼多，还盛产菱角和藕，特别是月湖的藕，与洪山菜薹齐名，到上世纪末，还属输港物资。

上世纪80年代以后，月湖不仅面积缩小，且水质日益恶化，到上世纪90年代末，水质已沦为劣五类，透明度不到0.5米，手感黏稠，很远就能闻到臭味，湖底淤泥厚度达1.5米，各种藻类、水草疯长，导致鱼、蚌等水生物迅速死亡，生态链断裂。“那时，周边十几家工厂的工业废水直排月湖，周边居民的垃圾及生活污水也都往月湖倾倒。”月湖风景管理处的工作人员说。

2002年，臭了几年的月湖终于迎来命运转折年。

这一年，国家科技部将水环境治理工作列为“863”计划重大专项之一，经武汉市多方努力，月湖被列为“水环境质量改善技术与综合示范项目”。同年9月，该项目正式启动，200多位专家参加“武汉水专项”研究，为月湖治理献计献策。科研人员在月湖搭起2000多平方米的人工浮岛，在浮岛上种植美人蕉等植物，净化水体。同时，中科院水生所首次利用生物菌群为湖水“减富”。同时斥巨资搬迁了月湖周边85万平方米范围内的居民。

数千万元投进去了，水质有所好转，但不久又故态复萌，因为通向月湖的排污管依然黑水喷涌。

2004年，武汉市投资近2000万元用于月湖截污，2006年，又耗资3100万元对月湖进行清淤，经过4个月的努力，共清淤49万立方米，月湖底泥厚度消减了近1米。同时，在专家的建议下，又打通月湖的3个子湖，引入活水，并建立人工湿地，改善月湖水质。

2007年8月，水务部门利用汉江水位高于月湖水位的时机，首次为月湖换水70万立方米，用江水给月湖做“透析”。

截污清淤、生化治理、通江连湖、生态修复——各种救治措施使尽了，6年过去了，月湖水浊了又清，清了又浊，始终在4类水质上下徘徊，治理情况不容乐观。

所幸的是，政府并没有因此而放弃治理月湖的决心，停下治理月湖的脚步。

2009年7月、8月，汉阳区水务局又两次对月湖进行生态补水。经过前后五次换水，据最新监测，月湖水质现已稳定为四类水，透明度已达到1.2米。月湖终于甩掉了劣五类的黑帽子。

在还湖清水的同时，政府又投资数千万元，对月湖周边环境进行综合整治，修复和重建月湖旧景，固化月湖岸线。在湖中种植1万平方米的水生植物，帮助月湖恢复自净功能。目前，月湖正在恢复良好的水生态系统，消失了近20年的白鲶、草鱼、河蚌、田螺、野生水草等10多种水生动植物，再度悄悄回到了月湖。

八年艰苦卓绝的“抗战”，暂时换回了月湖碧波荡漾，如今的月湖又重新勾起人们对于老月湖的美好记忆。“月湖的水质能否保持稳定并得到进一步提升，关键是要构建一个完整的湖泊生态系统。对月湖的治理来说，这仅仅是一个开始。”采访中，一位湖泊专家说。

涨渡湖　该如何保护武汉明眸

今年6月5日世界环境日，世界自然基金会在湖南长沙举行经验交流会，武汉涨渡湖湿地的保护经验被拿到会上交流，受到各方高度评价与肯定。

涨渡湖，成为武汉40年来湖泊保护的一个经典例证。

涨渡湖位于武汉市新洲区东南端，紧邻长江，是长江中游地区距长江最近的一块湿地。记者实地踏访时，登上堤坝极目眺望，广阔清澈的水面烟波浩淼，时见鸳鸯戏水，水鸟飞过，清新的空气令人神清气爽。

武汉市新洲区水务局水资源科科长喻银咏对照着地图介绍，上世纪30年代，涨渡湖面积为150余平方公里。上世纪50年代以来，由于人口压力和粮食需求，湖区开始大规模围垦，水面迅速萎缩到40平方公里，与长江的联系被人为切断，湿地功能衰退。“从地图上看，原来的整个涨渡湖水系像一个乒乓球拍，现在的涨渡湖如同乒乓球大小。”

喻银咏查阅了1986年出版的《新洲县水利志》，该书记载，1972年之前，“汛期一湖水，枯水一片荒”是涨渡湖的真实写照：汛期水位上升到22米时，水面积即达38万余亩，良田甚至遭到淹没；水位下降到19米以下时，主湖、子湖界限分明，水面积约13万亩，呈现出一片干涸荒凉之景。为此，1972年夏，当时的新洲县水利电力局对涨渡湖进行了综合治理，兴建了排涝、调洪、围垦工程。治理后的涨渡湖趋于稳定，水面积为37平方公里。

喻银咏介绍，新洲区水政监察大队湖泊保护中队的巡湖专班，每周都要到涨渡湖巡查一次，检查是否填占、污染，以及桩界、桩碑是否被挪动。涨渡湖周边没有工业污染源，目前水体保持国标三类水体。它的功能已经由原来的灌溉、养殖、调蓄功能，转变为湿地功能。

武汉市新洲区湿地自然保护区管理局副局长、高级工程师胡长发介绍，湿地被称为地球之肾，是地球上同森林生态系统、海洋生态系统处于相同重要位置的以水为媒介的重要生态系统。

2002年12月，涨渡湖正式被世界自然基金会长江示范项目确定为还长江生命之网示范区，成为我省第一个被世界性环保组织参与保护的湿地。

胡长发介绍，经专家考察，涨渡湖地区共有两栖类动物10种，爬行类动物16种，哺乳类动物20种，鸟类103种，维管束植物476种，鱼类46种。国家二级重点保护的野生植物粗梗水蕨种群规模极大，丰富的自然资源及得天独厚的湿地生态系统具有极高的保护价值。

2007年11月，蔡甸区沉湖、新洲区涨渡湖两处湿地被列为长江中下游湿地保护网络首批成员，其保护工作首获国家林业局批复立项，投资1208万元。同年12月，对涨渡湖湿地进行实时监控系统第一期工程完成，成为全国第一家采用实时监控系统进行监控保护的湿地自然保护区。同年底，涨渡湖湿地自然保护区省级晋升通过了以中国科学院院士曹文萱为首的22位国内外著名专家的评审。

即使是这样，涨渡湖的保护工作也并非毫无隐忧。新洲区水务局党委书记、局长周武刚表示，现在涨渡湖也面临着沼泽化、富营养化等问题，湖泊整治和保护资金严重短缺。他认为，整个武汉市的湖泊整治管理应是一盘棋，像涨渡湖这样的远城区湖泊，也应像主城区湖泊一样，纳入全市湖泊整治规划中。

梦泽湖 一个关于湖泊的梦想

一个城市开挖人工湖，总是寄托这个城市对于湖泊的梦想。

2006年，随着汉口王家墩中央商务区工程的启动，一则消息传了出来：武汉将在这里开挖第一个人工湖，并将这个尚未动工的人造湖泊定名为梦泽湖。

对于曾经的“百湖之市”而言，这则消息意味深长：古云梦泽就是武汉湖泊的成因之一，它的慷慨馈赠给了这个城市太多的润泽。湖多不惜，而如今，这个曾经湖泊星罗棋布的城市也要人工造湖。

根据规划方案，梦泽湖的开挖地址位于范湖片区，范湖被填没后，武汉又在这个湖泊的消失之地，以更高昂的代价重启一个湖泊的梦想。

根据《武汉王家墩商务区(CBD)总体规划》，梦泽湖面积约750亩，比现今的月湖水面略大，相当于3.5个洪山广场的面积。沿湖还将建设超五星级酒店、主题商业街、文化艺术馆、演艺中心、各类娱乐休闲景点，构筑魅力超凡的都市“黄金水岸”。其目的是为CBD创造丰富的主立面，给核心区和居住区之间提供过渡空间，形成具有生态效用的大型公共开敞水域空间，可调节空气湿度，为CBD“开窗透气”。

2007年，梦泽湖的设计方案通过专家的评审，根据该方案，梦泽湖的水主要来自雨水汇集，以种植水生植物等生物技术方式维持湖泊生态，将生活污水截污不入湖保持水质；在枯水期，还可通过可控的强制外循环系统——譬如连通汉江、补充自来水等，来补充湖水，维持健康生态。

对未来的“武汉中心”来说，梦泽湖的地位可谓举足轻重。有人预计，这个人工湖的开挖，将让这里的房价得到大幅提升，建设方负责人也曾称“房价不会便宜”。

有业内人士曾根据王家墩现有的土地价格及周边房价估算，开挖梦泽湖的土地现值将会至少超过30亿元人民币，加上数亿元的建设费用和长远的维护费用，这个湖泊梦想代价之高昂，令人咋舌。

几年之后，梦泽湖将会从梦想变成现实。“无论我们今天对这个梦想作何评价，它至少给我们这样的警示：武汉已经开启了人工湖的先河，今天，我们对湖泊填占得越多，将来就会以数倍的代价挖得更多。”一位湖泊专家说。

（编者：李文光 2010年6月23日见报）

武汉湖泊的明天在哪里

本报记者张泉　见习记者高东起

边填占边保护，边污染边治理，弹指一挥间，武汉市已走过10余年湖泊治理保护的艰辛历程。但湖泊的治理保护之忧仍写在这座城市的脸上，急在专家学者和政府领导心头。

武汉湖泊治理保护的出路究竟在哪里？武汉湖泊的命运列车将驶向何方？民间护湖人士的建议、专家学者的良方、政府部门的行动和打算，或许能让我们得到一些启迪，找出问题的答案，提振对未来的信心。

护湖人士——一己之力是螳臂挡车

由于多次在深夜只身拦停填湖的拖土车，王志铭因此获得“护湖义士”的称号。

说起自己的这些义举，他感到很无奈：“在别人看来，我的行为有些可笑，有些自不量力，很多时候，我也觉得力不从心，就像一个现代版的唐吉诃德。虽然我暂时制止了一些填湖行为，但实际上并不是我个人的力量有多大，而是填湖者做贼心虚。但个人力量毕竟过于微弱，只有政府职能部门真正负起责任来，护湖治湖才有力量。”

王志铭说，武汉湖泊众多，分布范围广，湖泊岸线长，而且非法填湖行为大多发生在夜间，与执法部门打“时间差”，玩“躲猫猫”的游戏，打击起来确实有一定难度。在这种情况下，政府部门在加大打击处罚力度的同时，还应出台相关政策，整合民间保护力量，鼓励更多民间环保人士加入到湖泊保护的工作中来。“一己之力，终究是螳臂挡车。只有全民爱湖、护湖，武汉的湖泊才能得到真正的保护。”

他还认为，目前的《武汉湖泊保护条例》对填湖行为的处罚过轻，不足以震慑填湖者。重疾需用猛药，乱象需用重典，只有加大处罚力度，才能有效制止非法填湖行为。“武汉市十大热心市民”、中国民间环保优秀人物、武汉“百湖之友”总干事张承建认为，武汉对湖泊的战略定位处于未被整合状态，目前是各个区干各个区的事，各区的湖泊定位，跨区、跨市的湖泊定位都不明晰，全局性不强。他建议成立一个专门研究武汉湖泊的专家顾问团队，打破行政枷锁，定编定岗、专人负责，在保留产权的前提下，在技术上全球招标，以开放的姿态治理和发展湖泊，打造世界一流的湖泊经济圈。

专家学者——爱湖护湖是历史担当

“今天的填湖、毁湖行为，是对历史的极不负责，是在提前榨取子孙后代的资源。”采访中，有关专家、学者们表示。

中国法学会环境资源法学研究会常务理事、武汉大学环境法研究所副所长杜群教授认为，武汉湖泊的填占现象中，以政府主导下的城市建设和房地产开发项目为主。武汉市政府应该给湖泊面积设定一个最低基准线，就像国家对耕地面积一样，无论在什么情况下都绝不允许突破这个基准线，任何市政建设和城市规划也都以该基准线为前提，只有这样，才能让武汉湖泊的面积保持在一个稳定的状态。

“从环境法的角度和技术的角度来讲，武汉这座城市湖泊面积的安全底线、基准线是多少？‘崩溃点’又在哪里？保持在什么‘红线’以上最好？这些问题在规划上目前还是空白。”杜群教授说，“城市、人口都在发展，湖泊、绿地面积本来应该增加，现实反而是不断缩小，在按照不安全的轨迹发展。我们要在一个基准线上进行整体规划，不仅要划定基准线，还要定期检查，检测生态基准。有的桩界可改造，实行限批原则；有的则坚决不能突破。从规划角度，城市规划和湖泊规划应当紧密协调起来，在年度计划、五年计划中，关于湖泊的具体规划应当有所体现。”

杜群认为，应该严控滨湖区域的建设和房地产开发，不能把GDP作为考核经济指标的唯一标准，要考虑生态标准的绿色GDP，因为人越靠近湖泊，对湖泊的压力和破坏就越大。“应该说，武汉市保护湖泊方面的法律法规还是比较完善的，主要问题是执行力不够。如果能严格执行《武汉湖泊保护条例》及相关规定，武汉湖泊还是能得到有效保护的。”她说。

华中师范大学城市与环境科学学院金伯欣教授认为，武汉市湖泊保护和治理的总体形势目前正在好转。主要表现在政府和群众的环保意识提高了，科学技术的发展也为湖泊的治理和发展提供了条件。“但问题也是严重的，湖泊填占的现象还在不断发展，污染问题也未能从根本上得到遏制。”

金伯欣说，武汉市缺乏长远、整体的战略思考，对滨湖地区的旅游资源和房地产开发建设有些轻度冒进，对湖泊资源的破坏较大。滨湖地区的开发建设总体上应该控制，在不破坏湖泊资源的前提下，可以逐步少量进行一些开发建设。但各个湖泊、各个区域的情况不一样，不能各自为战、一哄而上，想怎么干就怎么干；应当统筹兼顾、协调发展。

华中科技大学公共管理学院教授卢新海的研究显示，西湖、北湖、菱角湖等在转变成城市湖泊公园后，湖泊的填占现象初步得到遏制；紫阳湖之所以得到有效保护，同样得益于较早建设的紫阳湖公园。他据此认为，湖泊公园化是湖泊保护的有效手段。

另有专家建议，湖泊保护应当建立问责制，市区主要领导对湖泊保护负首责，市区政府要采取断然措施，冻结审批一切影响湖泊水体的所有立项，杜绝“钻空子”、“批条子”现象，从源头堵死填占湖泊行为。

政府部门——铁腕护湖是城市之幸

在市民的疾呼声中，在省市主要领导的高度重视下，2005年，武汉湖泊迎来命运的转机。这一年，武汉市被列为国家首批开展水生态系统保护与修复试点的城市之一，该市先后投资数十亿元，相继实施“一湖一景”、“清水入湖”等湖泊治理与保护工程。

2007年底，武汉市又投资30多亿元，启动武汉湖泊保护与治理的最大手笔——“大东湖水网”工程：以东湖为中心，通过涵闸、港渠从长江向沙湖水系和北湖水系引水，将沙湖、东湖、严西湖、严东湖、杨春湖、北湖等6个湖泊连为一体，实现江湖连通，整个工程水域面积达70平方公里。省市领导高度关注该项目进展，要求把该项目作为推进“两型社会”建设的大事抓，作为突破性项目来抓。目前，这一项目正在顺利推进中。

从1999年武汉市政府发布《武汉市保护城市自然山体湖泊办法》，到2002年出台第一个湖泊保护的地方性法规《武汉市湖泊保护条例》，十多年来，武汉市保护和治理湖泊的脚步从未停滞，已经投入和将要投入的资金近200亿元。

但是，政府一方面花巨资治湖，另一方面湖泊仍继续遭到侵蚀与破坏，保护治理与侵蚀破坏之间的斗争从未停止。

政协武汉市十一届十一次常委会上，面对政协委员挽救城市湖泊资源的热议，武汉市市长阮成发的表态掷地有声：“有关湖泊的问题不能再拖下去！”

他表示，作为建设两型社会和增强城市功能的重要组成部分，将采取有效措施保护和治理城市湖泊。其中包括：实施“清水入湖”，年内在中心城区实施59个湖泊排污口的截污；加大污水处理设施建设，全面开征污水处理费；建立水源地保护机制等。

在今年的武汉湖泊保护治理工作会议上，阮成发痛陈当前湖泊保护治理存在的4大突出问题：垃圾围湖现象十分严重；环湖无序开发屡禁不止;湖泊水质污染仍未得到根本遏制;湖泊长效管理机制尚未真正建立。

为此,阮成发亲自担任湖泊保护工作领导小组组长,要求"铁腕治湖",杜绝蚕食填占湖泊行为,还湖于民,真正"让湖泊走近市民,让市民亲近湖泊"。

武汉市开出"六大工程"的治湖药方,包括对武汉城区 27 个湖泊的岸线全部进行固化;对入湖的垃圾渣土进行全面清挖;清理拆除环湖的违法建筑;以湖泊岸线为基准线,修建和畅通环湖道路;对入湖的排污口进行全面截污;对湖泊岸坡进行整修。

"政府铁腕治湖,是武汉湖泊之幸,更是这座城市之幸,人民之幸。"采访中,多位湖泊专家说。

(编者:陈曙光　2010 年 6 月 23 日)

巡司河调查

提了很多的建议、提案，治理方案一个个出台，
但这条武汉的“龙须沟”却更脏更臭……

治理喊了21年　巡司河成“熏死河”

本报讯（记者严珑　黄士峰　实习生文红芬　黄拓）近日，家住华中科技大学武昌分校的昝先生反映：多年来，武汉市一直在喊治理巡司河，为何如今这条河依然黑水横流？

7月27日，记者采访昝先生时，64岁的昝先生执意带着记者到巡司河边查看：岸边堆满垃圾，河里肮脏不堪，臭气扑鼻。

8月2日凌晨，汤逊湖村党支部书记刘中武和两位村民，驾船带着记者查看排污口，只见沿途直径1.5米左右的排污管至少12个，40厘米直径管道至少80个，小型管道不计其数。

据了解，巡司河南起汤逊湖，流经江夏、洪山、武昌三区，从鲇鱼套流入长江，全长17公里。20世纪70年代，巡司河水质开始恶化，逐渐变成了武汉城区最大的排污明渠。多年来，沿岸居民不断投诉、反映，人大代表、政协委员多次提交议案、提案，建议抓紧治理巡司河。

据武汉市志办的资料，早在1987年，武汉市有关部门就提出了巡司河治理方案。近年来，有关部门屡屡表态，要将巡司河打造成亲水平台。

然而，时至今日，规划中的美景仍停留在图纸上，河却更脏更臭了。昝先生说：巡司河治理，不能再“雷声大雨点小”了。

（编者：陈红彬　沈伟　2008年8月4日见报）

曾经清波荡漾宛如生态公园　如今垃圾飘浮浑然不见鱼虾

老爹爹:我看着巡司河由清变臭

本报记者严珑　实习生文红芬　黄拓

从 1969 年至今，昝文华在巡司河边已整整生活了 38 年。7 月 27 日，他向记者讲述了自己眼睁睁看着巡司河变脏变臭的记忆，言语中充满了伤感与无奈。

昔日美丽的水鸟从河面掠过

64 岁的昝文华是河南人，1957 年到位于汉口丹水池的一家机械厂工作。1969 年底，工厂搬到位于巡司河畔的黄埔军校武昌分校旧址处（现华中科技大学武昌分校），他也随之来到那里。

当时那个地方还比较偏僻，交通不便，加上六七十年代娱乐生活非常少，工人们的休闲活动，大多都是跟巡司河有关的。

“那时候真是好啊！”在昝文华的记忆中，当时的巡司河简直就像生态公园一样：清澈的河水缓缓流动，小鱼和小虾在水底嬉戏，美丽的水鸟从河面掠过，渔民摇着小木船从汤逊湖顺流而下，到武泰闸去赶集……

中午休息时，工友们会跑到河边钓鱼，下午下班后再带回去当下酒菜。有时候，工友们还会在晚上跑到河里下网，半夜起网时，可以捞起一条条四五斤的大鱼，多的一晚上可捞到百把斤。如果遇到汛期，上涨的河水经常会漫到车间里，水退了以后，大家提着水桶直接在车间地面上捡鱼。

夏季，因为这条河，工友们的生活更加丰富多彩。下午下班后，男工们就光着膀子跳进河里游泳。女工们则三五成群坐在河边，一边说笑嬉闹，一边把脚伸到河里戏水。

昝文华清楚地记得，有一次他在河里游泳，随手一抓竟逮住一条小鱼。把小鱼叼在嘴里，他又一个猛子扎进水底，再起来时，两只手又各抓住一条鱼。

“现在这条河，别说鱼，连虾子都没有了。”

今天离河50米远就要屏住呼吸

是从什么时候开始，巡司河里慢慢连虾子都没有了呢？

在昝文华的印象中，大概是1976年夏季，巡司河水面开始零星出现水葫芦，东一片西一片越长越多，迅速占满了大片水面，但很少有人打捞。由于河道受阻，木船难以通过，常年往返于河面赶集的渔民越来越少。

接下来两三年时间，水葫芦进一步泛滥，河面开始出现腥臭味，水质越来越浑浊，河水的颜色也越来越深，鱼没有了，水鸟没有了，最后连虾子也基本绝迹。

以前，巡司河边是青年男女约会的场所，也是中老年人饭后散步的选择。可随着污染的迅速加剧，气温一高河边根本就不能站人。“这河咋成这样了？”昝文华痛心疾首地说，当时大家眼睁睁看着长年相伴的巡司河变脏变臭，却不知道污染的源头在哪里，也有人曾向相关部门反映过，但是没有什么效果。接下来情况就越来越糟糕，水面上开始出现漂浮的垃圾，并且越来越多。到了炎炎夏日，离河50多米远处就要屏住呼吸，走近一点，密密麻麻的蚊虫就扑面而来。

近几年，巡司河基本成了大墨缸，一年四季都散发着恶心的气味。尤其碰到大风天气，臭气可以吹得很远，附近居民都不敢开窗。“不过河水臭了也不是一无是处。”昝文华无奈地说，以前河里游泳的人多，一年总会淹死几个人，这些年好了，没听说一个人在河里淹死。

亲戚不敢吃河水浇灌的青菜

“普通老百姓最怕的事情就是生病了。”昝文华的老伴儿孙婆婆说，巡司河的环境太差了，对附近居民健康造成严重影响。

孙婆婆是山东青岛人，每次回到风景如画的老家，都会向亲戚们介绍武汉的美丽，并盛情邀请他们到武汉来玩儿。

去年冬天，几名亲戚从老家来武汉看望孙婆婆，这让她喜出望外。当时，武汉的红菜薹在青岛是吃不到的，热情的孙婆婆想让亲戚们尝下鲜，就带着他们到离家附近的菜场去买菜。

然而，当亲戚们看到巡司河里泛着绿泡的污水，又看到一路上菜农就用河里的水灌溉菜地时，吓得连连摆手说：“算了算了，不买了。”

这一幕让孙婆婆尴尬不已。结果，那一顿饭吃的是亲戚们从青岛带过来的海鲜。饭罢，一名亲戚对她说：“这么差的环境，你住在这里不知道要少活几年啊。”

（编者：卢平川　刘鹏　2008年8月4日见报）

沿岸探访:巡司河成了"熏死河"

本报记者严珑　实习生文红芬　黄拓

发源于汤逊湖的巡司河,从汤逊湖村流出,经新路村、李桥村、板桥村、南湖村、红旗村,通过武泰闸后,经鲇鱼套流入长江。

一直以来,武汉市民久闻巡司河的"脏、乱、差",但很少有人知道它整个流域的污染情况如何,也很少有人知道它的源头到底是个什么样子。7月27日、28日,本报记者顶着酷暑,由下游鲇鱼套溯河而上,沿着河岸走访了17公里长的巡司河,实地查看水体污染情况。

鲇鱼套段　成了"地下暗河"

7月27日下午4时半,记者在长江边看到,解放闸的闸门紧闭,长江水位大大低于闸口。

附近汽渡工作人员告诉记者,解放闸关闭时,由于没有污水排入长江,江面看不到任何异常。但是一旦开闸,臭气熏天的污水大量涌入长江,就会形成一条直插长江的"黑水带",而下游不远处就是平湖门水厂。

离开解放闸,至武泰闸一段约2公里长的河段,多年前被水泥板封盖起来,成为了一条"地下暗河",周围已盖起了许多房屋。附近有条名为"巡司河街"的道路,但全然只见街道不见河了。

武泰闸段　俨然一个垃圾场

过了武泰闸,巡司河才以肮脏的面目重见天日。记者看到,巡司河桥两侧河面上漂浮着大量垃圾,其中还有一个直径约5米的垃圾岛。桥墩附近,一个直径约40厘米的水泥管道内,大量污水倾泻而出,激起一阵阵令人作呕的气味,过往行人不禁捂住口鼻。

从该处往上游方向,沿岸绵延堆积了大量生活垃圾,许多简易厕所依河而建,粪便流入河里,臭气熏天。黑色的河水不时将垃圾卷入河中,缓缓向前漂移,而沿途大量菜地都是直接抽用河水进行灌溉。

红旗村段　污染情况最严重

驱车沿南湖花园南湖路行驶,有一条小路插入洪山区红旗村,沿途有石灰池、地沟油炼取点、家具厂、屠宰场等，生产废水未经处理直接排入巡司河，黑色、白色、绿色、红色……各种颜色的污水让这一段河道“色彩缤纷”，同时气味也更加怪异、刺鼻和恶心。

从红旗市场往上游走约100米距离，岸边堆积的大量垃圾散发出强烈的腐臭气味。旁边宽约8米的河面，有一段50余米长的河道几乎被垃圾堵死，河面上成堆的垃圾还在不断“会合”。

徐家墩附近河段　排污沟藏在树丛中

7月28日下午3时，记者到巡司河徐家墩附近河段（华科大武昌分校附近）时，河水颜色较下游淡了许多，但仍呈暗黑色。在该处，记者发现河面出现大量油污，却找不到排污口。

据知情者透露，油污系附近几家化工厂排出。当日下午3时半，记者在上蕃息村找到一条宽约4米、连通巡司河的沟渠，沟内果然漂浮着大量油污。

沿着沟渠一侧，越过一段百余米长的建筑垃圾堆后，记者看到树丛中有一根直径约40厘米的水泥管道，从中排出大量泛着白色泡沫和油污的黑水。

李桥村河段　水面呈现“清浊分界线”

沿着巡司河岸边往上游走访，河水颜色和难闻的气味渐渐变淡。到达李桥村时，河面漂浮着少量绿藻，但是垃圾很少见，水质比武泰闸水域干净了许多，已没了臭气。

7月28日下午5时许，在李桥村东风桥处，记者看到河里有一条小木船行驶。驾船男子姓刘，38岁，是汤逊湖村渔民，正在该处用铁丝篓子捕虾子。“下游污染比较厉害，这里的情况要好一些。”

原来，巡司河与青菱河在李桥村李家桥下交汇。解放闸关闭后，巡司河成了一条死水，为避免下游河水倒灌污染汤逊湖，青菱河上的汤逊湖泵站便不停地抽水，污水在该处都由青菱河分流，经陈家闸排入长江。

记者在李家桥上看到，桥下不远处便是两河交汇处，水面上形成清晰的分界线：布满气泡的污水向青菱河流去，巡司河水面则变得干净了。

汤逊湖村段　源头竟然是“周庄”

当日下午5时半，记者找到位置偏僻的汤逊湖村，这里便是巡司河的源头所在。

刚进入汤逊湖村，便隐约闻到阵阵荷香。每家门前一条石阶通到河边，石阶下停着小木船，一个小男孩趴在船头，双手浸入水中抓虾子。此番景象，颇有江南水乡周庄的味道。

53岁的吴师傅告诉记者，源头水质平时还比较好，但是遇到河水倒灌时，巡司河下游的大量垃圾涌入汤逊湖，会在窗前堵半个月时间，那个时候会变得臭不可闻，村里就得组织人打捞了。

在吴师傅的指引下，记者前行约500米，终于来到巡司河的源头——汤逊湖。记者看到，在两岸荷塘的拥簇下，汤逊湖湖水缓缓流进巡司河，白色的水鸟不时从交汇处水面掠过，泛起片片涟漪。

若非亲眼所见，绝难相信“江城龙须沟”源头，竟然是这样风景如画的地方。回想起下游脏臭不堪的景象，不禁令人叹息。

（编者：卢平川　潘勤　2008年8月4日见报）

本报“熏死河”系列报道引来政府大动作

武汉25亿元为巡司河整容

○兴建三大主题公园○沿岸绿化200—300米
○大规模整治明年启动

本报记者苏永华　通讯员高山　实习生温智杰

8月初，本报关于巡司河污染加剧的系列报道，引起武汉市委、市政府高度关注。由多个部门组成的专班，一直在强力推进治理工作。武汉市水务局昨披露，经多方努力，已完成巡司河生态景廊控制规划，拟分三期投入25亿元，还巡司河昔日靓丽的容貌。

按规划，巡司河及沿岸地区功能定位为：具有重要调蓄功能的城市内河；具有区域生态平衡和调节功能的城市生态走廊；服务南湖组团城市居民的休闲和娱乐游憩地；唤起市民对历史的追忆，反映新时期建设成就，寓教于乐的城市主题公园。

据介绍，巡司河大规模整治将在明年启动。作为前期工作，目前巡司河东线截污工程穿铁路方案已完成，待武汉市规划局、武汉铁路局批准即可实施。洪山区政府与市水务集团也在协调南湖花园污水提升泵站用地问题，年前将启动东片截污工程。

两岸分别截污　污水汇入处理厂

对巡司河沿岸排污口的治理，将实行“东岸分流改造、西岸分段截流、全部集中处理”。东岸以南湖连通渠为界，对渠北地区排污口进行分流改造，污水改接入市政污水管网。

西岸712研究所以北排污口（包括武泰闸、晒湖和夹套河等排污口），截取后通过武咸泵站提升经青菱东路污水主干管入黄家湖污水厂。

将建设的丁字桥路污水干管、武梁路（丁字桥路—珞梁路）污水干管、南湖花园泵站、南湖花园泵站至板桥泵站的污水干管和部分支管，部分已列入亚行贷款工程。

按规划，将对武昌旧城和晒湖排水系统部分管道进行完善和改造，进一步完善南湖花园地区排水支管，收集雨水排入巡司河。巡司河沿岸修建管道和箱涵，收集雨水排入巡司河。

河段清淤疏浚　沿岸设立绿化带

巡司河河道生态修复系统,包括生态护坡建设工程、河道内和旁路生态工程以及堤岸景观生态系统建设。

巡司河现有河道淤泥堆积,导致过水断面变窄,汛期排水不畅,水位上涨。为了降低上游水位,尽快排除雨水,多数河段需用清淤疏浚的方法,为水体生物创造适宜的生存环境。

巡司河沿岸绿化为200—300米,东侧至城市道路,西侧控制30米绿化带。河底将改造为48—64米,水面宽58.4—76米,水深2.6—3.0米,设计流速0.51—0.64米/秒。

此外,巡司河局部河段内源污染严重,水藻滋生严重,容易导致水体富营养化。将进行人工除藻,美化河道水面景观,促进水体恢复。

实行人工补水　建三大主题公园

巡司河外连长江,内连汤逊湖、南湖、野芷湖等湖泊。这些地方的水质均优于巡司河。按规划,在汛期非降雨期间,将对巡司河进行人工补水。一方面,通过补水对污染物进行稀释和转移,改善水体水质;另一方面,促进河水流动,提高水体自净能力。

沿河配套设施方面,从中山路至三环线,将根据不同的特征建设三大主题公园:武泰闸历史游园占地26.90公顷,作为巡司河生态景廊的起点,将闸口和铁路作为两个重要的造景元素,临中山路设置以武泰闸旧址和火车酒吧为景观主题。侧重满足市民的日常休憩需求,为居民提供娱乐和健身场所。

巡司河风情公园占地53.3公顷,位于巡司河生态景廊中段,以公园和水为景观主题,园区中央贯穿的活水走廊是区域的主线,将各园区串接联络,供城市居民游览。

中环线湿地公园占地70.9公顷,位于巡司河生态景廊的末段,园区布局以林和水为主体,为大面积的湿地和生态林带,是城市的绿肺和天然氧吧,适当兼顾居民休憩需求。

据测算,巡司河及沿线地区整治工程费用合计约25.3亿元。如果考虑沿线地区开发用地出让收益,以130.95公顷存量土地计,出让收益约为15.7亿元。整治工程投入与土地出让收益存在较大缺口。

专家建议,巡司河治理宜通过政府主导和市场运作相结合的方式推进。

（编者:沈伟　2008年11月28日见报）

梁子湖报告

梁子湖在众多“婆婆”间纠结

本报记者欧亚　陈凌墨　特约记者王德华　高阳

高山、河流、湿地、沼泽、森林、原野共存，梁子湖构成一个完整的独立生态系统。2009 年 11 月，世界湖泊大会在武汉举行，来自全球 50 多个国家的权威专家和政府官员等 1200 多名代表唯一集体参观的就是梁子湖。

就是这样一片生态宝地，每年至少有 600 万吨工业废水入湖。专家学者为此担忧，并提出一个大胆设想：将梁子湖流域“行政单列”，制订专门保护法加以保护。这一设想在基层有何反响？推动中有什么困难？本报记者就此进行了一个多月的深入采访。

多个“婆婆”分管一个湖

梁子湖是全国十大著名淡水湖之一，也是我省第二大湖，湖面面积 42 万亩（约 280 平方公里），仅次于洪湖。它南北最宽处 82 公里，东西最宽处 22 公里，由 316 个湖汊组成，常年平均水深 3 米，其 10 亿立方米的蓄水量甚至超过洪湖。

梁子湖周边有四座城市：武汉市江夏区、鄂州市梁子湖区、大冶市、咸宁市咸安区，涉及 17 个乡镇（街道）、60 万人口。

连日寻访让记者感到诧异：目前，尚没有一个统一的权威机构对梁子湖进行全面管理。

梁子湖中的梁子岛上，设有“湖北省梁子湖管理局”，是个正处级省直行政管理机构。如果仅从名称来理解，其管理权限及职能应该覆盖整个梁子湖区，但实际上并非如此。它由省农业厅水产局设立，负责管理水产方面的事务，即只有水面以下的养殖管理权限，而其他方面的管理则与之无关。

“梁子岛风景管理区管委会”（即梁子岛镇政府），与梁子湖管理局相邻，隶属鄂州市，是个科级单位。

除以上两个管理机构外，武汉市江夏区还设有“梁子湖风景区管理处”，其他沿岸市区也设有各自不同的管理机构，有的甚至不知其他机构的存在。

在江夏区梁子湖风景区管理处，有些工作人员甚至不知有“梁子湖管理局”这样一个机构，更不知道它设在哪里。因为两者间根本没有、也不需要发生任何业务往来。

更为纠结的是，梁子湖流域除分属武汉、鄂州、黄石、咸宁四个“婆婆”，还被环保、林业、航运、水产、旅游、水利等多个主管部门牵扯，多头管理已成为保护梁子湖的最大瓶颈。

各自的领地各自谋划

由于没有统一的权威管理机构，在梁子湖的规划上，不同机构也有各自的谋划。

比如，鄂州市已制定《梁子湖（岛）生态旅游度假区总体规划》和《梁子岛详细规划》，并建起379平方公里的省级湿地自然保护区；武汉市江夏区也制定了“梁子湖生态环境保护及旅游规划”。

省梁子湖管理局的设立，原本是为了加强对梁子湖的统一协调管理，消除多头管理带来的隐患。2007年省委“关于研究梁子湖生态保护问题办公会议纪要”中，也明确指出“赋予梁子湖管理局开展相对集中行政处罚的职能”。但在实际管理过程中，它却不时遭遇尴尬，其职能也因种种原因难以得到充分发挥。

据该局副局长张燎介绍，近年来，随着梁子湖地区旅游业逐年升温，梁子湖沿湖市区政府纷纷加大招商引资力度，占用梁子湖水域、滩涂实施旅游建设项目的情况时有发生。而沿湖的勘界“三线”范围多由各地自己划定，随意性很大，有的管理机构为了发展养殖，故意将一些湖汊划在其保护范围之外，以逃避“禁养”规定。

据了解，由于现实的利益冲突，一些管理机构之间经常发生矛盾。省梁子湖管理局所在的梁子岛，由鄂州市梁子岛风景管理区管委会管辖。该管委会书记柯岩介绍，为了梁子岛的环境保护，管委会机关已从梁子岛搬到岸边的长岭镇，希望省梁子湖管理局也从岛上撤离。

省政协常委、武汉市人大常委、中国地质大学教授李长安和湖北大学资源环境学院教授梅惠，在联合署名的一份报告中指出：“为了加强对梁子湖的统一协调管理，省政府专门成立了梁子湖管理局，但事实上存在诸多管理不到位的情况。梁子湖武汉江夏水域，受地方保护的影响，已被人用围网与鄂州水域分隔开，省梁子湖管理局对此难以行使管理权限，更谈不上有效管理水产养殖和保护生态环境。”

“一湖两制”导致“一湖两水”

从鄂州市梁子湖长岭码头乘坐快艇，仅需半小时就可抵达梁子岛。尽管目前是旅游淡季，游客稀少，但岛上密密麻麻的酒楼和旅馆，足以说明旺季的繁华。

当地居民告诉记者，岛上过去不足百户人家，从上世纪90年代房子开始增多，前几年建起明清样式旅游一条街。官方数字显示：2008年，梁子岛接待游客52万人次，实现旅游收入3亿元，是2000年的50倍。

相比之下，紧邻梁子岛的青山岛朴素许多：没有旅游码头，渔船在一条水泥斜坡旁停靠；岛上有个叫北咀的村子，村民主要靠捕鱼为生。

青山岛周围的湖水，清澈得能看见湖底摇曳的水草；而梁子岛岸边，特别是酒店附近，湖水暗黑，漂浮着大量塑料袋等垃圾。

江夏区环保局副局长吴俊介绍，2000年，省环保局制定《湖北省地表水环境功能类别》，对全省近60个湖泊的水质量制定了单一标准，但对梁子湖却实行“一湖两制”：江夏水域标准为Ⅱ类，是珍贵鱼类保护区、鱼虾产卵场；鄂州水域标准则为Ⅲ类，是一般鱼类保护区。

按照这一标准，包括青山岛在内的梁子湖江夏水域，不能进行酒店旅游开发，水体保护较好。

环保部门相关人士称，之所以制定“一湖两制”，是因为鄂州是梁子湖水的唯一出口，整个梁子湖区域从武汉、咸宁、黄石等地的来水，最后都要经过鄂州的90里长港，由樊口大闸汇入长江，因此该水域的水质控制更为困难。“同一湖水，不应该出现一半浑一半清的局面。”李长安教授认为，标准不一造成湖泊保护与开发的门槛不一样，这边保护，那边开发，给梁子湖的保护造成了很大困难。

李长安在《梁子湖生态环境保护对策与建议》中同时指出，随着旅游业的火爆，旅游机动船只日益增加，废油污染成为新的污染源。据统计资料，梁子湖2005年有机动船1550余只，且逐年增加，每天都有大量废油排入湖中。

梁子湖近两年的环境监测表明，鄂州水域已不能满足Ⅲ类水体要求，总磷浓度在每升0.02—0.06毫克之间徘徊，水体呈中营养状态，水质正向恶化方面发展。

（编者：陈曙光　2010年3月25日见报）

湖之痛:年吞工业废水600万吨

本报记者欧亚　陈凌墨　特约记者王德华　高阳

湖水保卫战　污水入湖是个大难题

去年11月,世界湖泊大会在武汉举行,全球50余个国家的专家和官员等1200余名代表,唯一参观的就是梁子湖。各国专家对城市周边有这样一个美丽的湖泊而惊叹。

但令人遗憾的是:据专家调查,这样一片“生态宝地”,每年至少有600万吨工业废水入湖。

湖北大学教授梅惠告诉记者,从2007年10月起,湖大资源环境学院对梁子湖进行分区水质采样和样品测试。

测试数据显示,梁子湖不同的水域水质不同。其中,鄂州市区域内的东梁子湖水质Ⅳ类占59%,Ⅲ类占17%,Ⅴ类占22%,劣Ⅴ类(1.49%)和Ⅱ类(占0.36%)分布在局部区域。武汉江夏区区域内的西梁子湖,水质以Ⅱ类(占76%湖面)为主,Ⅲ类(占20%)次之。

“这是一次全湖范围的密集采样调查,虽然又过了两年多,但还是能说明问题。”梅惠说,目前梁子湖主湖水质相对较好,最糟糕的是那些湖汊和进出水港,这也是梁子湖保护的难点所在。

梁子湖以梁子岛为中心,湖上有岛,岛上有湖,大湖套小湖,母湖连子湖。梁子湖最大的特点是湖汊众多,素有“九十九汊”之称。事实上湖汊达360个之多。

鄂州区域内的牛山湖,是其中污染严重的代表。据湖北大学资源环境学院监测结果,牛山湖60%水质为Ⅴ类,其余是Ⅳ类。

梁子湖支流达30多条。常年进水港有谢埠港、太和港、金牛港、高河港、宁港、陈陆港,前4条港均从鄂州市境内经太和港入湖。梁子湖出水口仅长港一处,湖水沿90里长港进入长江。

2月23日,本报记者沿90里长港寻访到长港入江口,这里也叫樊口大闸。

闸口附近,水面上的垃圾随处可见,水质比主湖水明显浑浊。“夏天的时候,闸口的水泛着泡沫,异味难闻,都是附近工厂排放的污水。”

经常在闸口大桥上往来的司机赵师傅告诉记者。

据鄂州市环保局对上述主要进水港水质采样分析，总磷、总氮、化学需氧量(COD)均超过三类标准。主要污染源是沿线企业污水排放。

据李长安、梅惠两位教授提交的研究报告称：东梁子湖的主要进水口高河港(咸宁)、金牛港(大冶)、谢埠港(江夏、鄂州)，三条港每年接纳的工业废水超过600万吨。

来自上游的忧虑：一河污水入湖来

从地图上看，位于梁子湖南部的咸宁并未与梁子湖直接接触，使两者发生联系的是一条名为“高桥”的河流。这条南北流向的河流，源头通向梁子湖的主要发源地——大幕山。

高桥河由大幕山北麓出发，流经咸宁市咸安区大幕、高桥、双溪桥、横沟桥等六镇，过黄石大冶的高河，通过太和港注入梁子湖。全长64公里。

李长安等专家书面资料表明，该河流经区域咸安区，是苎麻之乡。然而，苎麻深加工属高污染行业，其生产过程中产生的脱胶废水，一度成为高桥河挥之不去的梦魇。

3月初，记者沿高桥河采访发现，位于咸安区双溪镇的精华苎麻纺织公司门口，一座巨大的污水处理设施正露天运行。公司保安见记者拍照，赶紧过来阻止，称以前很多记者来过，“搞了不少负面报道”。

咸宁环保局提供的材料称，该公司此前直排污水现象严重，环保部门严令该公司先后投资2000万元，对污水处理设施进行三次改造，现已达到一级排放标准。

尽管相关部门采取了相应环境保护措施及治理，但沿河而居的群众仍实际感受到，河水水质一年不如一年。

记者在咸安区高桥镇看到，高桥河从乾隆年间的廊桥下流过，河面泛起白色泡沫。桥边堆满了生活垃圾，附近有人在河里洗衣。

“一二十年前，镇里人直接取这河里的水喝，现在不敢喝了，只能喝井水。”65岁的阮班全老人说，他不知道这河流向哪里，只知道沿岸有不少小造纸厂、小矾厂和小苎麻厂，“被政府关停，但有的又悄悄开张。”

据了解，污染在夏天更为明显，河水弥漫着臭气。李长安在上述《建议》中提到，高河桥蓄水坝下，污水泛起近一米高的黄白色泡沫，易于在污水、死水中快速繁殖的“水葫芦”已在高河港泛滥成灾，这种草一旦进入梁子湖，后果不堪设想。

为防止“水葫芦”沿太和港入湖，梁子湖区去年仅打捞入湖口“水葫芦”就花费人力工资15万元。

据介绍，由于湖水受到污染，近几年梁子湖珍稀鱼类数量急剧减少。这个区域沿岸约10平方公里的芦苇荡里，曾栖息着天鹅、白鹳等国家一、二类保护鸟类，现在已逐年减少，水禽栖息类鸳鸯、野鸭、章鸡等也纷纷逃离；以往密密麻麻的各种水草及野生水藻植物，如水菱角、芡实、野莲等，现在也很难找到。

专家研究结果表明，工业污染对生态的破坏性是最大的，是不可逆转的，污染超过生态的极限承受能力之后，国家即使花再大的投资，在几十年内，甚至更长时间内也不可能恢复原有生态。

步履蹒跚的《梁子湖宣言》

实际上，就梁子湖的保护，沿岸不同层次的管理机构是做了很多工作的。武汉市及鄂州、大冶、咸宁环保部门为此也不遗余力。

早在2004年，为了湖泊的整体保护，武汉市咨询委就提议：武汉、鄂州、大冶三地联合保护梁子湖，以解决“跨界”难题。三地联合签署的《梁子湖宣言》提出了8项建议：建立保护梁子湖的跨市协调机制，集环保、规划等多功能为一体；制定梁子湖统一的水质保护标准；实行污染物排放总量控制，沿湖所有排污单位持证排污，达标排放；联合制定湖区产业分布和功能分区规划；加强监测，建立梁子湖污染防范快速反应机制；加强宣传，通过法制、行政、经济等手段，严厉制裁破坏梁子湖的行为；以梁子湖为轴心，将周边湿地资源纳入梁子湖保护圈，退垦、退堰还湖；设立梁子湖保护奖，鼓励社会参与保护梁子湖。

客观上说，《梁子湖宣言》对其环境与生态的保护起到了一定的作用，但由于跨部门的管理，在执行中仍有多种困难。“梁子湖是全国水质最好的两个内陆湖泊之一，然而目前鄂州水域水质已降为三类。”《梁子湖宣言》发表几年后，张卫国等16名省人大代表，在2009年联名提出议案，呼吁不要让梁子湖成为“第二个太湖”。

而李长安则直接指出：“宣言”内容大于形式。要真正保护好梁子湖必须从根本上解决问题。如果现在不保护，等到步入太湖、滇池的后尘再治污，成本巨大。比如为治理滇池，国家一次性投资几十个亿，但由于早期破坏严重，治理两年后又重新回到原点。目前在全国东部地区同类湖泊中，梁子湖无疑是其中保护得最好的，但如果我们失去保护它的最好时期，那时再谈治理，其结果必然重蹈今天的太湖、滇池的覆辙。

（编者：潘勤　2010年3月25日见报）

专家建议成立梁子湖“特区”

本报记者欧亚　陈凌墨　特约记者王德华　高阳

“要拯救和保护梁子湖，最重要的一点是打破现有行政区划、行业体制和条块分割。”专家们认为，要改变九龙治水，最理想的管理模式，是将梁子湖流域行政单列，组建“梁子湖生态特区”，成立“梁子湖生态保护区管理委员会”——梁子湖能否像神农架、武当山一样，划为一个独立的行政区域？这种管理模式对梁子湖意味着什么？

探讨：能否成立梁子湖生态特区

由于体制不畅，导致梁子湖管理方面存在诸多困难。正是基于此，一份长达23页的建议书摆在省府官员的案桌上。

这份《关于梁子湖发展与生态环境保护的对策与建议》主笔，是中国地质大学教授、博导李长安。

武汉市六湖连通工程就是他与其他代表和委员共同建议的。李长安说，梁子湖环境污染和生态破坏问题，是跨行政区域的环境问题。不同行政主体之间协调机制尚未真正建立，使得发展无序的局面长期得不到有效改变，这是梁子湖的污染得不到有效治理的根本原因。“要拯救和保护梁子湖，最重要的一点是打破现有的行政区划、行业体制和条块分割。”李长安建议，最理想的管理模式，是将梁子湖流域行政单列，组建“梁子湖生态特区”，成立“梁子湖生态保护区管理委员会”。

他认为，“与现有的梁子湖管理局（处级机构）不同，梁子湖生态特区应是副省级机构，至少应该是副厅级机构，这样才能全面有效负责梁子湖地区的生态环境保护和工农业发展规划的确定。”

此前，梁子湖淡水生态系统国家野外科学观测站站长于丹教授也提出，梁子湖应像神农架林区那样单独剥离出来，成为一个相对独立的行政区划。

李长安主笔的《建议》还提供了另一种模式，即成立湖北省梁子湖保护工作领导小组和梁子湖管理委员会，负责协调解决梁子湖保护与发展的重大问题。

倡议:立法保护梁子湖尤为重要

李长安认为,湖北省人大常委会正在制定《湖北省湖泊保护条例》,但梁子湖是湖泊中的“大熊猫”,有必要为梁子湖立专法保护。

他建议,省人大应参照我国流域水环境保护的成功做法,尽快制定《梁子湖生态环境保护管理条例》。由此,清除各种不利于生态建设、不利于区域协调和城乡协调的规章制度,建立和完善跨区域协调管理机制。同时,省政府应组织制定《梁子湖生态环境保护与发展规划》,明确梁子湖的功能定位。

据省环保部门监测数据显示,梁子湖的生态承载量已经饱和,部分区域生态环境遭到一定程度的破坏,不允许延续现有的粗放型发展模式。因此李长安在建议中指出,梁子湖地区的自然条件,决定只能有限度地开发。梁子湖地区作为武汉城市圈重要的生态功能区,定位为限制开发区、禁止开发区,与周边的经济、人口密集区正好可以形成功能相辅相成的整体。

难点:走向统一管理任重道远

记者采访中,专家们共同认为,要建立这样一个“特区”,首先是取缔环湖地区工业污染企业。对流域内现有化工、纺织印染、造纸等水污染企业,通过申请国家财政转移支付或省级财政补偿等方式进行关闭。

有资料显示,目前环湖地区所有工业企业税收为6000万元。专家建议梁子湖环境监管直接由省环保局负责。沿湖所有新上工业项目,由省环保局进行评估,严格控制环湖地区布局新的工业污染项目。其次是加强对梁子湖水产养殖业的规范化管理。

有鉴于此,专家提出,应进一步明确环保、水利、农业、水产、林业、旅游等管理部门的职能和应承担的责任,防止多头执法、职责不明、推诿扯皮的现象。同时还必须加强农村生产生活污染控制。增加以公共卫生为重点的农村基础设施建设,加快编制沿湖小城镇环境规划,强化小城镇环境治理。积极动员和组织沿湖农民参与整治村庄环境活动,减少使用含磷洗涤用品,集中搞好垃圾污水的处理,积极推进改水改厕。

但与专家们充满期待的设想不同,几个城市与梁子湖的相关管理部门,对专家的这一提议并未抱有希望。记者在各地每每提及此,他们不愿多谈。

新闻链接

神农架原为房县的一个区，上世纪60年代划为单独的行政区划，并由相邻的宜昌兴山县、原郧阳地区竹山划出部分地区归神农架统一管理，现为副地级，由省委省政府直接管理；武当山，原丹江口市的一个镇，现完整划归十堰市直接管理。

（编者：李文光　2010年3月25日见报）

可否打出“湿地公园”这张牌

本报记者欧亚　陈凌墨　特约记者王德华　高阳

梁子湖在变。20年前清澈见底的湖水，已然浑浊；在此栖息的珍稀野生动物，数量减少。

如何更好地保护这一方水土？一个声音浮出水面：建全国最大的湿地公园。这一建议基于这样的现实：梁子湖身上，是典型的湿地的胚子；从外地经验看，湿地旅游效应，正风生水起。

同样的忧虑和同样的期待

那天下雪了。鄂州长岭湖岸，张正驶起他的机动船，向湖心的梁子岛驶去。静默的湖面荡起波澜。这已经是农历腊月二十八，再有两天就是大年初一。张师傅说，他可以载我们上岛，但不会有回来的船了，如果我们随他过去，那就得在岛上过年了。

那是一座美丽的岛，有两平方多公里，风雪中远远望去，梁子岛像一个卧于波涛中的少女，若隐若现。机动船需要30分钟才能驶到对岸。

春花烂漫时节，我们再访梁子湖。在梁子岛及长岭镇，分别与湖北省梁子湖管理局副局长张燎及鄂州市梁子岛风景管理区书记柯岩作了长谈。

采访过程中，我们感受到他们对梁子湖充满了感情与期待，只是隶属于不同的部门，有时不得不站在各自的立场“表达意见”。

张燎告诉我们，梁子湖曾水清见底，可以看到游动的鱼，摇曳的水草。口渴时甚至可以双手捧起湖水直接饮用。但这幅真实的图画已经是历史。张燎沉吟良久说，那是20年前的事了。张燎当年从省水产学校毕业后分配到梁子湖工作以后，就再也没有离开过梁子岛。

公开的报道说，现在，梁子湖越冬水禽，特别是国家重点保护鸟类如天鹅、白鹳和黑鹳，种群数量逐年减少，大雁、野鸭数量也急剧减少。“近年来，确实很少发现天鹅来越冬了。”柯岩用同样忧虑的口气介绍。就在10年前，湖里随处可见野鸭，天鹅也常来光顾，但从前年冬天开始，再也没见到过天鹅。“这些环境恶化的信号警告我们，梁子湖的保护要抓紧了。”这是省梁子湖管理局与梁子岛风景管理区管委会的共识。

建议建全国最大湿地公园

对于梁子湖的保护，除了理顺多头管理的现状，专家指出，梁子湖是江汉湖群中最具典型意义的湿地生态系统之一，具有巨大的生态价值和环境价值。

目前，梁子湖鄂州水域已建有379平方公里的省级湿地保护区。但是，对于梁子湖这样一个湖汊发育、湖港众多的湖泊来说，整体保护更为重要。有专家建议，尽快申报梁子湖国家级湿地自然保护区。

保护的同时，也需要发展。在保护区之外，可建立全国最大的湿地公园，打造湿地生态旅游品牌。

湖北大学教授梅惠介绍，湿地公园已成为各地旅游业的积极发展项目。如杭州市投资10多亿元建设的西溪湿地公园，已成为我国第一个国家级湿地公园，已产生了良好的经济和社会效益。

梅惠认为梁子岛应成为一个“只能看，不能动”的旅游项目，应恢复梁子岛的原生态岛貌，像紧邻的青山岛那样。建议政府下决心尽快中止梁子岛目前以餐饮住宿业为主的旅游经济，并将原有居民迁出，恢复其原生态岛的面貌，使之成为生物乐园。

农业面源污染是湖泊的重要污染源。梁子湖要保护，又要发展，两者兼顾的最好办法就是，建立梁子湖流域“无公害农业生产基地”。

这一设想若能实现，将是中国距特大城市最近的湿地保护区。“那将是一个怎样的后花园哟！”，多位专家谈及此，无不充满期待。

记者手记

上帝的礼物　美丽与哀愁

欧亚　陈凌墨

这是湖吗？望不到边；这是海吗？故土就在脚下延伸。第一次到梁子湖令人顿生感慨：前后多日沿湖踏访，虽然我们的足迹也只是触碰到长达636公里的湖岸线的一半，但其浩荡与魅力已令我们心生敬仰。

因为是旅游淡季，每一次与湖岸的亲密接触，让我们有机会看到大闸蟹之外的梁子湖那份纯朴与宁静。行进路上，这面大湖的包容与无奈，美丽与哀愁，常常会触碰到我们内心最柔软的深处。

特别是寻访梁子湖的源头那天，中午从咸宁咸安区出发，沿高桥河一路踏访，到梁子湖边已是深夜。从小溪到汇流成河到大湖无边，从宁静到喧闹再复宁静，当夜色收起白日所见的污染现实，对这面湖的未来更激起我们无尽的感慨。

天空沥沥下着小雨，高桥河水在原野间静静流淌。阡田里有妇人带着孩子在劳作，有老人逗着小狗在晨光下流连，闲云野鹤间点点农家小院升起袅袅炊烟……如果不是泛着泡沫的河水偶尔漂来塑料袋和农药罐，这应该是一幅多么安逸的图景。

意外而令人欣喜的收获，是当我们随着高桥河来到高桥镇，竟发现了乾隆年间的廊桥——这幅只能在风光图画中现身的场景，真实的出现在我们的面前。

立身桥廊望去，高桥河以缓缓的节奏向梁子湖河岸延伸。这座300年前建造的廊桥，仿佛把时间也留住了。继续行进间，却看到桥边堆满了生活垃圾，不少垃圾被河水带走。附近有妇人在河里洗衣，看到我们举起相机，她咧嘴笑了。我们也笑了，笑得很无奈，相机拍下的是美丽与破坏的共存，恰如我们矛盾的心境。

炊烟、原野、廊桥、静静流淌的河水历历在目，从正午时分到夕阳西下，我们经咸宁城区到达河岸已是深夜。所经之处，阡陌纵横，湖汊通幽，美丽与哀愁，博大与精深，如果有一天你也能亲历其间，你会深切感受，梁子湖，这该是一个如何让人魂牵梦绕的所在！

（编者：李欣　2010年3月25日见报）

黄孝河污臭治理调查

"一条大河黑浪翻，风吹臭气熏两岸"——

黄孝河污臭治理到底难在何处

本报将推出大型调查报道

本报讯（记者欧亚　张泉　凌墨　东起　贺俊　陈俊）"一条大河黑浪翻，风吹臭气熏两岸。黄孝河之污，后湖心头之痛。"这是网友描述的黄孝河近况。从昔日的商船通道逐步成为城市排水的城中河，有着近200年历史的黄孝河，已成为汉口后湖10万居民难以承受之痛。

黄孝河因来自黄陂、孝感的商船沿该河驶入汉口而得名。20世纪50年代开始，它逐渐失去运输功能，成为城市排水的城中河。如今的黄孝河，排水服务范围东起二七路、南抵解放大道、西接新华路、北至张公堤，汇水面积48.53平方公里，服务人口约110万。它全长9.6公里，分为两段，一段是长约4.3公里的城市地下箱涵，从汉口新华路沿建设大道直至黄孝河路；另一段长约5.4公里，起于后湖铁路桥，沿金桥大道，经岱家山闸，流入府河，最后注入长江。

做为流经汉口闹市最为重要的河流，长期以来黄孝河一直是条"污龙"。近几十年来，武汉市委、市政府及相关部门对这条河流高度重视，治理工作从未停止。2005年，武汉市政府拿出黄孝河治理的5年规划，计划将黄孝河变成"水清、岸绿、景美"的休闲胜地。然而，5年后，黄孝河"水未清、岸未绿、景未美"，依然是条令人深恶痛绝的"污龙"。

昨日，武汉市政风行风民主评议会上又吹出治理春风：该市水务局已拿出初步整治方案，计划明年再次启动黄孝河治理。治理共分为四个阶段，总投资3.39亿元。这让市民再次看到治理这条"污龙"的希望。

黄孝河为何久治久臭？治理到底难在何处？周边几十万居民遭受着怎样的困扰？市民对这次整治又有着怎样的期待？

本报记者已历时半个月深入调查，将推出黄孝河治污大型调查报道，全面回顾黄孝河的前世今生，解析治理难点，解读治理方案。

（编者：宋效忠　2010年12月2日见报）

彼时清水映摇橹　今日浊浪扬恶臭

昔日黄金水道渐成武汉"龙须沟"

本报记者欧亚　张泉　高东起　贺俊

"一条污沟，臭飘十里，蚊蝇成灾。"

这是武汉市民对黄孝河现状最为精练的描述。

实际上，如今"一条大河黑浪翻，风吹臭气熏两岸"的黄孝河，在一百多年前，也曾是条清亮的小河。当年，从黄陂、孝感来的客商由此进入汉口市区。而随着下游张公堤及京汉铁路的修建，河道排水开始出现不畅；之后，随着人口增加及城市废水增多，黄孝河逐渐演化为一条排水沟，因污染严重，河水慢慢发黑发臭，渐成武汉"龙须沟"。

对这条河的治理，从1958年算起，断断续续，已跨越半个世纪。

久治久污，河流已臭不可闻

黄孝河是流经汉口地区唯一的一条河流，全长9.6公里，汇水面积48.53平方公里，它不仅成为周边10余万居民生活的最大困扰，也成为武汉市政府及相关部门摆在案头的一道难题：河两岸垃圾遍布，沿河分布有30余个排污口，大量生活污水常年直排，河道内污泥淤积，河堤上废品收购站、简易厕所扎堆，河水又脏又臭，蚊蝇成灾；暗渠内沼气浓度大，曾发生过三次爆炸。

周边居民反映强烈，人大代表亦多次提案。5年前，武汉市政府和水务部门经多次专题会议研究，对黄孝河治污出台了5年远景规划，表示要将黄孝河治理成"岸绿、水清、景美"的景观河，并先后投入1.6亿进行坡岸固化、截污等整治工程。

但5年过去了，黄孝河还是那条臭不可闻的黄孝河。

百余年前，汉口的黄金水道

然而，翻开黄孝河的历史，在百年前的武汉，这里却是樯橹云集、闻名三镇的"黄金水道"。

"民国以前，黄孝河水中鱼虾成群，两岸垂柳成荫。来往商船频繁，一派繁忙景象。"武汉市社科院城市历史与文化研究所所长张笃勤说。

据介绍，明崇祯年间，袁公堤修建，汉水主流改道，堤外的支流之间形成漫滩。漫滩内高出水面的位置就叫“墩”，“墩”之间有河淌相连，四季不干涸，俗称“十八淌子”。尽管这些淌子比较狭窄，最窄处仅容两船交错，且水浅时需要人拉纤，却因河道连通，那些从黄陂、孝感来的商人，在这些淌子间穿行，可以直达汉口六渡桥附近（现民众乐园西侧）。

清朝时期，后湖一带有很多茶楼、酒楼，还有唱戏的，要杂耍的，很是热闹，汉口市民喜欢前来休闲观光。不少文人墨客在此留下脍炙人口的诗篇。清朝文人叶调元所写《汉口竹枝词》就是一例，当时后湖被称为销金窝。

1861 年，汉口开辟租界，贸易往来较多，连接“十八淌子”的河港被逐渐扩宽，形成了一条河流。每天清晨，连绵不绝的黄陂、孝感船队经府河、黄孝河直达六渡桥。清清的黄孝河上，扎着大辫子的姑娘摇着橹，构成一处独特的风景。

漫长治理，污染与治污之战

清光绪三十一年，湖广总督张之洞围垦后湖，主持兴建了张公堤，并在黄孝河上游的岱家山修建了一排水闸，加上当时的京汉铁路汉口至信阳段建成通车，黄孝河的航运功能被大大削弱，河道也逐渐变窄，最终成为一条小小的沟渠，污染日甚一日。

老人们回忆，黄孝河逐渐变臭大约是在 20 世纪中期。随着城市建设速度加快，湖泊众多的汉口为扩大土地，填湖成为优先选择。据史料记载，1949 年至 1982 年间，汉口数百个湖泊被填，城区面积扩大了两倍，黄孝河流域的 20 平方公里湖泊仅剩不足 3 平方公里，黄孝河本身逐渐沦为城市的排水通道。

大量的生活和工业污水流入黄孝河，原本清澈的河流逐渐变黑，一旦下雨和发洪水，汉口污水漫溢。新中国成立后，政府曾经多次用挖泥船清疏河道，1958 年还进行过全面清理，但未能彻底根治。

张笃勤介绍，到了 20 世纪 80 年代初，黄孝河污染更加严重，承担着 130 万汉口居民的生活污水和 400 家工厂企业的废水排放，流速缓慢的河水黑得像石油，岸边淤泥堆积，蚊蝇乱飞，成为远近闻名的“龙须沟”。最可怕的是 1982 年与 1983 年的两场暴雨，汉口污水四溢，有房屋倒塌，损失惨重。

“黄孝河的污染在 1958 年曾引起相关部门的重视，经过 20 余年的艰难治理，收效甚微。”张笃勤说。随着城市建设的加速，黄孝河的污染痼疾久治不愈，不仅造成了巨大的经济损失，也给周边居民生活带来无尽的烦恼。1983年8月到9月间,武汉市连续召开了5次会议研究治理工作,并成立黄孝河治理指挥部,举全市之力,对黄孝河的治理展开大会战。

1983年秋,武汉市政府经过多次开会研究,决心彻底根治黄孝河。时任国家主席李先念题词:一定要把武汉的治河除害工作搞好,为子孙后代造福。从1983年底开工,经过8年时间,几万人投入到了这场艰苦卓绝的治理工作中,最终形成了现在的4.3公里城市地下箱涵与5.4公里黄孝河明渠,大大缓解了排渍问题。

而20年后的今天,随着城市人口的骤增,淤塞严重的黄孝河难以承受污染之痛。这条河流已成为这座城市的一块心病。

一场污染与治污的战争,再次在这座城市与这条河流之间展开。

(编者:李欣　2010年12月3日见报)

夏日门窗不敢开　冬日不敢河边走

一条臭水河让两岸居民频添堵

本报记者欧亚　张泉　高东起　贺俊

昔日清流通商船，今成“污龙”熏两岸。如今的黄孝河给周边居民的生活造成怎样的困扰？居民们对黄孝河的治理有何期待？连日来，本报记者到黄孝河沿岸社区、城中村等处进行了实地踏访。

黄孝河边置了家，臭气熏得不敢住

天热时黄孝河臭水蒸发，空气中弥漫着刺鼻的恶臭，居民不敢开窗户。由于黄孝河的恶臭，导致该河沿线的房子卖得不是很好，即便有人买了，入住率也不很高。

今年47岁的居民“老酒”，2005年在距黄孝河约3公里的幸福人家小区买了一套房子。“老酒”说，当时考虑到价格比市区便宜，每平方米只要2700元，但那时黄孝河的污染已经很严重了，老婆不同意购买。“我记得第一次开车路过黄孝河，都不敢开窗户。”“老酒”说，“后来听说政府部门要改造治理，觉得这条河还是能治理好的，于是就买下了。”

“老酒”从原来的汉口四唯路，搬到新楼居住。没想到住了两年就住不下去了。黄孝河散发出的臭味，十里之外就能闻到。“夏天是最难受的时候，恶臭是冬天的好多倍。夏季天气本来就热，总不能整天关着窗户吧？”“老酒”无奈地说，尤其吃饭的时候，一阵风吹来就没了食欲。亲戚朋友也因此很少来串门，“他们说太臭了，有的还劝我早点搬走。”

2008年夏天，“老酒”一家人实在忍受不了黄孝河的恶臭，真的搬走了。之后“老酒”贴出了租房广告，但空了一年多，就是没人愿意租。“买这套房有点后悔了，如果黄孝河还治理不好、还是那么臭，我就把它处理掉。”“老酒”显得一脸无奈。

不过，“老酒”还是觉得黄孝河能治理好，希望搬回自己的房子居住，“只要政府不放弃治理，我还是有信心的。”

夏日群蝇满天舞，冬天蚊子仍扰人

“何日闻香不蚊香。都冬天了，还有这么多蚊子，不可思议，后湖特色，每晚一盘蚊香。”夏日群蝇乱舞，冬日蚊子仍扰人，这是黄孝河带给后湖百姓的另一大困扰。

“日月星城小区”也紧挨着黄孝河。昨日上午，30 岁的蒋女士，正带着孩子在该小区的小型儿童游乐场玩耍，短短一会儿，小宝贝的皮肤上被蚊子叮了一个包。姜女士介绍，她 2005 年 3 月份来看的房子，5 月份付款购买，之后才知道紧挨着的黄孝河竟然是一条“污龙”，但后悔已经来不及了。前几年她都没有装修，去年装修好就到宁波打工，现在刚刚回来住了两个多月。

“都冬天了，到了下午 5 点多钟，蚊子就成群结队而来，用手一抓便是。”蒋女士说，傍晚都不敢带小孩出来，她家住在三楼，尽管装有纱窗，但总会有蚊子飞进家里，“蚊子密度特别大，怎么也搞不定，灭蚊器、蚊香都不奏效。”

今年 57 岁的肖婆婆，也住在日月星城小区，现在退休后带孙子。她说，“夏天才是最让人烦恼的，蚊子比现在成倍增加，轰都轰不走。”

肖婆婆是土生土长的武汉人，原来住在汉口三眼桥，“我知道黄孝河污染很严重，但总觉得它能治理好，谁知道五六年过去了，却一直没有什么改观，住在这里影响心情。”肖婆婆还担心，小孩被蚊子叮了，感染了传染病怎么办？

明渠奇臭飘十里，暗渠沼气掀井盖

采访车行至江岸区，出竹叶山铁路桥，便来到黄孝河明渠。尽管已经入冬，但记者未到河边就先闻其臭，一股刺鼻的臭气远远飘来。走近但见河里油腻翻滚，不断冒着发酵产生的气泡。

“黄孝河明渠就是一个臭水沟，臭味能飘到十里开外！”在后湖街余华岭村，七八个市民围住记者。今年 82 岁的沈泉老人，从小生活在黄孝河河畔。黄孝河给儿时的沈爹爹留下了美好回忆：“河水清澈见底，里面有鱼有虾，我们经常捞鱼，还跳进去游泳玩耍。”

79 岁的周双喜介绍，新中国成立前黄孝河的水一日深、一日浅，下雨就漫了上来，不下雨就水位下降。水位低的时候，约 10 米宽 2 米深；水位涨时，约 20 米宽 3 米深。20 多年前，黄孝河的鱼就彻底灭绝了，水体污染越来越严重，日益恶化，发黑发臭。每年春天 3 月份一过，恶臭、蚊子、苍蝇就越来越明显，尤其下雨和夏天，臭得不得了。

记者在紧挨黄孝河明渠的武汉老年大学公交站点，看到乘客等车时，因臭味难闻，有的戴着口罩、有的捏着鼻子。

明渠奇臭飘十里，那么暗渠的状况呢？黄孝河的地下箱涵，带给市民的也并不是绝对的清洁和安全。

记者徒步走在黄孝河路上，靠近排污口附近时依然能闻到臭味。在路面上，分布着许多有孔的铁井盖。一位市民指着井盖告诉记者，井盖上的孔是用来排沼气的。黄孝河地下箱涵积淤严重时会产生大量沼气，在1989年、1994年、1998年，箱涵花桥段曾发生过3次爆炸事件，造成该路段多处井盖被掀开，有的高达10米以上，严重威胁人民群众的生命安全。“近些年虽然没有发生过爆炸，但夏季天热的时候，可以看到井盖孔里冒出气体，闻到刺鼻的气味。”

盼望彻底驯污龙，“龙须沟”成靓名片

黄孝河给后湖沿岸百姓带来无尽烦恼，10万后湖人何时不再闻臭？

市民“老酒”说，黄孝河不仅仅是个治污问题，它影响整个武汉的空气质量和城市排水功能。这些年政府部门也在治理，但效果不是很好。他说，几乎一半的汉口污水都流到了黄孝河，建议政府鼓励大的污染源自己净化，从源头实现堵截。希望相关部门下决心改造黄孝河，把黄孝河打造成一张靓丽的城市名片。

不少居民反映，2005年武汉市政府拿出黄孝河治理的5年规划，计划将黄孝河变成“水清、岸绿、景美”的休闲胜地，但现在黄孝河“污龙”依旧。“今天看报纸，武汉市水务局计划明年投资3.39亿元再次治理黄孝河。希望这次能够彻底驯服污龙，不再让我们失望。”

为促进黄孝河治理工程向前推进，“老酒”等人征集促进黄孝河改造的网络志愿者，组成“黄孝河综合治理网友促进小组”，目前已有44名成员。志愿者将于明天调查黄孝河污染情况，了解武汉市有关黄孝河治理的方案和实施情况，提出有关黄孝河综合治理的具体建议，并与政府有关部门对话交流。有意者可加入“黄孝河志愿者群”（群号：82871629），一起出点子、想办法。

（编者：潘勤　2010年12月3日见报）

黄孝河治理明年解决水体黑臭

武汉市市长阮成发:综合改造要取信于民

本报讯(首席时政记者杨磊　实习生徐世兵)昨日,武汉市市长阮成发专门听取武汉市水务局关于《黄孝河综合整治实施方案的汇报》。阮成发说,黄孝河综合改造各方关注,相关部门要按计划治理,取信于民。

武汉市水务局局长姜铁兵说,黄孝河涉及水体,滨渠区域,汇水区域等,治理是一项系统工程。下一阶段将按“点面结合、综合整治、分步实施”的思路,控制污染,实行雨污分流,修复港道、实施中水回用,打造水质清澈、系统顺畅、生态优美的城市水景观通廊。

武汉市水务局提出近期治理计划,到2011年,以截污、清淤、岸线整治、绿化、中水回用为重点,基本消除黄孝河水体黑臭,改善滨渠区域环境状况,达到“截流控污、以清释污、生态补水、改善水质”的目的。按计划,到明年国庆节,在三环线和武汉大道视觉范围内,黄孝河明渠将绿树成荫,水体基本不臭。

黄孝河远期整治一直持续至2015年,控制上游合流区污染,彻底消除入港污染,全面提升黄孝河的水质。实现“系统完善、污水截流,中水回用、清水入河,生态修复、碧波重现”。远期总投资12亿元。

治理方案

黄孝河明渠将建成水景观通廊

治理工程包括四大内容

本报讯(记者陈俊　实习生陈峥嵘)“黄孝河明渠综合治理方案已经报市政府审批,初步设想是建成城市水景观通廊,在方案正式通过后,将第一时间把治理的每一步成果告诉公众。”昨日,武汉市水务局相关负责人对记者表示。

水务局相关负责人表示,黄孝河治理工程包括四大内容:

建设三金潭污水系统,实现港渠截污:拟再建污水管网90公里,污水提升泵站5座。

实施港渠综合治理,改善滨水环境:主要包括在明渠岸坡红线内拆除违章建筑约2万平方米,疏浚河底淤泥9.8万立方米,对4.4公里岸坡实施护砌、绿化等。

中水回用,补充水源:拟在三金潭污水处理厂内建设污水深度处理设施,将处理后的中水送至黄孝河明渠上游,作为生态补水的水源,保证河道的正常水量。

治理上游污水:实施黄孝河上游合流区初期雨水与污水治理,建设规模为2万—3万吨/日的初期雨水处理厂。

治理难点

截污难补水难环境整治难

明渠治理要闯三道关

本报讯(记者陈俊　实习生陈峥嵘)对黄孝河采取明渠方式治理,治理难度比暗渠要大得多。昨日,有关专家披露明渠治理的三大难点。

截污难:作为汉口地区的一条主要河流,黄孝河目前仍然担负着排水和纳污功能。据初步调查,该区域现有23处排污口,大量污水和初期雨水直接进入河道,直接导致明渠水体黑臭。

补水难:目前黄孝河的水源为雨水和污水。截污后,要保证正常水位,必须有清洁的补充水源。三金潭污水处理厂处理后的中水是补水最佳选择。不过,首先要提高中水的水质,达到景观水的标准。

环境整治难:黄孝河明渠区域是正在建设的新城,新旧住宅区混杂,综合整治该区域环境,工作量巨大。

治理意义

不再一盖了之,选择明渠治理

治理由暗改明折射时代变迁

本报讯(记者陈俊　实习生陈峥嵘)透过黄孝河明渠规划治理方案不难发现,政府并没有像以前那样一盖了之,而是选择了难度更大、投入更多的明渠方法。“从某种程度上讲,黄孝河治理由暗改明是社会经济综合实力提升的表现,更折射出美化环境生态优先的观念。”水务局相关人士表示。

水务局专家表示,20世纪70年代末到80年代初的黄孝河,接纳130万汉口居民的生活污水和400家工厂企业废水,逐渐变成了“龙须沟”。1982年甚至因河道淤塞引发暴雨期渍水,造成直接经济损失5亿元。

1983年,市政府将河道变成马路,在河道上盖上板子,既将脏水臭水藏于地下,又建成宽阔的黄孝河路,沿着马路两侧,建起一片云集金融、商贸、教育机构的新城区。

按照今年的规划方案,黄孝河明渠治理没有像以前那样一盖了之,而是选择明渠治理。

“保留河道是全球治理城市河流的前沿理念。”水务局专家介绍,韩国首都首尔市的清溪川是河流治理的标本,在经济高速发展阶段,清溪川也沦为“龙须沟”,被建成马路。8年前,韩国投巨资将马路挖开,恢复河道。如今,清溪川河水清澈见底,两岸花草盛开,不时可见飞鸟和鱼儿,成为城市美丽景观。

一位资深环境专家称,从某种程度上讲,黄孝河治理由暗改明,是环境与经济博弈的结果,体现了社会发展观的变革,武汉正在进入环境优先的时代。

(编者:李文光　2010年12月8日见报)

关注经适房渗水

3 年前，作为武汉市首个电视直播公开摇号的经适房项目，它曾备受关注

丽华苑小区近 200 套房出现渗水

本报记者谈海亮　陈世昌

4 月 11 日一场大雨，让武汉市洪山区丽华苑小区的不少业主又忍不住担心：不知维修过的房子会不会再渗水？

这个总计拥有 20 栋、2000 多套房子的小区，曾于 2006 年 12 月底，作为武汉市首个通过电视直播公开摇号的经济适用房项目亮相，备受各界关注。而今，陆续入住的许多业主发现外墙渗水，一些业主开始质疑房屋是否存在质量问题。

早在 4 月 4 日，已有该小区业主赵小姐向报社反映房子的渗水问题，并对房屋质量提出质疑。“2008 年 8 月搬进来不久，就在下雨天发现两个卧室飘窗下方渗水，把墙上的涂料都泡坏了。这以后，几乎每下一场大雨都会渗水，物业公司来修了六七次，每次都不能彻底解决问题。经济适用房虽然价格便宜，但不应该等同于质量差。”接到投诉后，7 天来，记者逐一踏访该小区 20 栋楼，实地了解情况。

记者调查后发现，除 2 号楼外，丽华苑的其余 19 栋楼均出现过户数不等的房屋渗水情况。其中，1 至 6 号、15 至 20 号楼的渗水户数相对较少。而 9 至 14 号楼的外墙加添的防水涂料较多较明显，尤以 14 号楼最为严重。记者对 9 至 14 号楼的数百套房子进行了踏访，其中约三分之二的房子无人应答或尚未入住。150 多名业主接受了记者的入户调查，70 多名业主反映屋内曾出现或仍存在渗水问题。据入户调查取得的数据综合判断，该小区出现过和仍存在渗水问题的房屋近 200 套，且不包括尚未入住的房子。

渗水情况多数集中在卧室和客厅的飘窗下方，也有部分房屋的客厅与卧室之间的隔墙渗水。相对其他楼层，顶楼的渗水问题更为普遍。在出现过渗水的住户家，记者采访时均发现，内墙相应部位的涂料开裂、

剥落或发霉。

绝大多数出现过渗水的住户表示，物业公司已上门免费维修，并在外墙涂刷了防水涂料。但即便维修多次，一些住户的渗水问题仍未解决。9号楼B单元的一名业主说："这里修好那里漏，要修到什么时候才算好？"15号楼的一名业主更抱怨："这套经济适用房住得太闹心！"

对此，管理该小区的鹤园物业有限公司负责人解释，初步估计，渗水问题主要是因楼栋外墙内的保温层所致。该负责人说："大概在2006年以后，武汉市的住宅楼开始在外墙中加入类似于泡沫板的保温层，但它导致了房屋外墙渗水的缺陷，这一问题相当普遍，所以我们小区的保修期设定为5年。"他同时表示，渗水现象在该小区并非大量存在，物业公司一直在积极维修。

（编者：谢礼逵　2010年4月12日见报）

针对武汉首个公开摇号经适房项目丽华苑小区大面积渗水问题

房管局、建筑质监站展开调查

本报记者谈海亮　周鹏　李力力　实习生徐小龙

武汉首个通过电视直播公开摇号的经适房项目——洪山区丽华苑小区内，近200套住房出现渗水、外墙开裂等问题。本报昨日报道此事后，引起有关部门高度重视，武汉市住房保障和房屋管理局、建筑工程质量监督站相关负责人及专家，先后到现场进行了调查。

下午3时许，武汉市建筑工程质量监督站多名负责人，同专家一道对丽华苑小区进行了“会诊”。一负责人表示，丽华苑小区是“民心工程”，其建筑过程都是按要求施工，经过验收合格才交付使用。目前出现的渗水情况，具体原因尚未查明，该站将进行深入调查，并综合各方意见制定处理措施。

武汉市住房保障和房屋管理局相关负责人称，待情况调查清楚后，将向市政府报告。

（编者：陈曙光　2010年4月13日见报）

汇丰家园、天顺园、青山绿水花园……
10 余个小区居民致电本报反映渗水、外墙开裂等问题
“怕下雨”的经济适用房真不少

本报记者谈海亮　李力力　周鹏　实习生徐小龙

丽华苑不是唯一出现渗水和外墙开裂等问题的经适房小区！昨日，武汉三镇 10 多个经适房小区、共 40 多名业主致电本报，反映自己遇到的类似问题。记者对几个小区进行了随机踏访，发现这些小区内，渗水和外墙开裂并非极少数现象。

位于武昌武泰闸的汇丰家园，是武汉市首个上市经济适用房项目，于 2005 年 12 月底进行电脑公开摇号选购，共 8 栋小高层。如今，多数业主已入住 3 至 4 年。在所有打入的热线电话中，来自汇丰家园的业主最多。

“8 栋楼的顶楼住户，几乎家家都漏水，很多家的墙上都有大片的水渍和霉斑。只要一下大雨，家里连渗带漏，让人苦不堪言。客厅墙上的裂缝可以塞进小指头。”该小区 6 栋 3 单元 601 室的业主吴先生告诉记者。

由于多次维修仍不能解决渗水问题，汇丰家园的业主吴先生，已于去年搬出当年抢购到的这套房子，这种情况在该小区不止他们一户。

一度被誉为经适房“样板小区”的汉口“黄埔人家”，不少业主在入住 2 年多后，也发现了屋内渗水的情况，其中多数集中在 2 楼和 10 楼。

去年 11 月底收房的武昌安胜花园，许多业主在装修阶段便发现了外墙开裂和屋内渗水的情况。记者现场探访时还发现了部分房子的窗户有缝隙，防盗门与门框咬合不紧。“我们现在都是在为开发商买单。”负责该小区的家旺豪物业公司张经理表示，他们去年底验收房屋时，并没有发现外墙开裂和渗水的问题。从上个月起，他们陆续接到多个业主关于渗水的投诉。

反映类似情况的，还有汉口天顺园、汉阳赛博园、武昌南湖新村等 10 余个小区的业主们。“退房不可能，修又修不好。保修期之内还有物业公司免费维修，保修过了后，维修又该有多难？”汉口天顺园的一名业主说。

何时外墙不再“画地图”

从2008年2月住进“青山绿水花园”3栋1单元的这套房子开始，王女士便开始害怕大雨天。再过2个月左右，他们一家将在这套房子里迎来入住后的第3个梅雨季节。

位于青山区建设十一路的这个经济适用房小区，濒临长江，环境优美，然而，在王女士和另外一些业主家，屋内屋外的环境却让人闹心。一些楼栋外墙上歪歪曲曲爬着的水泥印迹，清晰地显示着渗水的部位，就如一个蹩脚的画家，在原本整洁的外墙上胡乱“画地图”。

在王女士家中的一间卧室里，床头的一大块儿涂料已经剥落，紧贴墙壁的衣柜，以及飘窗的边框上长出霉斑。“搬进来后过了3个月左右，便碰上连续雨天。看到墙上涂料开始起泡时，才知道房子渗水了，用手一摸，就像墙上在流汗一样。再问楼上的，才知道靠外墙的邻居家中都在渗水。”她说。

王女士和家人束手无策，只能向物业反映。物业也上门维修，拿防水涂料或水泥把外墙的裂缝抹好。然而，下一场大雨，墙壁照样开始“流汗”。报修、抹涂料、再报修、再抹涂料……她找物业的次数，连自己都烦了。两年多过去，衣柜靠墙的那一边不敢再放衣服了。“如果仅仅是窗户旁漏点水就算了，但外墙裂了，谁住在这样的房子里会安心？东边漏了补东边，西边漏了补西边，补到哪一天才能好？”她说。

（编者：潘勤　2010年4月13日见报）

建筑质监站组织专家入户"会诊"

维修小组昨日成立;举一反三,将对全市经适房开展专项检查

本报记者谈海亮　周鹏　陈世昌

本报连续两天报道武汉经适房小区丽华苑房屋渗水问题后，引起武汉市相关部门高度重视。昨日，武汉市建筑工程质量监督站组织专家、开发商和施工方代表共10余人,在该小区入户调查"会诊"。

据介绍,昨日前往现场调查的专家,分别来自中南建筑设计院、省建筑设计院、武汉市建筑设计院、武汉理工大学建筑学院等单位。另外,一个专门负责丽华苑小区外墙渗漏维修小组也于昨日成立，成员包括开发商武汉中大房地产公司,施工方中泽建安集团等公司,工程监理单位武汉东泰监理公司，小区的金鹤物业管理公司。专家组成员在小区内入户调查了1、2、6、15号楼的部分住户,实地查看和分析了渗水原因。

武汉建筑质监站副站长郑祥斌介绍,经专家组初步分析,该小区的建筑不存在结构安全问题,相关单位提供的材料显示,交房时没有渗、漏、裂现象。因此,外墙渗水可能主要是由于飘窗部位施工不够精细、外墙保温层热胀冷缩、防水涂料老化所致,但最终结论尚待讨论研究。

开发商中大公司和金鹤物业管理公司表示,其实,他们一直在为住户进行维修,只是部分房屋维修效果不佳,待专家"会诊"做出最终结论后,将于近期请专业防水公司,对小区楼栋做整体防水,费用全部从开发商的工程尾款中扣除,争取彻底解决这一问题。

郑祥斌还表示,将从丽华苑小区的渗水问题中举一反三,下一步,将要求各区建管站,对全市经适房展开专项质量检查。

（编者:谢礼逵　2010年4月14日见报）

渗水经适房小区着手维修

本报讯(记者苏永华　通讯员余琍　闫勇　实习生常晶)武汉部分经济适用住房小区墙面开裂、渗水现象,引起武汉市住房保障管理中心高度重视,迅速成立调查专班进行处理。目前,6个经济适用住房小区已着手维修。

昨日,武汉市房管局人士介绍,针对本报报道反映的问题,调查专班对武昌汇丰花园、南湖新村、安胜花园、汉口黄埔人家、青山绿水花园、汉阳赛博园6个小区进行了现场调查。

经调查了解,除武昌汇丰花园外,其余5个小区仍在质量保修期内。目前,武昌安胜花园、南湖新村、汉口黄埔人家、青山绿水花园、汉阳赛博园已联系项目施工单位,将对墙面开裂及渗水的部位进行维修。武昌汇丰花园小区顶层出现渗水现象系业主乱搭乱建,破坏屋顶结构所造成,针对部分外墙开裂渗水现象,小区虽已过质保期,开发商已决定自行出资对其进行维修。

调查专班要求,各开发建设单位要积极主动地组织维修。

(编者:彭肇一　2010年5月29日见报)

较真老工人发现问题后,4 次找到施工方,并将过程记录在纸上

天兴洲大桥伸缩缝施工太马虎

本报记者周鹏　舒均　实习生朱娟娟　戈旲怡

12 月 26 日,武汉天兴洲大桥正式通车,该大桥创造同类型桥梁中的四项世界第一。但 3 个月前,65 岁的老工人贾满生发现在公路桥青山引桥的伸缩缝施工中存在问题,他多次找到施工方,对方却未改正。

贾爹爹向施工队“找茬”

贾爹爹是河南人,做了多年机械检查工,退休后来到青山一家设计院做机械维修工,很喜欢桥梁。

今年 9 月中旬,他得知天兴洲大桥马上要建成试通车,每天下班后就到桥上走走看看。他发现工人进行伸缩缝施工时有问题,便 4 次找到施工方,但对方都未理睬。

贾爹爹把全过程写在纸上:“9 月 16 日下午 4 点(发现问题);9 月 17 日下午 4 点,梅工很不满意地对(我说),你去找施工的!接着我去找王总……王又说工期太紧,不会坏的;9 月 18 日,当我又去施工现场时,他们还是按原来的方法施工……”

螺丝帽直接焊在钢板上

前日下午,记者和贾爹爹来到天兴洲大桥的公路桥,在从汉口往青山方向下和平大道的匝道口,发现梳形钢板已经松动。而在汉口往武汉火车站方向的引桥上,部分梳形钢板里没有安装螺栓,螺丝帽就直接焊在钢板上,还有一些螺丝帽就直接放在钢板里面。

记者数了数,该钢板里面有 432 颗螺丝帽,其中有 17 颗根本没固定,33 颗是焊接的,还有 50 颗虽然安在螺栓上,但高出钢板的水平面。

贾爹爹痛心地说:“这样马虎施工实在要不得!用不了多久,天兴洲大桥可能就要进行修补。”

前日下午,记者通过武汉天兴洲大桥建设工程领导小组办公室联系上施工方,对方称,这批梳形钢板于本月中旬才安装,因工期较紧,还

没来得及加固。他表示,将马上安排工人对钢板进行检查,然后用结构胶加固。

记者回访现场依然如故

昨日下午,华中科技大学道路与桥梁工程系的教授金文成和记者、贾爹爹来到现场,发现已有一些螺丝帽被安在螺栓上,但还有很多螺栓没有装上。

金教授边看边摇头,他介绍,梳形钢板是用来保护伸缩缝的,避免车辆撞击伸缩缝。梳形钢板应该用螺栓和螺丝帽拧紧,这样才能起到缓冲作用,保护伸缩缝。

他还说,该处的钢板如此施工,施工方没有按要求预埋螺栓,而将螺丝帽焊在钢板的螺栓预留处,这是一种不负责任的施工方式。假如钢板松动,将影响车辆的通行,引发交通事故,长此以往,伸缩缝也会受损。他建议施工方趁现在车辆较少,立即返工,按照施工要求进行修补。

(编者:张仕武　易敏　2009 年 12 月 29 日见报)

封闭维修5个月，通车2个月又添“新病”

白沙洲大桥桥面再现坑洼

本报记者许洋　梅军　佟建国

再次封闭维修后的白沙洲大桥，通车2个多月，不少市民发现，桥面沥青多处被压坏，路面出现多处破损。

市民张先生家住江夏庙山的玉龙岛花园，在汉口常青路一家公司上班，每天都要开车经过白沙洲大桥。去年7月，白沙洲开始封闭维修施工，今年元旦，白沙洲大桥终于通车。但他很快发现，过往大货车十分频繁，大桥中间的沥青都被货车压坏，桥面出现破损。他痛心地说，大桥维修时，听说桥面沥青还是从美国进口的，没想到这快又出现问题。

昨日中午，记者从武昌驱车上桥，在拉索段看到，桥面约有10多块沥青被损坏，每块面积近一平方米，有的地段露出了桥基，接缝处还有大坑。在江堤中路和江城大道出口处，路面也有多处破损。来来往往的大货车仍在桥上疾驰。

武汉城诚公司负责白沙洲大桥维修改造工程，该公司有关负责人昨接受记者采访时说，白沙洲大桥既有钢箱梁，也有普通钢筋混凝土箱梁，这次出现坑洞的桥面全部位于普通钢筋混凝土箱梁上，主要是引桥。

他介绍，白沙洲大桥过去沥青路面经常出现“漂移”的部位全部在钢箱梁上，去年大桥封闭维修的重点也放在钢箱梁上，全部采用美国环氧沥青，到目前为止，钢箱梁环氧沥青路面并未出现坑洞。

而去年维修时，对钢筋混凝土箱梁铺设的只是普通改性沥青路面，铺设时正好下大雨，但由于工期紧，只好烘干后继续施工，使得沥青黏结膜质量打了折扣。加上通车后超载货车的碾压，陆续出现了一些坑洞。该公司对此表示道歉。

这位负责人说，此前该公司曾派人补过坑洞，但因雨雪天气，很快又出现坑洞。待天气放晴后，将对桥面彻底修复。

（编者:周保国　2010年3月3日见报）

江夏29套商住楼开裂渗水严重

一居民家中床上罩棚布防水　有关方面正在劝说住户撤离

本报讯(记者向清顺　见习记者胡九思　实习生孙想　汪琴)连日来,天降暴雨,江夏区一小区29套商住楼开裂渗水严重,住户担心不已。

前日,记者接到投诉后,赶到了江夏区富丽园建材市场小区一期己区。该区住户们介绍,该小区由富丽园房地产开发有限公司开发建设,一期共分甲、乙、丙、丁、戊、己等若干个区,其中己区共29套三层商住楼。2001年4月25日,房地产开发公司以每套10万多元的价格,与29家住户签署购房合同。之后,业主们陆续入住。

在己区19号住户祝女士家中,记者发现二楼和三楼每层楼房的天花板以及四周的墙面上,均有长度、粗细不一的裂痕,墙上可以看到大片渗水的痕迹。三楼卧室渗水严重。为防渗水淋湿床被,她在床上罩了一块大棚布,床下用一个大塑料盆接水。祝女士介绍,由于卧室渗水潮湿,她不得不将客厅改为卧室。由于家里有七八口人,晚上大人挤在一张床上,几个小孩则打地铺睡。

祝女士说,早在2005年,她家楼板就出现裂痕,之后裂痕越来越长,渗水现象也愈来愈严重。

记者在己区探访发现,几乎每家都存在楼房开裂和渗水的情况。多名住户介绍,去年,在己区24号楼前的走道上,还曾发生过塌陷。

昨日,江夏区房管局物业管理科段科长介绍,在接到投诉后,9日该局多名工作人员到达现场勘查,并得出了初步调查结果。段科长出具的一份鉴定意见显示,“该市场门面房底层下方为排水沟渠,因排水长期冲刷,局部片石挡土墙垮塌,导致基础梁松动。”该房安全等级鉴定为B级(危险点房)。鉴定提出:立即对垮塌挡土墙、基础梁及上部构件进行结构加固。

江夏区政府应急办一名工作人员介绍,考虑到住户生命和财产安全,他们正在积极协调,劝说住户先行撤离,并将逐步解决房子的安全隐患问题。

富丽园房地产开发有限公司相关负责人承诺,将按照政府部门的解决方案,妥善解决这一问题。

(编者:宋效忠　2010年7月13日见报)

东湖边的“乡村公路”惨成搓板路

落雁路修复方案本月有望出台

本报记者许洋

“投资6000多万元修建的道路，不到9个月时间，其中一段就成了烂路，晴天一身灰，雨天一身泥！媒体多次报道，也不见好转，这条问题路到底还有没有人管？”近日，本报大楚网报料台频繁接到读者投诉。

遭读者抱怨的这条路，是武汉知名景点东湖风景区内最长的道路——落雁路。这条路于去年9月完成扩宽改造，全线开通。但就在9个月后，也就是今年的6月份，落雁路上一段1800米长的路面已变成“搓板路”，甚至有附近居民戏称其为“路脆脆”。该路面的质量问题，一度成为媒体关注的焦点。

如今，又有三个月时间一晃而过，距离落雁路重新开通也有一年时间。记者调查发现，该路段路面破损的问题不仅没有得到解决，破损现象反而更加严重。

踏访　汽车底盘被撞得砰砰响

9月1日上午，记者驱车前往落雁路。从东湖环湖路进入落雁路后行驶4000多米的路段，路面一直十分平坦。约7米宽的车道两边，竖立着不少居民的小洋楼，风景也很优美。但行至武汉科技大学城市学院后，记者发现，由该处为起点至龚家岭约1800米的路面，破损十分严重，大小坑凼分散在道路中间，稍不留神，汽车底盘便被坑洼的路面撞得砰砰响。

在这段路的武汉三环和武广铁路线高架桥附近，记者看到，一段约200米的距离，破损的路面形成大大小小的“龟背”裂纹，过往车辆纷纷减速。途经该处的还有515、643两路公交车，每当路过破损路面，车身会一阵摇晃，车上的乘客小心翼翼地抓着把手。

公开资料显示，落雁路北邻青化路立交，南止环湖路鹅嘴，是连接东湖风景区听涛、落雁、磨山、白马四大景区的主要道路。它始建于上世纪50年代，最初是一条乡间土路。60年代，政府将其改造成碎石路。1986年，升级为水泥路。但这些年来，由于路下没有雨污水管，加之年久失修，落雁路破损严重。

在这种情况下，相关方面决定对该段路面进行扩建，并将其定位为景区主干道。但令人遗憾的是，工程于去年9月完工后，从武汉科技大学城市学院至龚家岭1800米长的道路，很快就出现严重破损。

记者注意到，这条破路还是新修的武汉火车站通往东湖景区的一条捷径，破损道路给武汉市的旅游形象带来影响。家住青山的刘先生深有感触地告诉记者：“有一次，我在武汉火车站接广州来的朋友到东湖玩，从青王路驶上落雁路后，因为下雨，路面全是积满了泥浆的坑洼，朋友十分惊讶，说城区的旅游景点附近怎么会有这样差的路况。我真是觉得很不好意思。”

探因　按乡村公路标准施的工

随后，记者来到东湖风景区管委会。宣传处一名工作人员称，落雁路部分路段路面破损的问题，已经是个老问题了，一直没能得到解决，市民有意见，他们也很头疼。

这名工作人员称，根据当初道路改造协商结果，东湖落雁路分两段，总投资6100万元，其中从环湖路鹅咀至武汉科技大学城市学院段为东湖风景区管委会承建，总长4400余米，预算投资4200余万元，实际工程费用3500万元，并已通过武汉市政质监部门竣工验收。而另一段路面，也就是出现破损的武汉科技大学城市学院至龚家岭长1800米的路面，是由铁路部门负责出资设计修建，具体由中铁十七局等多家单位负责承建，称为“落雁路改移路段”，东湖风景区管委会只负责这段范围的征地拆迁工作。

东湖风景区管委会宣传处工作人员还告诉记者，当时由环湖路鹅咀至武汉科技大学城市学院段，路面等级定位为城市次干道，按二级公路标准修建。而改移路段长1800米的路面，则被定位为乡村公路，并按此标准修建。

同一条公路，为什么会按两个级别相差颇大的标准来修建呢？东湖风景区管委会工作人员称，早在道路建设之初，就道路标准和等级问题，管委会也曾多次与铁路部门沟通，要求改移道路建设等级与其他路段一致，但最终没有实现。

会商　多个部门多次开会协商

今年6月以来，武汉市多家媒体陆续对落雁路改移路段破损现象进行了报道，也引起主管部门重视，相关市领导曾做出批示。东湖风景区管委会建设局、武汉铁路局建设处、中铁十七局、武汉铁路局武汉站建设指挥部等单位多次召开协调会，对落雁路破损路面的情况进行"会诊"。在协调会上，武汉铁路局表示，落雁路改移路段之所以破损严重，有两个原因，一是因为当初节约开支，对该段道路的道路等级定位过低；二是在施工中，新修道路基础不牢，碾压不实，造成破损。

对于这段路面基础不牢，不少附近的民众也看在眼里。在龚家岭路口开面的的张师傅告诉记者，这条路从改扩建以来，他就有所关注。"之所以这么快就破，是因为在修路时路基并没有经过压路机的碾压就直接铺上了混凝土，当时很多村民都是亲眼所见。"张师傅当时还很纳闷："这条路就是正式交付使用的道路吗？"他说，该段路面修好一个月后，就出现了路面破损、凹陷的情况，但很多人都以为该路段只是临时使用，还是会重新再修的。

现在看来，这段本打算较长时间使用的路面，似乎逃脱不了短期内重新再修的命运。

解决　修复方案本月有望出台

昨日，记者与武汉市铁路局建设处一名负责人联系。他说，落雁路改移路段的问题，有很多人关心，铁路部门也十分重视。当初，作为武汉火车站的配套工程，铁路部门征用了当地一条乡村公路，按照相关规定，应该是"占路还路"。而被占用的路面以前就是一段乡村公路，因此，在修建时，落雁路改移路段的路面等级被规划确定为乡村公路。

"直到路修好后，与从环湖路鹅咀至武汉科技大学城市学院段的落雁路连通后，我们才发现路面存在的问题。"这名负责人称，由于落雁路其他路段是按二级公路的等级修建的，在混凝土厚度、路面承载重量等方面，要比这1800米的乡村公路高很多，落雁路重型车辆通行频繁，导致这段路破损严重。"我们也曾多次维修，但没能解决实质性问题。"

该负责人称，铁路部门和当地政府、建委、城管经过多次协商，希望能找出一条永久性解决问题的良好方案，他也前往现场走访过多次。目前拟订的方案已经初有眉目，本月内，方案能确定下来。随后，铁路部门会加班加点按照方案尽快对路面进行修复。

编辑观点

拭目以待

眼看着铺新路，眼看着路碎了。对于目前武汉这样一个“大工地”来说，正在上马的工程对交通造成的拥堵已让市民苦不堪言，那些本应早已修好给市民提供方便的路段，却因种种原因面临重新“回炉”的命运，耗时耗力耗钱，添堵添乱添烦，实在让人一声叹息。相关方面确应吸取教训亡羊补牢，及早动手还一条平整大道于民，方可重新赢得大家的理解。

令人稍感欣慰的是，有一大群读者与网友和我们一样，关注这座城市的建设和发展，为他的点滴进步欢欣鼓舞，也为他当前的一些不足“怒其不争”，然后出谋划策。在读者的报料和关注下，本报记者实地踏访“搓板路”，并获取了“修复方案有望本月出台”的重要信息。那就让我们拭目以待，督促一条新路早日诞生。我们期待，在未来的日子里，公共建设广征民意，广大市民积极参与，或许这样，我们就能少走一些“在东湖边修乡村公路”的弯路。

（编者：李欣　2010 年 9 月 5 日见报）

Mainstream

楚天都市报主流化转型探索丛书

守望社会

第三辑

直击现场

守望社会

乘客拳击司机酿惨祸　公汽失控撞死女高工

本报今日凌晨讯（记者郭修德）昨晚9时许，一辆702路公交车在进站时，司机的左手被一名喝了酒的乘客猛击，导致车子失控冲上人行道。一名正在散步的女高级工程师不幸被撞身亡。

事发武昌珞喻路鲁巷天桥处。昨晚10时20分许，记者赶到现场时看到，一辆车牌号为“鄂AV0752”的702路公交车停在路边的花坛深处，人行道上满是玻璃碎片。

据该车司机高师傅称，当晚9时许，从叶麻店上来一男两女三名乘客，后面还跟了一名小女孩，但被挡在车门外。大人见小孩吵着要跟着走，便让小姑娘上车。满口酒气的男子上车后负责刷卡，但高师傅怀疑该男子在小女孩上车后，少刷了一次卡。两人就此发生口角。车过鲁巷广场转盘后，该男子吵着要下车，高说车子没进站，不能开门。

就在车子正要开进鲁巷站时，该男子一拳打在高的左手关节处，车子顿时失控，冲上人行道，撞倒了路边一妇女后，又撞进了花坛树丛中才停下。

此时，发动机处直冒气，高考虑到车上乘客的安全，一边开车门，一边拉住该男子，但被男子拖下车打了一顿。该男子随后向东湖开发区车站方向逃跑，高师傅撵了近150米后，没有追上。出事后，被撞的路人和车上受伤的三名乘客均被送往广州军区武汉总医院抢救。

乘客小徐等人介绍，那名男子身上的确有很重的酒气，该男子的同伴曾劝其“喝了酒，不要乱来”，但该男子始终不听。

（编者：韦忠南　沈伟　2008年4月5日见报）

载5吨黑火药货车凌晨大爆炸

本报首席记者钟楠　记者陈世昌　吴昌华

夜半惊天大爆炸，震醒居民震坏门窗。昨日凌晨零时20分许，一辆装载黑火药的大货车行至京珠高速1125km处孝感三汉镇涂店村路段时，突然发生爆炸，现场造成4人死亡、6人受伤，损毁车辆3台。

事故造成京珠高速路面塌陷，交通堵塞，部分村民受伤、民房受损，孝感、武汉有震感。

事发后，省领导罗清泉、李鸿忠、李宪生、吴永文、段轮一指示全力抢救伤员，迅速疏导交通。吴永文率省政府办公厅、省公安厅人员紧急赶往事发现场，指导事故处置和善后工作，慰问受灾群众。孝感市随即启动突发事件应急预案，公安、消防、安监、卫生等部门共150多人奔赴现场救援。

昨日凌晨，本报接大量读者报料后，迅速派多名记者连夜赶赴现场。2时30分许，记者抵达事发现场时看到，京珠高速双向行车中断，车辆排成数公里长龙。公安、消防等部门人员正在现场紧急施救。

虽然距事发已一个多小时，但空气中仍弥漫着刺鼻的硫磺味，运载爆炸物品的车辆已完全解体，发动机被炸飞到数百米外。近50米长的爆炸中心区路面严重毁坏，地上裂缝最宽达70多厘米，深达1米左右，路中间的隔离带被炸得荡然无存，沿线200米护栏全部被毁，路边大树和电线杆被拦腰截断。

经调查：4日下午，江西省萍乡市莲花县六市乡六市村村民张平元雇请一辆车号为赣J17951货车，运载5吨黑火药前往河北沧州某花炮厂。张平元与货车司机刘偶善、吴跃萍同车前往。5日凌晨0时10分许，该车行至事发路段时，刘偶善发现车后右中部起火，迅速停车并叫醒车上睡觉的吴跃萍、张平元，下车跑离现场。几分钟后，货车发生爆炸。

此次事故中遇难的4人均系豫R61696车上人员，火药车发生爆炸时，这辆满载干红辣椒的大货车正好经过事发路段，车上的4人当即身亡，6名伤者均系现场车辆中的司机和乘客。

目前，公安机关以涉嫌危险物品肇事罪将刘偶善、吴跃萍、张平元3人拘留。各项事故后期处理工作正在有序进行。

昨日凌晨4时30分，京珠高速已基本恢复双向通行。根据指挥部要求，今日18时许，将初步完成现场抢险施工，恢复正常通行。

（编者：陈红彬　周保国　2009年12月6日见报）

七千辆车受困京珠湖北段

连续5天滞留车辆长达35公里，昨日免费放行2小时，今晚6时全线打通　本报记者现场探访巧遇公安厅副厅长赵飞

本报讯（记者张明泉　通讯员徐宏　勇军）昨日上午10时，记者到达京珠高速鄂南收费站时，司机老张说，他在这里已经停了5天5夜，每天吃方便面、喝矿泉水。

受湖南封闭京珠高速公路影响，连续5天京珠高速鄂南段滞留车队长达35公里，受困的2万余人被迫吃睡在车上。

记者在现场采访时，与省公安厅副厅长赵飞相遇。他已是第4次前来鄂南站口，安抚受困司机，并与公安高管巡警协商解困措施。

现场指挥疏导车辆的省交警总队高管支队负责人介绍，我省京珠高速近300公里路段一直采取“低速保畅通”放行措施，但由于湖南段于本月25日关闭，大量南下车辆在鄂南段受困至今。

昨日，经我省多次与湖南方面协调、公安部官员现场督导，湖南取消管制2小时。下午4时许，鄂南收费站11个站口全部打开，对受困的南下车辆一律免费放行，放行车辆近3000台，滞留车队一度缩短至29公里左右。

经公安部部署实施6项措施及多方努力，京珠高速公路今晚6时可望打通。

（编者：韦忠南　李晨曲　易敏　2008年1月30日见报）

惊心五小时，特警枪下解救女人质

记者朱玲　陈世昌　叶宁　陈媛　见习记者汪亮亮　通讯员高翔

阅读提示：昨日，一歹徒在武大行政楼持枪劫持人质，武汉特警闻讯迅速出动，在歹徒的枪下成功解救人质。正在校园内采访的本报记者，全程直击了这惊心动魄的五小时……

上午9时——歹徒持枪冲进武大行政楼

6月3日上午10时，武汉大学少数眼尖的同学发现，多辆警车悄然驶到行政楼下，下来一批又一批面色严肃的便衣人员。不过由于经常有领导或来宾到武汉大学视察或访问，此时正好在校园里采访的本报记者和其他同学们也没有在意。大家不知道的是，这次情况不同：行政楼内刚刚发生了一起劫持人质事件。

“事发很突然，这个人一进办公室，就抓住了我的一位女同事。”事后，武汉大学党办副主任余向红向记者回忆了当时的一幕：

当时是9点左右，一名男子来到余向红所在的套间办公室，掏出一把手枪，拉动枪栓，劫持了在外间办公的女同事，嘴里嚷个不停。

听到动静，余向红连忙起身走出里间，见此情形，就向来人喊道：“你有什么情况要反映？我是领导，你有什么事找我。”该男子根本就不理会，只说了一句：“我不跟你谈。”见此情形，余向红赶紧出门报警。

中午12时许——紧张对峙之时校园平静如常

中午12点多，警方和歹徒对峙已经三个小时，校园内非常平静，和往常没有两样。樱花大道上，成群结队的小学生带着旅游帽，徜徉在美丽的校园内。一路可见背着书包的学生，以及悠然漫步的情侣。此时，所有的游客和擦肩而过的同学们都不知道的是，离他们不足500米远的一栋老建筑——武汉大学行政楼内，正在经历一场生死搏斗。

慢慢靠近行政楼后，才感觉到一丝紧张。拐上通往行政楼的大路，路口站着两位保安，示意路段封闭行人绕行。行政楼前的路上，两边停满了警车和挂着警用牌照的小车。进进出出的警车没有拉响警笛，而民警也都轻手轻脚。

行政楼前，不时可见挂着胸牌的便衣民警来回走动，或者聚在行政楼左边商量着什么，其中也有校方工作人员。

而在行政楼前的大操场上，临近毕业的大学生们带着学士帽、硕士帽，摆出各种姿势，以行政楼为背景，为自己最后的大学生活画上一个完满的句号。人群中，他们发出一阵阵青春欢快的笑声。这一幕幕，让正在路口值勤的民警也禁不住多看了几眼。

13时27分——排爆车和警犬抵达现场

13时27分，安检排爆车来到行政楼下，记者看到车内有警犬。

记者绕行至行政楼后方，武大多位校领导正在这里紧张地关注着事态进展。记者绕着行政楼察看，只见附近的哲学院和教一楼均门庭大开，不时有学生出入。只有在行政楼一侧的两栋办公楼外，有数位便衣把守，除了工作人员，一律不得靠近。

刚过14时，就有不少老师走向行政楼，被路口的保安拦住。保安解释："暂时还不能上班，请等候通知。"除了在行政楼上班的老师遇到阻碍，在附近学院和教学楼上班上课的师生均未受到影响，不过警方人员也来到附近的办公楼，告知所有工作人员不要随意走动。

14时左右，记者看到在场民警调动频繁，一位理着平头、身材壮硕、穿着深色圆领T恤的民警搭梯顺着行政楼右侧，进入二楼一间开着窗户的办公室。这位民警衣服下面鼓鼓囊囊，似乎穿着防弹衣。

14时35分左右，记者进入行政楼一侧的招生就业工作处，在靠近行政楼的一楼办公室，可见到穿着防弹衣、拿着手枪的特警围绕行政楼迅速调动。

14时41分——距第一声枪响不到10秒接连响起四枪

"啪！"14时41分，行政楼内突然传来枪声，打破了校园的宁静。"啪！啪！啪！啪！"距离第一声枪响不到10秒之后，接连又响起四枪。此时时钟指向14时42分。

记者看到，听到枪声，分布在楼侧的持枪特警纷纷向行政楼正门快速靠拢。"快，快，救护车！"一名便衣民警突然冲出行政楼，对着停在记者身边的一辆救护车大声喊道。医护人员立即抄起担架，冲了上去。而司机则立即发动救护车，将车尾对准行政楼。司机告诉记者，肯定是有人受伤。

话音还未落，医护人员和几名特警用担架抬出了一名满面鲜血的青年，他们的眼神中闪烁着焦灼和不安。

"我看到人被抬出来时满头满脸都是血，好像是头部中枪了。我一开始还以为他是持枪劫持人质的人，后来看到他衣服下面鼓鼓囊囊，看起来像是防弹衣。听旁边的警察说，受伤的是位特警。还听说是那个人（持枪劫持人质者）先开枪的，警察马上开枪打中了他的胸部。”一位目睹了事发经过的女老师如此讲述。

当救护车疾驰而去时，一名特警眼眶中泛着泪花，喃喃自语：“希望他没事！”说完，转身又进入行政楼内。

一位男老师表示，此前他曾看到这位特警从行政楼一侧搭梯翻入党办所在楼层的一间办公室，“他很壮实，但是动作非常敏捷。”

几分钟后，民警将一位头发花白的老人扶出行政楼。老人显得非常疲惫，很快就上了一辆车离去。据武汉大学保卫处负责人说，这位老人是一名老教授，是犯罪嫌疑人的父亲。事发时，学校请来老教授来做儿子的工作，没想到还是没有成功。

就在距离行政楼不远的地方，武汉大学党委书记李健等领导一直在现场指挥疏散，记者看到，直到武汉市公安局有关负责人走上前告诉大家犯罪嫌疑人已被制服、被劫持的老师也安全获救时，现场凝重的气氛才稍稍有所缓和。

（编者：陈红彬　沈伟　2009 年 6 月 4 日见报）

一新加坡籍货轮在亚丁湾遇海盗袭击，19 名船员都是中国人

两名武汉大学生一同遭劫持

本报记者谈海亮　王进良　李响　见习记者揭明玥　实习生蔡正道

新加坡注册的货船“金色祝福号”28 日在亚丁湾遭索马里海盗劫持，船上 19 名中国船员成为人质，其中包括湖北交通职业技术学院两名大三学生汤立元和邓俊龙，他们都是该船的实习船员。

对很多湖北人来说，亚丁湾海盗已不再是个遥远的概念。

前日，由上海鼎衡船务公司管理的新加坡籍货轮“金色祝福”号，在离索马里海岸约 95 公里的亚丁湾被海盗劫持，船上 19 名船员全部都是中国人，其中包括湖北交通职业技术学院两名大三学生：航海技术专业的汤立元和轮机专业的邓俊龙，他们都是该船的实习船员。

“我们有同学在被劫船上”

“我们肯定至少有一名同学在这艘船上，但还不知道是谁。”前晚，“金色祝福”号被海盗劫持的消息最先在网上公布时，汤立元的室友便纷纷猜测。

猜测于昨日上午得到证实：上海鼎衡船务公司给湖北交通职业技术学院打来电话，通报该校汤立元、邓俊龙随船被劫持。该校经过核实这两名同学的信息，确认了这一消息。

已分别拿到甲类三副和甲类三管轮证书的汤立元、邓俊龙，是湖北交通职业技术学院港航系的优秀学生，也是该校与上海鼎衡船务公司联合培养的“订单学生”。作为最先考取海员证的学生之一，他们于今年 4 月赴上海接受岗前培训，5 月 15 日以实习船员身份上船出海。这也是他们第一次出海。

学生被海盗劫持，老师自然担心他们的安全。但辅导员王峰表示，他相信两名同学不会有生命危险：“海盗们要的是钱，不是人，不是货，也不是船。”同样是海员出身的王峰，曾有过 6 年远洋经历，之后弃船从教。

失去联系前最后一个电话

昨日上午和下午，本报记者先后电话采访了上海鼎衡船务公司。该

公司副总经理李进中说，他们正在紧张配合国家交通部、新加坡政府和船东，为营救19名被劫持的船员奔走，“总经理已经赶到了交通部，配合营救工作。保障船员的生命安全是第一原则。”

据李进中介绍，“金色祝福”号在与上海鼎衡船务公司失去联系前，该船船长曾电话报告了他们当时的处境：北京时间28日中午12时50分许（亚丁湾时间清晨7时许），公司值班人员接到“金色祝福”号的电话，船长先报告了货轮当时的经纬度，之后称该船已被海盗控制，他们只允许用英语通话，（欧盟）军舰在附近监视，全体船员安全。“通话时间只持续了不到2分钟。接到电话后，我们便迅速报告了中国海上搜救中心。按照海盗惯常的做法，他们可能先将船劫持到据点，三到五天后再提出赎金要求。”李进中说。“金色祝福”号是一艘散装化学品货轮，吨位1.4445万吨，原计划从沙特阿拉伯开往印度。其船舷高6米，在万吨级货轮中属船舷较矮的一类，加之事发时间为清晨，给了海盗以可乘之机。

他们都相信儿子会安全回家

昨日，上海鼎衡船务公司分别给邓俊龙的父母和汤立元的姐姐打了电话，通报二人的遭遇。“我们相信国家会妥善处理好这件事，相信孩子会安全回家。”武汉伢邓俊龙的家人对记者说。

由于汤立元的老家在孝昌县小悟乡汤砦湾六组，地处偏僻山区，家里未通电话，加之其姐姐怕父母担心而有意隐瞒，所以当记者昨日下午来到汤家，辗转找到正在山上放牛的汤立元之父汤申浩，并委婉告诉他这一消息时，他才知道儿子被海盗劫持。经过最初的震惊和担心之后，他态度坚决地说：“相信政府会比我们考虑得更周全，会把我的儿子安全接回国的。我会等着他回家！”

外交部发言人秦刚在昨日举行的例行记者会上表示，中方对19名中国船员被海盗劫持事件十分关注，正在设法营救。

链接

亚丁湾是指也门与索马里之间的印度洋水域，通过曼德海峡与红海相连，是世界最温暖的热带海域之一。它扼守着地中海东南出口和整个中东地区，是出入苏伊士运河的咽喉，也是波斯湾石油输往欧洲、北美洲的重要水路，具有十分重要的战略地位，海盗活动频繁。

（编者：陈曙光　2010年6月30日见报）

与朋友旅游，在酒店遭到不法之徒的污辱后跳楼身亡

湖北16岁烈女殒命凤凰古城

本报记者周鹏　特约记者肖庆军　实习生尚冰、常妍铮

20日，湖南凤凰县公安局一则公告，正面披露了一起湖北16岁少女殒命凤凰古城的大致经过。本报记者就此进行了相关采访，试图还原事件的前因后果……

烈女跳楼震惊凤凰古城

9月4日下午7时许，凤凰县天下凤凰大酒店，一名16岁的湖北女孩跳楼摔死在地上，引起很多人围观。一时间，这起少女跳楼事件在当地传得沸沸扬扬。

面对大家的各种猜测，凤凰县警方在16天后才发出“凤凰县9·4案件事实真相”一文。全文如下：

9月4日下午7时许，凤凰县天下凤凰大酒店发生一起女青年跳楼死亡事件。事件发生后，凤凰县公安局迅速组织民警对现场进行勘查，同时展开调查走访。在调查过程中发现，该事件应该受理为刑事案件。9月5日，县公安局成立“9·4”专案组展开侦查，9月8日案件已成功侦破，林某等五名犯罪嫌疑人被抓捕归案，现将案件情况公布如下：

2010年9月4日，邱某和朋友侯某、林某、杨某从吉首来到凤凰县游玩。4人到凤凰后，由林某在凤凰的朋友安排一起吃了午饭，席间几人喝了酒。饭后，邱某、侯某、林某、杨某、韩某、隆某、王某等7人一起到“万紫千红”KTV包厢唱歌，到包厢后韩某邀约朋友龚某、徐某一起来玩。在唱歌过程中，杨某及隆某先行离开。邱某与侯某等人在包厢内继续喝酒，而后，由林某等几人将邱某、侯某送到天下凤凰大酒店9楼开了4间房休息。在房中，韩某等人多次猥亵邱某并欲与其发生关系，邱某从房间逃离后，从9楼走廊边的窗户跳下，当场死亡。经查，死者基本情况：邱某，女，16岁，湖北省黄石市阳新县浮屠镇人。

本案涉案人员林某（男，40岁，凤凰县竿子坪乡人，在竿子坪修车）、王某（男，34岁，凤凰县沱江镇人，凤凰县公交车司机）、韩某（男，34岁，凤凰县沱江镇人，凤凰县公交车司机）、龚某（男，32岁，凤凰县沱江镇

人，凤凰县公安交警大队民警）、徐某（男，32岁，凤凰县沱江镇人，凤凰县公安交警大队协警），已涉嫌犯罪。9月8日，凤凰县公安局依法对林某等五名犯罪嫌疑人刑事拘留。凤凰县人民检察院已提前介入此案。目前，此案正在进一步办理中，凤凰县政法委组织相关部门正在有序处理善后工作。

凤凰县公安局

2010年9月20

少女辍学打工供姐上学

跳楼的少女邱阿红（化名）是阳新县浮屠镇人。昨晚9时许，记者赶到阳新县浮屠镇，打听到阿红所在的村子没有直接通往镇上的道路，记者只好驱车10多公里到达荆头山农场，通过村村通公路一直走到尽头，被一小河拦住。阿红的父亲打来电话，他告诉记者，因水较深，无法直接到达家中，让记者待在原地不动，他们淌水过来与记者见面。

当晚，阿红的父母、哥哥三人与记者见面，悲痛的表情中，饱含着无奈与无助。

尽管连日来早已哭干了眼睛，但说起16岁的女儿阿红，一家人禁不住又痛哭起来。父亲今年49岁，阿红还有三个姐和一个哥哥，她在家里是老幺，大姐二姐均已出嫁，哥哥今年大学毕业，在深圳工作。三姐成绩优秀，去年考上阳新县一中。

母亲曹阿姨含泪介绍，小女儿从小乖巧听话，还未成年便已懂事，每次放学回到家里，总是在父母身边忙前忙后。

去年读初二的阿红见三姐学习成绩优秀，看到家里经济条件不好，想替日渐老去的父母减轻负担，便自已辍学回家，准备打工挣钱资助姐姐上学。今年过年后，正月初九，阿红就随老乡一起到温州一家服装厂打工。

曹阿姨说，阿红8月份还给她打了电话，说她已积攒了2000元钱，并打算寄回来给三姐当学费。8月24日，她又打电话告诉家里，因同事湖南妹子丽丽要送10岁的弟弟回家上学，约她帮忙一起送，并给她买好了到湖南的车票。

在电话中，曹阿姨劝女儿不要去，但阿红碍于好朋友面子，最后还是去了，母亲叮嘱她注意安全，少玩几天便返厂上班。女儿满口答应，但谁知这竟是一条不归路。

一个电话传来女儿噩耗

9月6日下午,阿红的父母正在劳作,一个陌生来电传来噩耗:小女儿在凤凰县出事了。

这个电话是凤凰县公安局刑侦大队打来的,对方告诉他们,阿红在凤凰受到侵犯跳楼身亡,让他们赶到凤凰处理后事。

"当时一听便懵了!"母亲曹阿姨说,本来女儿辍学父母就感到亏欠她许多,现在她在外面又丢了性命,这让父母如何交代?说罢,一家三口失声痛哭。

9月8日,父亲和哥哥乘火车赶到凤凰,民警告诉他们,犯罪嫌疑人已被控制起来。

监控录像中,阿红是被男人背进酒店的

到了凤凰后,知情人向他们透露了一些情况:阿红的同事丽丽与她将弟弟送回家后,9月4日,她们从吉首返回凤凰县游玩。当天下午2时许,丽丽的一朋友杨某请她们吃饭。

在吃饭途中,杨打个电话,约了一姓林的男子。姓林的来了后,又打电话叫来民警龚某、协警徐某、公交司机韩某等,杨某又请他们到附近一KTV唱歌。

据知情人介绍:在唱歌中,他们让阿红和丽丽各喝了一杯酒,之后,阿红便不省人事,丽丽稍强一些,但也几成醉状。

之后,他们将丽丽和阿红送到凤凰县天下凤凰大酒店休息。据该酒店监控录像显示,当日下午5时57分,阿红被韩某背进电梯,丽丽被另一男子扶着,一共有5男2女,他们在9楼开了4间房。

据了解,进房后,韩某欲强暴丽丽,被丽丽以上厕所为由借机逃出。丽丽感到不妙,便找服务员求救,希望能救阿红。但监控录像显示,直到阿红出事前,9楼一直没有服务员出现。

当日下午6时43分,阿红从房间里跑了出来,神色慌张,但是,后面跟了两男子,又将她拉回房间。

没过多久,丽丽听到酒店外比较吵闹,她预感不妙,便跑出去一看,好友阿红倒在血泊之中。

家人还在等待警方检验结果

据介绍,到了凤凰后,该县公安局刑侦大队一负责人接待了他们,并介绍了案情,该县政法委一负责人也接待了他们,准备给他们安葬费

及部分赔偿金6万元，并且要先火化再谈赔偿，阿红的父亲和哥哥没有接受。

为了替女儿维权，他们在当地请了律师，并付了律师费2万元。食宿几天，跑来跑去又花了1万余元。

“这些钱都是借来的！”阿红的父亲介绍，今年洪水将承包的28亩鱼塘淹没，投入的鱼苗全部跑光，直接损失4万多元。这对于农户来说，“简直是致命打击！”

他们要求尸检，检查阿红在KTV喝的酒里有没有被下什么药。直到8日，当地警方才送检。

现在，因所借来的钱花光，他们只好于21日下午回到老家，等待警方的检验结果。

（编者：潘勤　2010年9月23日见报）

跨省追击,采访车截住“贩黄车”

查获10余万张盗版碟黄碟,系我省高速公路贩黄第一案

本报记者陈世昌　黄士峰　通讯员彭淼　万进波　苏律　实习生史为

前日,一热心读者在广州给本报报料:一辆装有10余万张黄色光碟的大货车正驶向湖北。本报记者迅速赶至湖南拦截,并一路追赶贩黄货车到了湖北。在两省民警配合下,在贩黄货车即将离开湖北的那一刻,本报采访车、收费站人员及时将其截住。执法人员在车上查获10余万张盗版碟、黄碟。这起我省最大的高速公路贩运非法光碟案告破。

前日中午12时
热心读者广州报料　装黄碟的卡车驶向湖北

“有辆装满光碟的大货车今天凌晨从广州出发,即将前往湖北!”12月9日中午,有名姓李的读者向本报新闻热线报料。他在电话中说,这辆大货车上的黄色光碟,可能会运往武汉或者河南。

李师傅说,当天凌晨,他在广州一物流公司门口看到,有人将10万张光碟打包,夹在货车的货物中间。“如果这些黄色光碟流入市面,不知道要毒害多少青少年!”李师傅悄悄记下了车号——豫C61521,并打听了车子的行驶路线。“那是辆平板大货车。它将经京珠高速一路北行。你们一定要拦下它,不要让它害人。”

前日下午4时
记者赶赴湖南拦截　监控器上发现目标

京珠高速公路湖南临湘羊楼司收费站扼守湘北门户,紧邻湖北赤壁。凡进入湖北段的车辆须在该站缴费及更换IC通行卡。

为能及时拦到“贩黄车”,前日下午,记者驱车从武汉赶往130公里外的羊楼司收费站。下午4时许,湖南临湘市公安局驻羊楼司收费站警务室民警陈明亮获悉举报后表示,如果大货车进入收费站,警方第一时间将其拦截,进行检查。

由于每天从该站经过的车辆数以万计,要想从这些车辆中找到豫C61521大货车,无疑是大海捞针,拦截难度非常大。

收费站工作人员调取了京珠高速湖南段所有的监控录像，并幸运地发现：豫C61521大货车于当日中午11时55分许通过湖南段最南端的小塘收费站。按此推测，这辆货车应在当晚12时前到达羊楼司收费站。

前日晚6时—昨日凌晨3时
贩黄车辆侥幸闯关　民警、记者跨省追击

前日6时许，民警陈明亮来不及吃晚饭，便带着记者守在收费站进站口。记者看到，收费站前等待过站的车已经排起了长龙。工作人员介绍，从现在开始是收费站最繁忙的时候。如果稍不注意，这辆车很可能从大家的眼前溜走。

为了配合警方拦截这辆车，收费站要求每名收费员在收取过路费时，查看每辆过路车的车牌尾数。只要是尾数为521的货车，当即拦下。

当晚11时，寒气逼人，记者和民警在来往穿梭的车辆中已经守候了5小时，依然没有发现该车的踪影。没想到这时，收费站有名工作人员急匆匆地找到记者说，1个小时前，有辆尾数为521的货车从收费站溜走了。由于工作量很大，当事收费员没有反应过来。

闻听此消息，陈明亮当即发动警车，带领本报新闻采访车沿着京珠向北追赶。由于货车已出发了一个多小时，如果货车终点是武汉的话，再过一个小时后它就会下京珠高速，从人们视野中消失。

一路上，警车与采访车呼啸疾行。隔着车窗，民警、记者盯着每辆擦肩而过的大货车。让人沮丧的是，1个小时后，警车和采访车赶到了京珠高速武汉东西湖出口，但豫C61521大货车仍不见踪影。

无奈之下，记者继续沿京珠向鄂北收费站方向行驶，同时向京珠高速湖北段监控中心和湖北省交警总队高管六大队求援。他们立即表示，将全力拦截这辆大货车。

昨日凌晨2时50分
采访车堵住“贩黄车”　高速民警识破伪装

昨日凌晨2时50分，记者顺利抵达鄂北收费站。此时，收费站前灯火通明，高管六大队二中队民警在车道旁穿梭，仔细查看正准备出站货车的牌照，但还不见豫C61521。

民警带着记者来到了鄂北收费站监控中心。中心人员通过电脑检索发现，这辆车还没下京珠高速。监控中心随即要求每位在岗的收费

人员，盯住尾号为521的河南籍大货车。

此时，记者的手机骤响。开着采访车的报社同事夏峰激动地说："我发现了豫C61521，它正准备出站！"等记者冲下监控室时，果然发现这辆大货车正准备出收费站。而夏峰则驾驶采访车，冒险拦在它的前面。

原来，夏峰当时驾车出收费站后，无意中看到一辆大货车正在缴费，一瞧牌照，它竟是豫C61521！这时，收费员也机警地放下护栏。收费员告诉记者，这辆货车出站后，就进入河南境内。"你们要是晚来几分钟，它很可能再次侥幸逃脱。"

民警龚念东和宁文海迅速进行检查。货车上堆着5米多高的货物，民警撕开其中一个纸包，里面露出一张不堪入目的黄碟。司机辩解道，这都是别人托运的货，他根本不知道里面是什么……

昨日上午10时—晚7时
执法人员清查半天　盗版碟黄碟至少10万张

昨日上午，省高管六大队有关负责人将查获大货车的情况通报给孝感市公安局和文体局。

上午10时许，两部门的执法人员赶来对大货车进行清查。这辆大货车装有30余吨货物，盗版碟和黄碟大部分被压在货车货物的中部，全被纸盒包装好。如果不仔细检查，很难发现。

拆开纸箱，里面就是黄碟，封面上是不堪入目的画面。执法人员说，经初步检查，货主以文具的名义，贩运黄碟。由于黄碟太多，执法人员不得不请来数名民工帮忙转运。截至昨晚7时许，从货物中清理出了122箱碟片，至少10余万张。

孝感市文体局文体市场稽查队的负责人说，这些碟片全都是盗版和淫秽光碟，涉案金额较大，是孝感近年来查处的最大一起贩运非法光碟案。

湖北省交警总队高管支队介绍，无论是涉案金额，还是光碟数量，这都是我省警方在高速公路上查获的最大一起贩运非法光碟案。

（编者：张仕武　沈伟　2008年12月11日见报）

迈亚董事长开车撞倒一女警致死

其妹夫赶到现场冒充肇事者

本报记者蔡青

前晚8时许发生在仙桃城区的一起交通事故，本是普通的案子，却因为案情的扑朔迷离，和肇事者的特殊身份，在仙桃引起议论。

目击者：肇事者走后有人出来冒充

昨日上午11时许，记者来到事发地附近的仙桃复州花园小区。据给本报报料的第一人蒋先生称，他是死者侄子。他说："前晚8点多钟，在仙桃大道复州花园路口，迈亚集团的董事长王永，把我的姑妈撞死了，然后让他的妹夫'顶包'。"

昨日上午，仙桃复州花园小区附近一餐馆，目击者描述，前晚8时30分左右，一辆灰色奥迪轿车由东向西，行驶到仙桃大道复州花园路口处时，因速度较快，撞倒了一名骑自行车的中年妇女。只见那名妇女倒地后，从奥迪车上下来一名40岁左右的男子，看了看伤者的情况，打了电话后，就离开了现场。随后，一辆的士赶来，将伤者送往医院。

附近一理发店的多名理发师说：当晚8时30分左右，他们正在给顾客理发，突然听见门前"轰"的一声巨响，隔着玻璃门都听得很清楚。循声望去，只见一名骑单车的中年妇女被撞倒在地上。他们立即赶到马路中间，只见中年妇女后脑部鲜血直流。从奥迪车上走出一名中年男子正打着电话离去。随后一辆的士赶来了，110民警也赶来了。民警一边勘查现场，一边询问：谁是肇事者？一名30岁左右的男子说他是肇事者，民警接着就把他带走了。当时许多围观群众议论：这人又不是肇事者，怎么把他带走了？

持同样说法的，还有附近不愿透露姓名的商店老板。

死者丈夫：我爱人是车管所民警

昨日下午1时许，仙桃复州花园11号楼。遇难者家里悲情笼罩，前来吊唁慰问的人川流不息。

仙桃市丰泽房地产开发公司总经理张志虎称：我爱人叫蒋业芹，今年54岁，是仙桃市交警支队车管所副科级民警，事发前被公安局派驻到汉江船厂社区，从事警务工作。前晚，她吃完饭后便骑着公安局统一配发的自行车外出，谁知刚骑到复州花园南门口，就遭遇车祸。

当晚9时许，正在武汉办事的张志虎得知妻子遭遇车祸的消息，连夜赶回家，只见妻子已被送往殡仪馆。

张志虎说：到你们记者采访时，肇事方没有派一人上门来慰问安抚，令人心寒。

他说，我们都是党的干部，见死不救企图逃避责任，理应受到道德的谴责和法律的制裁。

办案民警：王永昨日承认他是肇事者

昨日下午3时许，记者来到仙桃市交警支队事故调处中心。

一名民警介绍，3月30日晚发生的交通事故，正在调查取证之中，暂不能发表任何观点。但他向记者出示了仙桃市公安局法医鉴定书和医院死亡证明，鉴定书上写明，死者蒋业芹因颅内外伤，脑机能障碍死亡。

另一位不愿透露姓名的事故调处民警称，前晚，我们连夜突审了自称肇事者的张某，他是迈亚集团董事长王永的妹夫。因其供词前后矛盾，我们认定张某事发时不在第一现场。直到昨天早晨，张某才承认肇事者并非他本人。昨天上午9时，湖北迈亚集团董事长王永来到事故调处中心，向办案人员讲述了30日晚车祸的经过，并承认他是肇事者。经其单位担保，调处中心没有作留置处理。目前肇事车“鄂M00999”已被警方扣留，张某仍被留置在调处中心。

昨晚10时许，仙桃警方一名不愿透露姓名的相关人士称，张某是在凌晨4时左右开口交代问题的。王永在当日深夜，也给仙桃警方相关负责人打了电话，承认自己就是肇事者。“王永没有等交警去找他，就主动承认了问题，应该不算叫人顶包。”他说。

这名人士称，张某事后交代，王永当时打电话给他，称其撞人了，叫他把这事处理一下，他就来顶替了。王永昨日一早来交警部门做笔录时也说，电话中只是要妹夫处理一下，可能是妹夫误解了他的意思。

这名人士称，事发后王永确实打了几个电话，其中两个是报警电话，一个是当晚8时38分、一个是8时40分打的，报警具体内容不详。现场群众当时也打了110报警电话。

这名人士还说，事发后，王永“并没有逃逸”，“他出100元钱，请了辆出租车将伤者送到医院，参与抢救伤者。”

省交警总队今日将“把脉”案情

此案发生后，仙桃市委、市政府高度重视。昨日，已经组成专班展开调查。

据了解，该市主要领导以及公安局和交警支队主要负责人，或亲自探望，或电话慰问了蒋业芹的家人。

仙桃市公安局一名处理这起案件的负责人说，他们已请市检察院督察室两名主任参加执法监督，确保对死者及其家属负责，对良心负责，对法律负责。

这起事故中，责任如何划分？这位人士说，王永当晚跟家人到岳母家里吃饭后回家，经过仙桃大道一十字路口。当时蒋业芹骑车经过该路口，王的轿车行驶到此后，左前侧撞到蒋的车后轮。王永的责任是没有减速慢行，遇害者的责任是没有下车推行自行车。

这个案子，由于当事双方的身份特殊，交警为慎重起见，还没有最后下结论，今日将请省交警总队“把脉”处理。

（编者：韦忠南　刘鹏　2008 年 4 月 1 日见报）

潜江一对老年夫妇遭车祸，等待救援时——

路过警车将太婆拖行千米致死

本报讯（记者舒均）昨晚7时50分许，潜江市城区突发一起恶性交通事故：一对老年夫妇被一辆出租车撞伤后，躺在地上等待救援。没料到，一辆警车疾驰而来，将妻子拖行1000多米后，致其当场死亡。

事发地点位于潜江城区章华南路章华加油站前。多名目击者称，一辆出租车，由章华南路行至章华加油站门前，与对面驶来的一辆电动车相撞。电动车上的一名男子摔了下来，趴在地上一动不动；坐在电动车后座上的妇女，则跌落在的士左后方。

事发后，附近市民赶紧拨打电话报警，有人则帮助的士司机李师傅准备救助伤者。约10分钟后，一辆车身写有“检察”字样的警车（车号为鄂NB008警），经章华南路由北往南疾驰而来。

很多目击者称，由于警车车速很快，来不及刹车，将躺在地上的这名妇女卷入车下。警车在将其拖行至潜江市检察院宿舍区门口（距离约有1000多米）才停下来。

昨晚，记者赶到潜江了解到：电动车上的男女，系一对老年夫妇。丈夫名叫杨先池，70岁，现生命垂危，被送到潜江中心医院急救；妻子名叫沈智兰，67岁，当场死亡。

事发后，潜江市交警支队事故调处中队民警迅速将两名肇事司机带走调查。他们证实，警车司机系潜江市人民检察院干部严某。目前，警方正对这起事故作进一步调查。

（编者：张仕武　蒋绶　2008年7月14日见报）

家门前亲友金项链遭抢四次　报警未能避免悲剧发生

民警出警后，歹徒重返现场破门杀人

本报讯（首席记者钟楠　记者陈希　魏铢）9日深夜，一桩持刀破门入室行凶案震惊了武汉市江汉区民族社区：51岁的居民李东风在家中被歹徒连刺两刀杀害。而就在他遇害前10多分钟，辖区派出所民警刚刚接处警后，从他家附近离开。

据死者李东风的女儿李飞回忆：9日晚22时40分许，男友郭振从她家离开，刚走到家门前10米开外，一男子从郭的脖子上将一根12克重的金项链扯下，两人发生扭打。郭振呼救后，李东风出门相助，夺回了金项链。其间，李飞和其母两次拨打110报警。抢项链的男子被街坊认出，竟是李东风邻居的弟弟吴俊。吴俊被其亲友及闻讯赶来的保安拖走。吴离开时曾喊，“这事没完……”

23时10分许，民族街派出所两民警赶到现场，他们询问吴俊的亲友后，认为是“亲属间打架扯皮”，在没有联系报案人核实原委的情况下，便离开现场。

23时20分许，吴俊持刀返回现场，猛砸李家大门，李飞又两次报警求救。吴持刀连破李家三道门后，入室将李东风刺死，后再度离开现场。

民族街派出所民警第四次接报警后，当晚在数百米开外一私房内，将嫌疑人抓获，并缴获作案凶器。经查，今年34岁的吴俊有吸食麻果毒品的经历，目前他已被警方刑拘。

（编者：沈伟　2009年8月11日见报）

齐声呐喊淤泥中抬出受困孕妇

本报记者叶宁　见习记者汪亮亮　通讯员龙庆

昨日凌晨，一场大救援在武汉市江夏区乌龙泉矿大洪山采石场的淤泥滩中继续进行。

时间一分一秒过去。消防官兵不停掏挖困住孕妇的淤泥，但四周的淤泥不断涌来，救援工作进展缓慢。

零时20分许，救援人员大叫："摸到脚踝了！"

但被困孕妇裤腿上的泥土凝固，她的腿无法拔出。现场指挥的江夏消防大队大队长张炎向附近居民借来剪刀，消防战士将其伸进淤泥中，试图剪开孕妇的裤腿，未果。可能是剪刀不小心碰到孕妇，她喊着"疼！"

空旷的泥滩上空，此时寒风阵阵，救援人员浑身泥水，冻得瑟瑟发抖。但他们没有放慢速度，继续一瓢一瓢向保护孕妇的木框外掏挖淤泥。

1时20分许，担心孕妇生命安全的张炎果断决定：把孕妇拉出来！

消防官兵迅速在孕妇身上系上套绳，又找来两根碗口粗的木棒，13名消防官兵齐声呐喊"一、二、三"，一起慢慢用力，孕妇被一点点抬起。

正当孕妇即将脱困时，一根木棒突然断裂。其他人员迅速找到一根新的木棒，救援继续进行。

1时40分许，"出来了！"随着一阵欢呼，被困孕妇面部朝下，被拔出淤泥。岸边焦急等候的数十名公安干警和群众，兴奋得跳了起来，掌声、喝彩声响成一片。

孕妇很快被平放在担架上，消防官兵轮流抬着，深一脚浅一脚地向岸边艰难行进。

1时50分许，孕妇平稳抵达岸边。守候多时的江夏区人民医院急诊人员一拥而上，输氧、量血压、测心跳，抢救工作紧张有序地进行。

一位医生说，获救者生命体征相对稳定，没有生命危险。孕妇闭着眼，虚弱地说："感谢大家！"

1时53分，孕妇被抬上急救车。此时不知谁喊了一声："兄弟们，今晚你们都是英雄！"现场再次爆发出掌声和欢呼声，救援人员相互拥抱，击掌庆祝，目送急救车在夜色中驶往医院的方向。

看着这感人的场面，张炎热泪盈眶。他对记者说："太不容易了！谢谢大家，谢谢兄弟们！"

（编者：陈曙光　2010年4月7日见报）

卧铺车冰雪大雾中坠下百米深崖

事发318国道长阳境内，造成7人死亡，19人受伤，省领导指示全力救治

本报记者唐宜贵　蒋绶　舒均　刘汉泽　吴昌华　黄士峰
特约记者周莹　刘涛　关伯煜

昨日凌晨4时10分许，一辆由重庆发往荆州的卧铺车，在行至318国道长阳县贺家坪境内时，失控冲下90余米深的山谷中，造成7人死亡，19人受伤。事发后，省委书记罗清泉、省长李鸿忠批示全力救治。

据了解，该车为荆州先行运输集团的鄂D04820宇通牌大型卧铺客车，系17日下午4时许从重庆出发，车上连同司乘人员共28人。当车行至318国道1350KM+350M处（长阳县贺家坪镇堡镇村一组境内），该车突然失去控制，冲破路边道路北侧波形钢护栏，沿着85度左右的陡峭山崖坠入谷底，造成车体解体，车上司乘人员4人当场死亡，3人送医抢救无效死亡，另有19人不同程度受伤，2人未受伤。

当日上午，省委书记罗清泉、省长李鸿忠，省领导李宪生、吴永文、赵斌、段轮一等先后作出重要批示，要求千方百计抢救伤员，全力做好事故调查和善后工作，确保社会稳定。省政府副秘书长彭勇当即带领省相关部门负责人赶赴事故现场，组织救援。省及宜昌市医疗专家组迅速赶到医院指导抢救。

经初步调查，因路面结冰，肇事司机鄢某（27岁，监利人）驾车操作不当，致使出事。但事故原因仍在进一步调查中。目前，鄢某已被刑事拘留。

事发后，荆州先行运输集团停开了所有到重庆的客运班车。

据介绍，目前宜昌市和长阳县两级已成立事故处置工作指挥部，下设现场稳控、医疗救治、事故调查、后勤保障等7个工作专班。目前，伤员全被送往长阳县医院，由省市医疗专家指导救治。

（编者：熊爱玲　潘勤　王正旺　2009年12月19日见报）

交警高速路上指挥停车时发生意外

竹溪大客先被追尾后被压扁 17名湖北老乡不幸命殒南京

本报特派记者舒均　程铭发自南京

9日上午8时40分许，一辆挂鄂C50515牌照、从十堰竹溪县发往江苏张家港的大客车，行至宁合高速南京境内星甸段时，遭遇一辆水泥罐车追尾，两车冲出护栏翻到深约5米的路基下，自重100吨的水泥罐车又叠压到大客车上。

当地救援人员现场发现5人死亡、3人重伤。在事故清理过程中，救援人员又在被水泥罐车压扁的客车下，清理出12具尸体。截至目前，本次事故共涉及54人，其中大客车53人（2名司机）、水泥罐车司机1人。除当场死亡的17人外，其他37人均送往医院接受检查或治疗，其中6人重伤。

昨日清晨，本报记者火速赶赴事发地南京。

出事客车：车上53人均是湖北老乡

昨日上午，记者先后赶到南京市一医院和浦江区中心医院，见到了10多名此次车祸中受伤的湖北老乡。

来自十堰竹溪的乘客李先生告诉记者，他在江苏张家港打工，趁国庆假期回老家。8日下午3时许，他在该县汽车站坐上了这辆大客车。客车从竹溪开出时，40多个座位只坐了20多人。随后，该车沿房县、十堰、襄樊等地停靠上客。车过襄樊，上面已坐满了人，几名乘客没座位，就挤坐在车子的走道内。

昨日，南京市有关部门通报称，出事的大客车属十堰市亨运集团客运有限公司竹溪分公司，核载人数47人，出事时实际载客53人，全是湖北人。

该车从十堰开到南京，经湖北、安徽和江苏三省。相关方面均未发现以及纠正超载问题。

目击者称:客车被压扁后随即起火

事发现场位于宁合高速南京境内星甸段。昨日中午，记者前往该处,除现场少量的玻璃碴和一些被烧成灰烬的残留物,能证实这儿曾发生一起惨烈的事故外,一切已恢复如常。

事发地附近的南京浦口区大林冉冲村一雷姓村民，目睹了车祸发生的全过程。据其介绍,当时,他听到轰隆几声响,循声望去,才发现是一辆水泥罐车,撞到了一辆大客车的尾部,大客车翻到深约5米的路基下四脚朝天。紧接着,水泥罐车又冲了下来,直接砸到大客车身上。“大客车被砸扁了一大截,油箱也破了。”雷师傅说,客车随后起火,很多乘客困在车内,哭声、喊叫声一片。村民纷纷前往救援,遗憾的是不少乘客还是困在车内没能救出,一些死者的遗体发现时已被烧焦,现场惨不忍睹。

乘客回忆:交警指挥停车发生车祸

大客车被追尾前这段时间发生了什么？昨日下午，在浦口中心医院,来自十堰竹溪的刘先生回忆了惊魂一幕。

刘先生在张家港打工10多年,前些天,他打算在张家港购房,便回老家借钱。返程途中,大客车经10多个小时进入南京境内时,已是9日清晨。司机在一个服务区停车,叫醒乘客上厕所。“大客车从服务区出来,沿宁合高速往上海方向行驶,因路上有雾,车跑得很慢,可没有跑多久,就看到前方发生了一起交通事故,两辆车正好撞在路中间。一名交警在路边打手势,让我们的车往路边停靠。”刘先生说,就在客车停靠的一瞬间,他感到车身一震,继而一股巨大的力量,推着客车往路边跑。客车撞坏路边的护栏,侧翻打了一个滚后,摔在路边的小土坑里。

来自襄樊市樊城区的刘冬梅在事故中幸免于难。“事故发生得太突然,就感觉车身被一股很大的力量掀翻了,我是从碎了玻璃的车窗中侥幸爬出来的。”头上、脸部缠满了纱布的她告诉记者,她是从汉十高速路口上的大客车,赶去江苏江阴与爱人见面。

同是来自竹溪的罗先生也证实,车祸发生时,正好是交警让大客车停靠路边的瞬间。

昨日,记者联系南京“10・9”宁合高速重大交通事故处理小组,求证交通事故发生时，是否恰逢交警指挥路边停靠。对方表示暂不方便介绍相关情况。

肇事司机:来不及刹车就撞了上去

昨日,南京方面介绍,水泥罐车司机何某,20多岁,南京建邺人,是一名个体经营者。事发时,何某被卡在变形的水泥罐车驾驶室内,后被解救。

昨日下午,记者在南京市一医院烧伤科病房里,找到了身裹纱布、鼻子里接着氧气管的何某。他断断续续介绍,当天上午8时40分许,他发现前面的大客车突然停了下来时,因刹车不及,他的水泥罐车一头撞了上去。

(编者:李欣　2010年10月11日见报)

第四辑 民生热点

探访江城小区电子眼

居民家中频频失窃，监控设备为何没拍下贼影？
记者探访江城数十家小区发现

小区电子眼几多都是“睁眼瞎”

本报讯（记者姬栋）家住江夏区藏龙新城陈女士近日遭遇怪事：小偷入室搬走她家价值近万元的家具。当她找到物业查看录像，得到回复是“监控系统被大风刮坏”。

记者昨从武汉市政府有关部门了解到，最近半年来，类似陈女士关于小区监控成摆设的投诉，多达390条，投诉量居高不下。到底有多少小区的电子监控设备存在问题呢？近日，记者深入三镇进行随机调查。

3月23日，记者在东湖高新区鲁磨路的学府佳园小区物业监控室内看到，负责监控小区各角落的20块电子显示屏，都黑屏不能正常使用，仅剩的一个显示屏也是画面模糊。小区居民说，3年前，小区的监控设备就开始相继打摆子，继而全部瘫痪了，从2008年至今，已先后发生了34起偷盗案件。

相隔不远的民族大道江南家园小区，楼道拐角处、围墙边等重要位置都布满监控探头，可监控显示屏要么黑屏，要么画面模糊不清。小区物业负责人说，监控设备已老化，出现问题非常正常。记者了解到，小区被盗时有发生，就在上月24日，有小偷翻入居民家中，偷走了7万元财物。

在汉阳丽水花园，小区的监控设备破烂不堪，好不容易找到一个摄像头，竟然是个空壳。监控室内更是布满灰尘，已停用了几年。

省公安厅技防办透露，小区电子监控设备使用5年后，都会存在问题，“睁眼瞎”现象比比皆是。而据江城一大型物业公司调查，武汉有上百小区的电子监控设备都是摆设。

（编者：周保国　2010年3月3日见报）

江城上百小区　监控设施成摆设

本报记者陈世昌　许洋　实习生徐小龙　刘珂　李成林

2月24日，有小偷混进民族大道某居民小区大肆行窃，居民叶先生痛失7万元财物。民警调查发现，该小区的监控录像设施早已停用。

在武汉，小区监控设施成为摆设的事例比比皆是，包括本报在内的媒体也曾多次报道。其中不少是居民被盗或遭受人身侵害后，要求查看监控录像时才知道的。

近半个多月来，本报记者随机探访了江城数十个居民小区，发现超过三成的小区监控录像设施瘫痪；其中入住5年以上的小区中，绝大多数的监控设施全部或部分损坏。居民们给这些名不副实的设施冠以“聋子的耳朵”、“睁眼瞎”等戏称，语气中透着无奈。

48个摄像头仅剩一个在苦撑

“从2008年开始，我们小区已经发生了34起盗窃案！”24日，在鲁磨路的学府佳园小区，66岁的张怡华老人向记者出示一个日记本，他在上面记录着每起窃案发生的时间、居民的财产损失等，以提醒大家注意防盗。

学府佳园小区环境很好，遍地绿茵，樱花、桃花争相开放。但张怡华老人仍然感叹：“经常发生盗窃案，让我们心里都有点烦！”

记者在小区物业监控室看到，里面只有一名工作人员，挂在墙上的20块显示屏全部呈关闭状态，仅有位于控制台中央的总机显示屏在工作，而且画面十分模糊。

监控室内一张区内监控系统分布图显示，该小区各干道上安装了红外监测探头12个，干道交会处安装了彩色球形摄像头8个，另有28个微型黑白摄像探头分布各处。

“这个看似严密的监控网，其实早在去年2月27日就瘫痪了！”居民们说。当天，该小区再次发生盗窃案，居民们到物业监控室查看监控录像，才得知这一情况。

说起此事，小区物业办公室副主任张明也是一肚子苦水：“我们公司是2008年11月才接管学府佳园小区的，当时监控系统已经损坏大半。一般监控设备的寿命为5年左右，而学府佳园小区的开发已经有10年，年久失修、设备老化导致了监控系统的瘫痪。”

高档小区监控设施坏了4年

2004年建成的江南家园小区，位于光谷民族大道和南湖大道交会处。这个当时以安全、高档著称的小区，却多次让居民感到不安全。居民刘女士说，从2008年以来，该小区多次发生盗窃案。一次，当民警要求调看监控录像以寻找破案线索时，监控室竟空无一人。直到此时，物业人员才透露：监控设施已经瘫痪4年了！

“以前每天上下班看到小区内高高挂着的摄像头，至少心里有种安慰，没想到竟然一直是个摆设！”居民王先生说。

记者在小区内查看，见各处共分布着30多个摄像头。但监控室被锁上，透过玻璃，里面空无一人。15块显示屏中，2块黑屏，3块画面模糊得连人影都看不清，其他的信号极不稳定。

小区物业办公室副主任詹晓波说，当初开发商为该小区配备了整套监控设备，之后移交给一家物业公司管理。但由于相关人员没经过培训，加上电子产品的使用期限较短，2年后开始不断有监控设施出现故障，不到5年，整个监控系统就瘫痪了。

詹晓波称，他们也曾动过维修监控设备的念头，但由于联系不上生产厂家，找别的公司维修需要花费好几万元，最终只得作罢。

监控室丢着几年前的值班表

与学府佳园小区一样，位于汉阳墨水湖畔的丽水花园小区环境也十分优美。但与此极不协调的是，监控设施破烂不堪。记者好不容易找到一个摄像头，发现竟然是个空壳。

居民郑先生介绍，几年前，小区的监控设施一直运转正常，10个摄像头工作良好。2007年原物业公司退出时，只剩五六个摄像头是好的。到现在，所有摄像头都坏了，盗窃案也屡屡发生。

郑先生带着记者来到监控室。推开门，里面布满灰尘，所有显示器都关着。摆放在桌上的值班表，也是几年前的。

小区物业办公室负责人称，公司接管该小区时，监控系统就已经瘫痪。他们想找经销商维修，对方称，生产厂家早就倒闭，而且这套设备已经没有维修价值。因此，监控室不得不提前“退休”，闲置至今，物业保安人员只能靠日夜巡逻防盗，但由于小区面积较大，难免捉襟见肘。

监控停摆小偷搬空居民家

26日下午，记者在江夏区藏龙新城小区看到，住户陈女士家中一片狼籍。她说，这套房子是2004年买的，由于她和丈夫都在青山工作，平时很少回这里住。24日下午，她准备回家拿点东西，才发现家中几乎已被小偷搬空，空调、彩电等电器都不见了。

“要把这么多东西搬出小区谈何容易？”在记者的陪伴下，陈女士来到小区监控室，要求调看监控录像。但物业办公室负责人樊女士称，监控系统被大风刮坏了，还在修理中。

记者看到，小区监控平台位于门卫室内的一个小隔间，里面摆满杂物，三个显示屏仅有一个亮着，显示“没有视频信号输入”。

监控室被锁着。樊女士称，监控室实行专人管理，只有小区里的修理工人张师傅有钥匙，不巧他生病在家休息；对陈女士家的失窃，物业公司不承担责任。

武汉上百个小区监控成摆设

据武汉市住房保障和房屋管理局介绍，该市有1800多个小区，全部都有物业进驻管理，绝大部分配备了监控设施。

但这些看似忠实的监控设备，并没有居民们想象的那么可靠。记者从有关部门了解到，从2009年9月至今年3月的半年时间内，有关“小区监控成摆设”的投诉多达390条。

一位知名监控设备经销商称，一般小区安装的监控设备保修期仅有1年。质量差的，1年后毛病不断，2年后就可能瘫痪。即使是质量好的品牌，一般也只能稳定使用5年左右。

省公安厅安全技术防范管理办公室是全省安全技术防范监督管理的主管部门，其负责人说，根据初步调查，入住5年以上的小区，监控设备都存在一定问题，有的完全成了摆设。

武汉一家大型物业公司的负责人透露，该市超过80%的小区监控系统存在问题，至少上百个小区的监控设备成了摆设。

省公安厅技防办负责人对这一现状忧心忡忡。他说：电子监控好比一道天网，能有效维护居民的生命财产安全。形同虚设的监控设备，“吓唬”的不是犯罪分子，而是越来越多的居民。

（编者：陈曙光　2010年3月31日见报）

武汉市委常委胡绪鹍批示全市排查

集中两月整治小区监控"不作为"

本报记者陈世昌　许洋　李力力　通讯员黄丽琴

两天来，本报持续关注了武汉有上百居民小区的监控设备成摆设的问题。武汉市委常委、政法委书记、综治委主任胡绪鹍做出批示，要求对全武汉市的社区（小区）监控技防设备进行大排查，督促整改，及时维护更新。

昨日上午，武汉市综治办召开会议，决定在全市开展为期两个月专项行动，集中解决这一问题。

市领导承诺让市民放心

3月31日上午，胡绪鹍看过本报报道后，第一时间召集了市政法委、市综治办主要领导，商量部署检查整改行动。

胡绪鹍要求，武汉市综治办就全市小区、社区监控设施进行认真全面检查，督促整改，及时更新，保障监控设施的正常运转，让市民放心。

武汉市政法委副书记、综治委副主任崔正军称，小区监控受到人民群众的普遍好评。对目前存在的问题，应高度重视，组织一次全面检查，采取有力措施巩固成果。

武汉市综治委还专门发文，要求切实加强社区、小区技防设施的维护和管理工作。

监控设施不能形同虚设

昨日上午，武汉市政法委副书记、综治办主任孙天文主持召开各区综治办主任会议，商讨如何加强小区监控设施的维护管理。

就本报报道披露的问题，孙天文说，近几年，武汉市投入上亿元在全市中心城区社区和远城区的重点社区安装了监控摄像头，很大程度上震慑犯罪、预防和减少发案；但在一些自主管理的小区里，电子监控设施在使用中确实存在一些问题，比如监控设备损坏，无人维修保养甚至闲置，致使监控设施形同虚设，小区发案率高。对于这些市民反映强烈的问题，必须高度重视，迅速解决。

全市摸排及时进行整改

在会上，武汉市综治办专门出台多项措施，向"患病"的电子监控设备"宣战"。

首先，在武汉市开展电子监控设备的摸底调查工作。在4月10日前，由武汉市各区综治办组织，街道(乡镇)综治办牵头，公安派出所参与，以社区为单位，对全市建成的社区、小区电子监控设备等逐个进行调查摸底，摸清使用情况，查明问题和原因，并在4月15日前上报给市综治办登记汇总。

其次，政府出资建设的电子监控设备遭损坏的，要落实资金，及时联系维修更换；社会出资建设的电子监控设备，综治、房管、社区要及时督促物业公司、开发商维修更换，保证监控设备的正常运行。

对于无人值守造成设备闲置的，要迅速落实人员，保证24小时有人值班，并建立健全监控值守和交接班制度。

4月下旬，市综治、公安、房管等部门将组织专班，对落实情况督促检查，对问题未解决的，将通报批评。

社区监控系统财政补贴

对社区监控系统，武汉市每年给予不少于4000元的补贴。孙天文透露，这笔钱将用于监控设备的电费、维护费，列入区级财政预算。据了解，各区综治办将会同财政部门定期检查，发现挪用的，要通报批评，责令整改。

在电子监控设备的使用中，时常因操作不当致监控出现故障。此次整改行动将进一步加强操作人员的培训工作，明确管理和使用责任人。

在会上，武汉市综治办还决定，将电子监控设施的管理和维护纳入综治考核目标，所有的社区监控必须完好。对于电子监控设备长期处于瘫痪状态的，要通过媒体曝光，让电子监控真正成为"不眨眼的哨兵"，给市民足够的安全感。

（编者：李欣　2010年4月2日见报）

吴永文批示本报报道

小区电子监控不能形同虚设

本报讯(记者陈世昌　许洋　李力力)本报报道“小区电子监控成摆设”,引起社会广泛关注。昨日,省委常委、政法委书记、公安厅长吴永文专门就此在本报上作出批示:不能让小区电子监控设施形同虚设。

批示说:此问题可摘要印发各级公安机关负责人阅研、思考。应把小区、街道、路口、企业等监控设备资源统一整合、专人监管,发挥作用,不能形同虚设。

武汉市人大代表张桂霞说,电子监控和居民人身安全息息相关,全社会都非常关心。从前期安装到后期维护管理,职能部门应出台具体措施,确保电子监控一个都不瞎。

据悉,根据统一部署,武汉市房产部门将对全市所有小区电子监控设备进行摸底调查,集中进行整改。

武汉住房保障和房屋管理局相关负责人介绍,针对目前电子监控所暴露的问题,市政府将出台新的《物业管理条例》实施细则,首次明确将电子监控设备列为小区配套设施,出现故障后,可动用房屋维修资金维修或更换。

(编者:周保国　2010 年 4 月 3 日见报)

打击号贩子为何这么难

近20名号贩子“把持”着挂号窗口,记者体验发现——

通宵排队也挂不到热门专家号

见习记者许洋　实习生安俊伟

读者投诉:挂专家号真难

近日,家住沌口的龙先生向本报反映:他今年26岁,结婚两年,一直没有小孩,想去同济医院找专家看看。8月20日,他连续4天凌晨赶到该医院,准备挂生殖中心的专家号,却没有挂到。接下来的一周,他拨打医院的预约电话,也没有预约到。最后,只好花了190元从医院的号贩子手中买到了该专家号。

龙先生说:“原价9.5元的专家号,竟然被号贩子炒得那么贵,太让人气愤了!”

号贩子通宵占位子

为什么专家号这么难挂?号贩子到底有多猖狂?昨日凌晨,记者来到同济医院亲身体验。

昨日零时20分,医院门诊大厅里异常安静。挂号窗口下,4名中年妇女围坐在一起。自动扶梯旁边,6名中年男子垫着报纸正在酣睡。

凌晨2时许,4名妇女起身在窗口前面排成一条直线,然后坐下来,那几名男子也拿了报纸坐在她们后面,这些人就是号贩子。

凌晨4时许,前来挂号的病人渐渐多了起来,至凌晨5时,队伍已有130多人。记者排在第7位,而排在前面的10多人大部分是号贩子。

号贩子互相配合来挂号

清晨6时30分,挂号窗口终于打开,记者看到,站在前面的都是彼此认识的号贩子,他们挂完号离开队伍后,又重新插进队伍,继续挂号,如此滚动,10多人一下子就挂了近百个号。保安发现后将一些人揪出去,但那些人很快又插进队伍。记者很快被插队的人挤到第12位。

在窗口旁边，有两名中年男女，排在后面挂不到号的人找到他们，塞给几十元，他们便能安排交钱者插到队伍的前面去。

窗口打开才一分钟，生殖中心的18个专家号就被号贩子挂完了。“怎么这么快就没有了！”记者焦急地说道。一名中年男子凑了过来，他说：“生殖中心的专家号是同济医院最热门的，你再排几个通宵也挂不到，找我买吧，200元一个。”记者没理他，他又去寻找其他买家。

预约挂号台也被“垄断”

在大厅的一侧，还有一个“预约挂号服务台”。上面写着：提前三天可在此预约专家，每天可预约8—13名专家。

然而凌晨1时，服务台上已摆了厚厚一叠病历，记者数了一下，共有14本，但这些病历都是号贩子放的。凌晨4时起，不时有患者拿着病历，想放在该处，一名穿T恤的男子却一直守在该预约台前，叫道：“预约已经满了！谁都不许在这里放病历！”

（编者：张仕武　易敏　2008年9月15日见报）

一个热门专家号,可以卖到200—400元

每月赚6万　号贩子利润惊人

见习记者许洋　实习生安俊伟

前日凌晨1时,在汉口同济医院门诊大厅挂号窗口下,儿名排队的号贩子与记者闲聊起来。

一名穿红衣服的妇女称,生殖中心的专家号是最难挂的,“9.5元的号,我们可以卖200元,最贵的时候卖到400元!”该妇女十分得意地说。

随后,她如数家珍地说出协和医院、省人民医院、中南医院哪些专家号最难挂,哪位教授的号卖得最贵。该妇女称,她在同济医院做号贩子已经一年了,但她只是大号贩子手下养的小工。她说:“一个大号贩子,手下会养6—10名小工,每名小工挂一个号,能得到10元的好处。大号贩子的收入就高了,每天最少收入2000元,一个月可以赚6万多元。”“利润这么高,那你怎么不直接去做大号贩子?”记者问道。该妇女有些失落地说:“你以为每个人都能随便去做吗?每个医院都有固定的大号贩子,他们是有组织的,过来做小工,还要交入行费!”

前日清晨6时30分,挂号窗口打开后,记者发现,窗口旁有一男一女在“指挥”挂号,排在队伍前面的都是他们的人,其他患者想插到前面挂号,就要给他们20元。短短半个小时,两人就向10多名患者收了钱,并将这些人安排到队伍的前面挂号。

上午7时20分,记者离开门诊大厅时,看到一名妇女抱着一名小男孩坐在地上大哭。记者上前询问,她哭着说道,她是广水人,5岁的儿子脖子上长了一个肿瘤,在广水人民医院检查后,怀疑是恶性肿瘤,她便带着儿子来同济医院想找专家确诊,已经连着两天凌晨2时就来排队,却挂不到肿瘤科的专家号,他们已在附近招待所住了2天。“再挂不到号,我的儿子怎么办啊?”该妇女说完又哭了起来。

一名穿着病号服的爹爹说,他今年65岁,在该医院住院。前段时间,老伴想来看肝病,他想帮她挂一个专家号,但连着一周,他每天清晨6时来排队挂号,都没有挂到。“这些号贩子太可恶了,热门的专家号都被他们垄断了,我们普通百姓根本挂不到!”

(编者:张仕武　易敏　2008年9月16日见报)

院方出台多项政策，仍管不了号贩子

医院建议：打击号贩子出组合拳

见习记者许洋　实习生安俊伟

许多城市和农村的重病患者远道来到武汉，却不得不忍痛从号贩子手中高价购买专家号。打击号贩子到底有多难？就没有办法整治他们吗？

昨日，同济医院的相关负责人介绍，该院为打击号贩子，想过很多办法，但效果均不明显。医院是公共服务机构，有人来挂号，就算知道对方是号贩子，保安不能去抓他们，警方也不好处理他们。

该院曾想过撤销挂号处，让专家直接与患者见面，省略掉不必要的预约环节，培训专门的导医服务人员，按照轻重缓急安排患者就诊。但该想法与现有的医疗体制相冲突，未能实施。

而协和医院则介绍，他们曾实行过实名挂号，但因一些病人认为很麻烦，要核实身份证、病历本，而且有的病涉及隐私，病人不愿透露真实身份，所以该办法实行一段时间后也取消了。

省人民医院副院长王高华教授表示，号贩子让医院很头疼！他认为，号贩子出现的根本原因，是优质医疗资源不能满足患者的需求，导致专家号一号难求。另外，不少患者的就医观念出现偏差，小病、常见病也要找知名专家看，增大了专家号的缺口，给号贩子提供了更多生存土壤。

王高华教授介绍，为打击号贩子，医院曾实行过将挂号时间提前、规定挂号数量等办法，同时已经开展电话预约挂号，并与一家服务机构联系，准备推行网络挂号。

记者采访了5家大型医院，各院负责人均表示，整治号贩子不是一家医院采取单一预防措施就能彻底解决的问题，需要社会来综合治理。一名负责人说："既然国家能打击票贩子，为何就不能打击号贩子呢？"他认为，公安机关和卫生主管部门都应加大监管力度，保护广大患者的权益。

本报推出"号贩子"系列报道后，受到广大读者的关注，假如您有什么好的整治号贩子的办法和建议，请您与本报联系，电话：027—88567237

（上午9时—下午6时）。此外，本报和腾讯·大楚网联动，网友可登录网址 http://hb.qq.com/zt/2008/hfz，参与讨论。

（编者：张仕武　易敏　2008年9月17日见报）

解救身陷赌场的湖北人

出国打工被骗入赌场，欠下50万元赌债遭扣留

襄樊一青年老挝发来救命短信

本报讯（记者张皓）“表哥在老挝欠下巨额赌债被人扣留，赌场的人天天电话催钱，不寄钱表哥性命难保……”昨日，襄樊青年徐云急匆匆来到本报救助。

据徐云介绍，表哥小意（化名）此前在襄樊一家砖厂打工，11月22日上午，突然打来电话说他在外地，急需2万元。并告知他一个江苏某银行的账号，徐云连忙凑了2万元汇去。可几天后，表哥又发来短信称，“抓紧时间报警，不然我都没命了……”

他说，他是被一名襄樊老乡骗到老挝来的，先说是过来打工，还报销来回机票，可到老挝后，被引诱到磨丁黄金城赌博，现在欠下50多万元赌债，被赌场的人扣起来了，和他一同被扣的还有10多个湖北人。

接到徐云的求助后，记者迅速与襄樊市公安局110指挥中心联系，该中心工作人员告诉记者，他们已接到徐云的报警，因属涉外事务，已向省公安厅指挥中心报告。

昨日上午，记者陪同徐云来到省公安厅，多方了解，省公安厅已向省政府外事办报告此事。

省外办工作人员介绍，他们接报告后已向中国驻老挝大使馆发出了求助函。记者在求助函上看到，我省另一名男青年李某也因欠赌债被扣老挝。

记者与徐云奔走各部门时，他就接到了两次催债电话。“表哥因受不了非人折磨，曾割腕自杀未遂。”小云说，表哥的父亲在建筑工地打工，母亲在菜市场卖小菜，根本不可能筹那么多的钱赎人。

徐云称，希望我省公安机关联手老挝警方，解救这些被困在异乡的湖北人。

（编者：陈红彬　周保国　2009年12月9日见报）

跨国解救又有新进展
10名身陷老挝赌场人质获救

核心提示：继首批5名身陷老挝赌场的人质获救之后，在湖北、云南警方的努力下，又有10名人质获救，其中8人是我省襄樊、十堰人。

面黄肌瘦伤痕累累　获救人质身心俱乏

"总算是死里逃生，就算被中国的公安关起来，心里也踏实多了！"前日深夜11时，记者在云南省勐腊县公安局，见到从老挝获救的襄樊人质李青，他要了一根烟，长长地舒了一口气。由于被赌场内保打得遍体鳞伤，他难受地躺在椅子上，接受完民警的询问笔录。

记者看到，这里还有另外7名获救人质也在接受民警询问，其中包括一名贵州女子和浙江男子。加上此前两天分别有一名来自我省十堰和襄樊的人质获救，截至目前，自首批5名人质（其中2人是湖北人）获救以来，又有10名人质获救，其中8名是我省襄樊、十堰人。

这些人质个个面黄肌瘦，身上伤痕累累。记者看到，有一民警在做笔录时，拿起来自襄樊的获救人质王伟的身份证，再看看王伟本人，面带疑色地问道："这是你吗？"

此前不久，湖北解救小组民警与勐腊警方一起，将这些获救人质带到餐馆吃了晚饭。一位解救小组民警告诉记者："这些获救人质个个狼吞虎咽，上一盘菜就风卷残云，一扫而光，其中好几个人都吃了四五碗饭。"

因为这些获救人质偷越国境参与赌博，勐腊警方依法给予其行政拘留的处罚。昨日凌晨，这批人质被关进了当地的拘留所。为了固定证据，深挖此案，昨日上午，勐腊警方又为他们的伤情做了法医鉴定。截至记者昨晚发稿，获救人质及案件尚未移交我省解救小组。

据了解，2月16日，我省公安厅率领的解救小组到达昆明后，云南省公安厅派专人接洽，将解救小组带到西双版纳州公安局和勐腊县公安局，协调解救方面的工作。解救小组民警告诉记者，他们无法越境执法，主要是依靠云南公安机关与老挝警方协调。他们来云南的10多天中，陆续接到我省受害者家属的报警，一共报了27个需要解救的湖北籍人质名单，但解救难度相当大，至今只解救出了10个湖北籍人质，还有 17 个湖北人尚处在老挝赌场的拘禁之中。

为了营救儿子　父母卖房卖粮

“我知道父母为了救我卖房卖粮，借了很多钱，我一定努力赚钱还债……”12 月 24 日，获救的襄樊市宜城青年万明告诉记者。

万明说，11 月 24 日，他的一个朋友约他到云南玩一趟，还说飞机票、路费全部报销，到了才知道这是老挝磨丁的赌场。他的朋友认识一名赌场的女子，该女子拿来 10 万元的筹码，又借走其中的几万元筹码输掉了，剩下的筹码都是万明赌输了，他很快被赌场扣押。

万明的老家在宜城市小河镇农村，父母靠种几亩地为生。此前万明的父亲告诉记者，儿子 28 岁，去年结的婚，和妻子本来在武汉开餐厅，生意不好就没做了。

12 月初，儿子突然给家里打电话说，他在老挝欠下赌债，让父母赶紧想办法汇钱来。电话中，儿子被打的惨叫声，让做父母的听得心惊肉跳，又气愤又心疼。

为了筹钱，父母将家里的口粮都卖了，又将一间正屋卖掉，求遍亲朋好友，这才陆续筹到 8 万元，于 12 月 6 日、7 日、13 日分 3 次汇款 1 万、3 万和 4 万元。

12 月 22 日，万父给记者打来电话说，都已经汇了这么多的钱，儿子还没有回来。记者嘱咐他不要再汇钱了，省公安厅已派出解救小组，前往解救他的儿子。

24 日，当儿子打电话告知父亲，他已回武汉的消息后，万父当即给记者打来电话，表达深深的谢意。不过，万父忧心忡忡地说，妻子有高血压，常年生病需要治疗，小女儿还在武汉上大学。“田里的收入一年也就几千元钱，现在欠下这么多的债，日子可怎么过啊。”

身无分文拿命豪赌　两小时输了 10 万元

前日深夜 11 时，被老挝赌场保安打得遍体鳞伤的李青，躺在勐腊县公安局办公室的椅子上，接受完民警的询问笔录。

李青是襄樊市襄城区卧龙镇人，父亲去年因患肺癌去世，家中还有母亲和上初中的女儿。在来老挝之前，他已染上赌瘾，在襄樊玩老虎机时，他将借的五六万元盖新房的钱都输掉了，妻子与他离了婚。

今年 10 月 18 日，听襄樊的朋友说可以为他报销路费，只需带身份证到老挝磨丁赌场，就可以签 10 万元的单玩，这对李青这个嗜赌成性的人来说，无疑是一个致命的诱惑。

“我还记得我是19日晚上到的，20日我就签了10万元的单，从上午8点到10点，两个小时就输光了！”李青告诉记者，最开始他比较保守，赢了5000元，可后来一注就是一两万元，很快就输光了。

当天，李青就被赌场扣押。和他关在一起的一共有50多个中国人质，在与其他被扣人质聊天时他才发现，这个赌场很黑，只要是下注超过1.5万元以上，基本上都是输，即使有赢的赌客，那也是赌场安排的托儿。

因为家里没有一分钱寄，在被扣押的两个月里，李青被打得很惨。饿得面黄肌瘦的他，掀开袖子和裤子，胳膊和小腿都肿得很粗。这些还只是外伤，李青说，因为胸口经常被踢，现在一直隐隐作痛。

“自家债台高筑，身无分文，难道就没有考虑输了钱还不起的后果吗？”

面对记者的疑惑，李青的回答十分干脆：“去赌博都是想赢钱的，哪里还考虑输？”他向记者介绍，这是赌徒的普遍心理，赢了嫌少还想赢，输了后悔想扳本。（注：报道中的当事人均为化名）

（编者：张仕武　胡成　2009年12月9日见报）

所购笔记本电脑频出故障

200湖北用户投诉惠普公司

本报记者张皓　彭一苇

近来,本报不少读者纷纷就惠普笔记本电脑出现故障,投诉全球最大个人电脑供应商美国惠普公司。近两个月来,记者就此事件进行了深入采访调查。

黑屏、烫手、死机、主板频频烧坏

"惠普本来是我比较信赖的笔记本电脑品牌,没想到花钱买回了不断的烦恼。"家住武昌的胡先生说,2007年2月,他花7000多元在洪山广埠屯某科技公司购买了一台惠普 V3162AU 型笔记本电脑。令他意想不到的是,电脑买回来之后,当年11月主板烧毁。第二年12月,电脑出现黑屏。为此他不得不先后更换主板和显示屏。去年11月,主板再次烧毁。这一次,惠普金牌维修服务人员告知,由于已过保修期,再更换主板须交1500元。

"这么贵的笔记本电脑,用了不到两年,就修了这么多次,而且在使用中电脑一直存在机身温度烫手的现象。"胡先生认为,出现这种问题,是因为产品设计上有缺陷,修多少次都解决不了根本问题。

家住汉阳的高淑娟女士也有相同的遭遇。2007年2月,她花8400元购买了一台惠普DV2156TX笔记本,在两年多的时间里,电脑出现频繁死机、机身发热烫手等问题,主板还烧坏了4次。最后一次送去维修时,维修人员以过了保修期为由,索要3000元维修费。高女士认为,明明是产品质量有问题,却还要消费者来买单,这实在是不合理。

约200湖北消费者投诉

记者调查发现,与胡先生和高女士有相同遭遇的人不在少数,出现问题的机型也集中在V3000和DV2000系列上,不少用户反映才使用了几个月,电脑主板就已烧毁数次。

据维权网和3·15消费电子投诉网提供的数据显示,近6个月来,针对惠普这两个系列电脑的投诉集中爆发,投诉案例已达1000多例。

此外，消费者针对惠普问题笔记本自发建立的维权QQ群已有20多个，高女士自己就参加了其中的16个。群友们来自全国各地。

记者在高女士家中看到，上述这些群均已爆满，总人数在2000人以上，其中已知的湖北籍群友大约有200人。

主要问题出在显卡上

惠普笔记本为何会出现上述故障呢？记者采访发现，问题出在显卡上。

据了解，笔记本显卡供应厂商NVIDIA（英伟达）提供的GF8400和GF8600系列显卡存在缺陷，是导致笔记本出现过热、花屏、死机以及主板烧毁等问题的根本原因。

2008年3月，NVIDIA为此发表声明，并计划拿出2亿美元善后，承担由此产生的保修、退货、换货以及其他成本和费用。

此后，有媒体报道称，除惠普外，其他笔记本电脑生产商的多种型号的笔记本电脑都将受到影响。不过因惠普笔记本电脑市场占有率大，卖得多，出现问题的几率也就相对多一些。在过去一年半里，全球估计售出了1800万台配置NVIDIAGF8400和GF8600系列显卡的笔记本电脑，它们都面临较高的显示出错可能性。

对此，记者专程赴京采访了中国惠普有限公司。两位公关负责人接待了记者。她们表示，上述问题主要是因NVIDIA显卡过热所致，受影响的机型包括DV2000/6000/9000以及V3000/6000系列。另外还有一个主要原因是14.1英寸显示屏的问题。

问及惠普在中国销售了多少台上述型号的笔记本电脑，两位负责人表示十分抱歉，具体销售数据属于商业机密，不方便提供。

一些惠普笔记本电脑用户介绍，他们的电脑都反复出现了黑屏、花屏、主板烧毁等相同的严重故障。惠普虽提供了一些免费维修服务，但无法从根本上解决问题。

据了解，如今全国有3500多名用户通过律师提起集体投诉，其中包括上述约200名湖北消费者。

（编者：宋效忠　2010年3月15日见报）

每天周转 2.3 万乘客，多数人在此“犯晕”

阅马场几成“公交百慕大”

本报讯（记者胡勇谋）去年初，武昌阅马场就成了武汉公交线路最为集中、也是最为复杂的地段之一。因在此上、下车要分为前站、中站和后站，很多乘客在此犯迷糊。很多市民戏称此处为“公交百慕大”。

下了长江大桥进入武昌后，在到中南财大校门之前，1500 米路段共设有 3 个公交站，标志均为阅马场站。所不同的是，这三个站名后面依次标有后站、中站、前站来区别。

武汉市公交管理办人士说，设置三个站与此处公交线路过于集中有关。武汉市公交集团人士估算，每天经停阅马场的公汽有 36 条线，在此上、下车的公交客流量约有 2.3 万人次。“不说坐车的人犯晕，就是一些司机也弄不清该到哪个站停，少数司机干脆任停其中一个了事。乘客一旦下错了站，或者是在错误的站牌下等车，得步行很长时间来纠正。”一位老年乘客对记者说。

采访中，很多乘客问，该处公交线路复杂，确有分站必要，但分站已有很长时间了，本地人、外地人都觉不便。有关部门为什么就不能在这个“特殊地带”特事特办，设置几块详细又准确的导乘牌呢？

武汉市公交管理办称，这种想法可以理解。但城市信息更新很快，公交不是主管部门，没有人力、物力去及时获得这些更新后的信息。公交站牌也只能标示最规范的站名。至于转乘信息，那相当于是旅游导乘图，工作量更浩大，只能等到公交线路信息电子化后才能做到。

（编者：王溥　刘钧　2008 年 8 月 25 日见报）

委托企业劝募筹款高额酬劳引发举报

95万募捐款成私营公司劳务费

武汉市红十字会一位负责人称:此次筹资是一种探索

本报讯(记者王小晗)委托私营公司,以"关爱贫困重症学生"名义,募集捐款300余万元,其中约95万元作为劳务费支出。昨日,武汉市红十字会两职工称:该会此举有违法之嫌,伤害了捐助者的感情。

不久前,武汉市红十字会两职工向本报举报:去年该会开展"博爱在江城——关爱贫困重症学生"募捐活动,将这项严肃的公益项目委托给某私人文化公司操作。该公司以红十字会名义募得300余万元。在这笔款项全部纳入武汉红十字基金会专项账户后,其中的31.76%、约95万元被支付给该公司。

记者随后多方调查,证实举报属实。去年4月底,武汉市红十字会与武汉现代经济研究中心签订协议,将"关爱贫困重症学生募捐救助活动"委托其独家代理,根据筹资成绩,将按所筹经费金额比例支付代理工作劳务费。据介绍,武汉现代经济研究中心从事文化出版、活动运作,是一家私营公司。

协议签订后,武汉市红十字会、武汉市教育局联名发文,要求各区红十字会、教育局等部门组织、动员参与活动。

去年5月8日,该会通过媒体发布活动启动消息,吁请社会各界伸出援手,救助重症贫困学生。媒体公布的捐赠账户为武汉市红十字基金会,而捐赠热线号码则属于武汉现代经济研究中心。

去年底,武汉红十字会在其答谢晚会上宣布:共有300多家单位及众多爱心人士参与捐赠,300多万元善款将用于救助武汉111名重症学生。

今年2月,武汉市审计局接到相关举报后,进驻武汉市红十字会调查。7月,该局出具《审计报告》称:武汉市红十字会在上述救助活动中,委托营利性企业劝募筹款,支付的筹资成本及劳务费占筹资款的31.76%,比例过高。

而根据国家相关规定,红十字会提取的行政管理费用比例,应为捐款总额的3%—5%。

对此，武汉市红十字会专职副会长谢江虹对记者称：此次筹资“是一种探索”，在整个过程中，“我们没拿过别人一分钱、没吃过别人一餐饭，是严格按照合同办的”。

据悉，武汉市纪委、监察局此前也已收到同样的举报，目前已介入调查。

（编者：陈红彬　任浩　周保国　2008年11月7日见报）

公安县“红头文件”下达抽烟计划

全县一年计划抽烟23000余条，未完成计划的单位要扣钱

本报讯（记者刘俊华）抽什么烟、抽多少、完不成任务怎么处理……公安县政府竟出台“红头文件”，对这些问题作“明文规定”。

记者上月在该县采访时见到相关“红头文件”。截至昨日，记者向公安县有关方面求证得知，这些文件仍未废止。

4月2日，公安县章田寺乡中学一名老师反映，当日下午3时许，乡政府两名工作人员突然来到学校，径直走进老师办公室，看烟灰缸、翻垃圾篓，找出3个烟头。工作人员对学校负责人称，他们是卷烟市场整顿领导小组的，这3个烟头是外地品牌，违反了乡政府有关公务用烟的管理规定，要罚款。后经交涉，工作人员表示将作通报批评处理。

4月3日，章田寺乡政府办公室主任刘猛称，县卷烟市场整顿工作领导小组4月2日对章田寺乡进行抽查，对几家违规单位提出了警告。他向记者出示了一份乡政府刚下发的“红头文件”，这份名为《章田寺乡2009年乡直单位公务用烟考核管理办法》的文件规定，全乡所有行政、事业单位、服务中心、企业一律实行政府集中采购；管理办公室对用烟数量都有指导计划任务，每月检查完成进度；未完成用烟计划的单位，由财政部门直接折价扣减该单位公用经费；凡公务用烟使用非正规渠道卷烟的，发现一次扣减该单位公用经费1000元。在这份文件后面还附有一份指导性计划表，表中规定全乡各单位的年抽烟任务为400条，其中几所学校的任务为140条。

刘猛说，乡里的文件是根据县里相关文件制定的，并向记者出示了县里的文件。记者发现，两份文件内容颇多相同之处，全县一年计划抽烟23000余条。几名老师称，如按每条烟170元的标准计算，全县的单位一年要抽掉近400万元，才能完成任务。

对此，公安县卷烟市场整顿工作领导小组成员陈念祖解释，公安县每年烟草税收流失很大，出台这个指导性意见，意在引导公务人员为地方经济做贡献。

既然是指导性计划，为何又规定了处罚措施呢？公安县委宣传部负责人称，县里出台文件，当然希望各单位严格遵守，标明扣罚措施可

起到约束作用。该负责人同时强调,“指导性计划”出台以来,政府并未真正实施过扣罚措施。

(编者:宋效忠　2009 年 5 月 3 日见报)

路牌存有歧义,司机易被误导;收费高出一截,路人频呼“上当”

汉蔡高速路牌为何让人“犯迷糊”

本报记者苏永华

多年来,武汉至仙桃、宜昌的车辆,一般走沌口318国道,在“武汉西”收费站上汉宜高速。去年10月19日,(武)汉蔡(甸)高速公路主线通车,司机们又多了一个新选择。

然而,汉蔡高速通车两个多月来,本报不断接到司机投诉,称汉蔡高速公路路牌有误导之嫌,被“引进”这条收费很高的新路,觉得上了当。连日来,针对司机们反映的问题,记者进行了探访。

司机投诉 路牌误导多交冤枉钱

上月底,刘先生开车从武昌到仙桃,打算到“武汉西”收费站上汉宜高速。离白沙洲长江大桥不远时,出现一个新路牌“仙桃、宜昌,请走汉蔡高速”,他没太在意。

临近大桥,又有一块新路牌提示他:走汉蔡高速到仙桃、宜昌。犹豫之下,他还是顺着路牌走了下去,最后上了汉蔡高速,到仙桃下高速时,过路费比以往走汉宜高速多出20元。

多位司机也反映,在出城的很多路口,都提示着“仙桃、宜昌,请走汉蔡高速”,给人“只有这条路可走”的感觉,结果多掏了过路费。

司机王师傅从宜昌回武汉时,在汉宜—汉蔡互通处,顺着路牌“到武汉城区,走汉蔡高速”的提示,结果没到城区,只到了三环线,还多出了20元过路费。

不少网友也抱怨,高速公路行车快,且封闭行驶,全靠路牌指引,被“引进”汉蔡高速后,又发现收费贵出一截,感觉像是有人故意“做笼了”。

实地探访 进出口路牌确有歧义

去年12月29日,记者驱车走上武咸公路,在上白沙洲长江大桥前的500米内,发现两个路牌都标注有“仙桃、宜昌,请走汉蔡高速”。实际上,走青郑高速、汉宜高速同样可到上述两地,如此标志容易产生“错觉”。

在三环线多个主要路口，记者也发现了类似的路牌。一些外地司机投诉，这里让人觉得只有经汉蔡高速才能到仙桃、宜昌，“没得其他的选择”。

从宜昌方向过来，在接近汉宜—汉蔡互通处时先后有三个路牌。第一个为“前方出口，汉蔡高速”，但没有标注距出口有多远。

接下来的第二个路牌，是网友们投诉最多的。直行标注为“上海、北京、珠海”，右行标注为“武汉城区、白沙洲大桥、武汉东西湖、长江大桥、天河机场”。再到路口，左行标注为“山、上海、北京、珠海”，右行为“武汉城区、白沙洲大桥、武汉东西湖、天河机场”。

很多网友说，第一次经过这个路口时，虽然有些犹豫，还是都选择了去“武汉城区”，稀里糊涂就上了汉蔡高速。实际上，汉蔡高速的出口只到三环线汉阳段，跟走汉宜高速上三环的路程、时间都差不多，收费却贵多了。

此外，这两个路牌对前方不远处的汉宜高速“武汉西”收费站只字未提，却写上大老远的上海、北京、珠海和没几个人知道的山，“想不走错都难”。

记者注意到，对5座以下车辆，汉蔡高速收费标准为0.836元/公里，比汉宜高速的0.44元贵了近一倍。正是因为收费高，很多被“引入”汉蔡高速的司机，“上当感”才更强烈。

汉蔡高速　路牌经过审批同意

“设立的这些路牌，都是经过路政、交管部门审批同意的。”前天，在接受记者采访时，汉蔡高速公路有限公司总经理徐超表示，并非公司有意误导。

徐超表示，汉宜高速已存在多年，相关路牌早已设立，新路牌主要是为汉蔡高速设立的。出现投诉，是因一些司机对道路不熟悉引发的，汉蔡高速出口在三环线上，确实很方便到“武汉城区”，没有误导司机。

徐超说，同样到武汉三环线，走汉蔡高速，比经汉宜高速“武汉西”、318国道要近几公里，而且318国道上有17个红灯，走起来费时，走汉蔡高速则要快一些。“归根到底，汉蔡高速收费是要高一些。”徐超说，汉蔡高速是引入社会资本建设的，制定收费标准时，综合了投资额、车流量、回收期多种因素，“不可能跟已运营多年的汉宜高速比。”

高管部门　将对路牌进行调整

昨日，省高管三大队相关负责人介绍，汉蔡高速通车后，因汉宜—

汉蔡互通处指路标志不明，曾引发多起交通事故。几经整改，目前仍处于“磨合期”。

该负责人表示，经数次整改，现在的标志清楚多了，但也有一些不常走汉宜高速的司机，还是在这里“犯迷糊”，“毕竟这是一条新路，还有一个熟悉过程。”

一些司机建议，为避免歧义，出城路上标有汉蔡高速的路牌，也应同时标注同方向的其他出城方式；在汉宜—汉蔡互通处，以“直行汉宜高速公路”、“右行汉蔡高速公路”，代替现在的复杂标志。

省高管三大队人士表示，汉蔡高速开通时间不长，路牌如何标识得更好，交管部门也在探索之中，将认真对待司机们的建议，适时进行调整。

（编者：王溥　周保国　2009 年 1 月 1 日见报）

61℃高温烘烤万里长江第一隧

酷暑之下超负荷运转，车辆抛锚数量成倍增长
本报记者昨日三度进入隧道直击

本报讯（首席记者钟楠　记者王进良　梅军）谁都不会想到，在火炉江城中，气温最高的公共场所竟然在长江水面50多米之下的万里长江第一隧内。在交通拥堵、车辆抛锚引发车辆滞留时，隧道内温度时常攀升至60℃以上，形同烤箱。

据了解，武汉长江隧道设计日流量为6万辆，去年12月28日通车，由于实行“单双号”管制，日均车流量为3.8万辆左右；今年4月1日，取消单双号限制后，通行量逐步攀升；本月6日，白沙洲大桥桥面封闭大修，当日车流量突破隧道设计的6万辆大关，达6.3万多辆。本月10日，长江隧道创造了通车后最高通车记录——68258辆。

本月，高温与高通行流量的双峰叠加，使得长江隧道承受了巨大的考验，车辆抛锚数量成倍增加。4月以前，隧道内每月车辆抛锚数仅几台至十多台而已，5月达60台，6月达96台。而本月截至18日，在长江隧道内发生抛锚的车辆已达173台之多，仅本月10日一天，隧道内就发生了23起抛锚。

每一次抛锚都会引发交通滞留和拥堵，车辆排放的废气在狭小的空间内聚集，加上车载空调排放热量，使得隧道内局部温度不断升高，高峰时气温竟达60℃以上。有执勤交警因长时间吸入废气，加上高温烘烤，一度出现呕吐、头晕、胸闷症状。为防止出现意外，车辆牵引救援工作人员在现场经常劝说故障车辆上的老幼乘客，搭乘救援车辆先行离开现场。

昨日，本报记者三度随交警和隧道工作人员进入长江隧道内，直击现场牵引抛锚车辆和交通疏导。根据实地测量，上午9时、中午12时、下午3时，隧道内最高温度分别达49℃、61℃和53℃，均高出同期隧道外气温10℃以上。

武汉长江隧道建设公司相关负责人表示，本月以来的超负荷运转使得隧道承受了巨大的通行压力，为了降低隧道内气温和一氧化碳浓度，除开启射流风机外，当隧道内一氧化碳达到一定浓度时，会同步开

启轴流风机，加强通风、排气功能。

长江隧道施工方中隧集团武汉长江隧道建设总指挥万姜林称，隧道设计的最大通行能力已被突破，导致隧道局部地方“消化不良”，车辆在低速、堵车时尾气排放非常大，隧道难以承受。此外，隧道通风系统尚未调试完毕，也对隧道运行产生一定影响。在风机全部开启的情况下，如果隧道某些地方密封不够好，排风效果会打折扣，这些地方一氧化碳浓度会偏高。今后在调试时会对这些地方加以完善。

（编者：韦忠南　卢齐平　宋效忠　2009 年 7 月 21 日见报）

耗资千万的社区卫生中心　刚建好就面临被拆

本报讯(记者向清顺　见习记者满达　实习生朱佳琪)耗资近千万的社区卫生服务中心，尚未通过项目验收，就被规划部门划入红线范围，面临被拆除。昨日，汉口万松园小区的居民们接受采访时，连称“可惜了”。

万松街社区卫生服务中心(北区)，位于江汉区万松园小区第60栋居民楼1—2层，共计1108平方米。去年，由江汉区卫生局投资近600万元购入，当年6月动工改造，今年初竣工，目前仍未通过有关部门验收。今年3月，部分科室已从街对面25栋的南区陆续搬入北区一楼。按计划，二楼用作住院部，目前病床等设备已安装完毕，但尚未投入使用。

然而，本月初，武汉市国土资源和规划局的一纸公示，打乱了所有的计划：江汉区雪松路和劲松巷交叉路口的西北片，被划入红线范围。万松园小区第60栋，正好位于规划用地的红线范围，如果公示方案获得通过，刚刚建好的卫生服务中心将面临被拆除。

记者在武汉市国土资源和规划局提供的图纸上看到，该片规划用地面积8303平方米，用地单位是江汉区土地整理储备事务中心，为商业金融业用地。规划部门拟核发《建设用地规划许可证》，7月16日，该局正式对土地储备规划要点进行批前公示。

据万松街社区卫生服务中心负责人介绍，该中心是由中央国债和地方财政配套投资建设，加上装修、配套设备购置等，总共花费近1000万元。目前，该中心已向规划部门提交报告，恳请不要将该小区60栋列入红线范围。

万松园小区多名住户认为，社区卫生中心方便周围数万居民就医，才建起来就又要拆，实在太可惜。

23日下午，武汉市国土资源和规划局信息中心工作人员表示，26日公示到期后，将正式确定该片地是否纳入规划用地。

昨日，江汉区土地整理储备事务中心工作人员表示，他们会按照节约合理的原则，进行土地的规划和使用，但万松园小区第60栋楼是否会被拆除，“目前尚不知情”。

(编者：周保国　2010年7月25日见报)

多位读者质疑温泉真伪，本报记者多次暗访

嘉沦河，热气蒸腾中的疑问

本报记者陈建刚　陈勇　刘中灿

如今，冬天泡温泉已经成为了一种健康、时尚的休闲方式，和三五知己一起泡在暖意十足的温泉里，肯定是件非常享受的事。但是，近日本报不断接到多起投诉，多位读者质疑孝感的嘉沦河温泉并非真正的温泉。记者就此进行了多次暗访，并走访有关部门和权威专家，试图找出答案。

记者实地暗访　温泉一旁是锅炉房

12 月 8 日傍晚，记者前往孝感市孝南区嘉沦河温泉，此处紧邻武汉市东西湖区。温泉大厅内有温泉布局示意图，并悬挂有简介，大致内容为：本公司为非火山型温泉，温泉休闲区占地 1750 亩，拥有 118 个特色温泉池，日出水量 2 万立方米，泉水富含硫、钙、镁、钾等多种矿物质……

记者在温泉前台一边买门票，一边与工作人员聊了起来。一位姓付的经理介绍，他们这里是天然温泉，当时花了 1.5 亿元打了两口温泉井，入地一千多米深，抽出来的温泉水达 65℃以上，需要加兑冷水，降温至 40℃左右时才能给客人使用。

记者在游泳池附近，听到一阵阵机器轰鸣的声音。循着声音走去，出了休闲区的侧门，在夜幕下能看到远处高高耸起的烟囱。沿着果园的小道看去，一座大型锅炉房映入眼帘。推开半掩的小门，里面是一间约 200 平方米的锅炉房，锅炉房的另一侧有堆积成小山一样的煤炭，一位小伙子正推着装卸车往返锅炉与煤堆之间。我们招手喊来烧锅炉的小伙子，向他打听牛奶浴池怎么走。小伙子说，你们走错了路，这是锅炉房。我们问道："难道泡的温泉水是你们烧的热水么？"小伙子一笑，说道："抽上来的温泉水温度不够，需要烧锅炉加热。"

记者在锅炉房的门外发现，约 200 毫米的水管从锅炉房延伸向温泉休闲区，用手一摸，能明显感觉到热度。

嘉沧河公司回答　我们打了七八口温泉井

记者于12月10日再次前往当地调查，这天正值嘉沧河温泉开业两周年。在收银台的墙上，一块奖牌十分显眼，上书：嘉沧河湿地温泉荣获“2006年湖北省市场畅销品牌”称号，落款是“湖北省××局2007年元月”。也就是说，“嘉沧河温泉”开业仅20天后，就荣获了这一荣誉称号。

湖北嘉沧河温泉度假村娱乐有限公司匡经理代表公司出面接待记者。面对质疑，匡经理的说法与前面那位“付经理”的介绍有所不同。但他坚持认为“嘉沧河温泉”是真正的温泉，他说：“我们打了七八口100多米深的温泉井，我认为地下水的温度只要高于地表水温度5℃就是温泉！”

在记者的要求下，匡经理带领记者进入温泉休闲区察看。在锅炉房后面有一个井口直径约2米的水井，抽上来的地下水经一台开放式的设备分离杂质，记者伸手一摸，流水是凉的。然后地下水流入一个露天蓄水池沉淀，池中的水经过锅炉加热后送往休闲区温泉池内。

据了解，要开采温泉等地热资源，必须要到国土资源管理部门办证，进行有序开采，避免污染环境。记者提出是否能查看一下相关证照，匡经理表示：公司所有证照全部齐全。当日下午，匡经理将部分证照传真给记者，其中并没有地热资源开采批准文件。

相关权威部门　地热并不等于温泉

什么是温泉？根据国土资源部颁布的《地热资源地质勘查规范》(国标)，在特定地质环境下，泉口温度大于或等于25℃的地下热水的天然露头叫温泉。

湖北省地质环境总站的专家解释，地球内部蕴藏着大量的热能，地球内部结构每一层的温度都不相同。从地表以下平均每下降100米，温度就升高3℃，在地热异常区，温度随深度增加得更快。“也就是说，任何地方都有地热，但不是什么地方都有温泉。温泉是地热的一种，泉口温度超过25℃、自然流出地表是温泉构成的两个必要条件。”“嘉沧河温泉”到底是不是温泉？有没有办理相关批准手续？省国土资源厅矿管处一名负责人明确告诉记者，全省有18家单位办理了开采地热资源审批手续，而“嘉沧河温泉”不在其中。

孝感市孝南区国土资源局执法局杨局长介绍：早在2007年，就有群众反映“嘉沧河温泉”的问题，省、市、区三级执法人员前往“嘉沧河温泉”调查，得出的结论是，“嘉沧河温泉”抽取的浅层地下水，水温没有超过20℃，没有涉及开采地热资源，所以不属于地矿资源执法的范围。

孝南区国土资源局矿管中心工作人员表示，没有给“嘉沦河温泉”办理地热资源开采证。

省工商局、省消委：若冒充温泉涉嫌虚假宣传

昨日，记者向省工商局和省消费者委员会通报了消费者对“嘉沦河温泉”的投诉。

省工商局商广处负责人表示，如果不是温泉而以温泉名义揽客，此举涉嫌发布欺诈性虚假广告，欺骗和误导消费者，是一种违法行为。工商部门会进一步关注此事。

省消费者委员会相关负责人表示，“嘉沦河温泉”如不属温泉，而自我宣传为温泉，其行为涉嫌虚假宣传，剥夺了消费者的知情权，希望当事方尽早纠错，取消相关的不实和误导消费者的各种媒介宣传。

（编者：张仕武　沈伟　2008年12月12日见报）

咸宁崇阳数十名大人小孩铅中毒

与当地蓄电池厂有关 职能部门令其停业整顿

本报记者刘毅 舒均 实习生吕平

昨日,咸宁市崇阳县青山镇工业园区石垅村的村民向本报反映,称该村附近的湖北吉通蓄电池有限公司职工及其子女,最近多人查出铅中毒,入住武汉市职业病防治院治疗。

导致中毒的罪魁祸首到底是什么?本报记者兵分两路,对此展开调查。

多人血铅超标转到武汉治疗

昨日,记者来到武汉市职业病防治院。崇阳县青山镇工业园区石垅村5岁的远远(化名),小手上正扎着输液的吊针。“半个月来,儿子几乎每天都要打上1瓶药水,小手的血管都肿了起来。医生说他体内有210微克/升(儿童血铅含量在100微克/升之下相对安全)的血铅值。”远远的父亲、40岁的廖立素说,他一家之中,13岁女儿的血铅值也在100微克/升以上,因病情较轻,在家吃药治疗,而他自己体内的血铅值达590微克/升(成人正常不能超过400微克/升),所以也不得不从崇阳赶到武汉接受治疗。

在这家医院里,崇阳籍2岁的双胞胎兄弟健健、涛涛也是血铅超标患者。两人的父亲甘天胜说,他与廖立素同村,在前不久的检查中,他的双胞胎儿子血铅值分别被查出为240微克/升、321微克/升,已经达到了铅中毒的标准,而他自己的血铅值则超标达689微克/升。

在该院治疗的血铅值超标的儿童中,还有4名2—5岁的儿童也来自崇阳青山镇工业园区。

此外,包括甘天胜和廖立素在内,当地共有11名左右的成人,因体内的血铅值超标,来汉住院观察或治疗。

与居民区相隔10米的电池厂

位于崇阳县青山镇工业园区石垅村的湖北吉通蓄电池有限公司,占地面积20000平方米,是一家主要以生产汽车电池、摩托车电池、电动三轮车(管型)电池、UPS电池等为主的工厂。

甘天胜告诉记者,这家工厂的院墙与他所住的房子,相隔不到10米。

昨日中午,本报另一路记者赶到该工厂。门卫说,厂里已停产近20天,工人和管理人员都不在厂里,工人们都去看病去了,主要是体内血铅值超标。记者索要该公司负责人联系方式,门卫不予提供。

而据石垅村村民介绍,去年4月底,蓄电池厂一名工人自己到武汉做检查发现,其血液中铅含量超标。5月初,该厂另一名工人到武汉自行检查也发现,血液铅含量超出正常。生活在蓄电池厂附近的居民闻讯后,有30多名大人带着小孩到武汉检测,结果部分孩子血液中铅含量很高。

蓄电池厂工人王均(化名)证实了村民们的说法。他介绍,该公司2004年到工业园建厂,厂里有13名员工。“以前工人并未觉得做蓄电池会得病,直到最近有人查出血铅,才引起警惕”。

王均说,2008年开始,他本人就时常觉得头昏,肚子会莫名的痛,但没有和自己的工作联系起来,总是忍一忍就过去了。谁知5月份到医院检查才发现,自己、儿子和老父亲的血铅含量均已超标。

记者在王均的化验报告上看到,其血铅含量达到639微克/升,超过正常的400微克/升,其儿子的血铅含量也在高血铅症范围内。“老父亲的血铅含量比我还高”,王均说,如今厂里的工人血铅几乎都超标。

昨日,记者在湖北吉通蓄电池有限公司及周边走访调查了解到,截至目前,该地检查出来的血铅值超标者达30多人。

蓄电池厂疑成祸首已被停产

居民出现较为集中的血铅值超标,问题出在哪里?昨日,武汉市职业病防治院有关专家称,这多与居民们生活的环境有关。

当地村民尹师傅表示,平时蓄电池厂的烟囱就向外排废气,自家门前常落满厚厚的灰尘,他觉得可能是铅粉,于是向厂里反映,但并未得到答复。村民们怀疑,蓄电池公司排放废气,可能与铅中毒事件相关。

村民们还认为,蓄电池公司的选址,近的离居民区仅10米,与我国铅酸电池厂距离居民区800米的防护距离标准有悖。

石垅村村干部介绍,5月中旬,崇阳县疾病预防控制中心先后两次到村里,为200多名村民和儿童做了检查,其中多数大人没大碍,但16名儿童血铅含量超标,其中8人被送到武汉治疗,其余的则在家中吃药治疗。

青山工业园管委会廖姓主任表示,蓄电池公司出了厂内职工和周边居民血铅超标的事情后，已被停业整改。

崇阳县环保局负责人解释，2004 年，蓄电池公司建厂时通过了环保测评，近期该厂的工人不按规程操作，与铅接触后，检查出来体内血铅超标。为此，他们要求该厂停业整顿。

对于周边居民出现的血铅超标是否与蓄电池公司的排铅有关，该负责人则予以否认。

链接

排铅毒

铅是已知毒性最大、累积性极强的重金属之一，长期蓄积于人体，严重危害神经、造血系统及消化系统，对儿童的智力和身体发育影响尤其严重。

铅中毒患者要在医生指导下服用药物。而对于生活在城市里的人来说，每天呼吸汽车尾气，时间长了也会吸一些铅毒。专家建议平时多吃一些富含蛋白质的食物，比如牛奶、鸡蛋、牛肉、豆制品等。此外，茶叶含鞣酸等物质，能与体内的铅结合成可溶性物质，并随尿液排出体外；大蒜有化解铅毒的作用。

（编者：李欣　2010 年 6 月 11 日见报）

守望社会

第五辑

经济视点

首次必须购进3万元的烟花爆竹，卖不完再打7折回收——

武汉禁改限“搭上”霸王条款

经营户愤然:明摆着是仗着独家批发的势头压人嘛

（记者叶宁　实习生周游　李贺）自前日起，武汉市供销合作社下属的烟花爆竹专营有限公司在武昌、洪山、青山等区，开始与摇号产生的持证经营户，签订烟花爆竹配送与回收协议。

因该公司要求经营户首次必须购进3万元的货，并称若没卖完再按原价70%回收，激起部分经营户的反感。

记者了解到，该公司是此次武汉城区禁改限唯一指定的烟花爆竹批发企业。有律师指出，这是典型的霸王条款。

昨日上午，青山一位经营户告诉记者，前日他与烟花爆竹专营有限公司签订协议时，公司口头要求他首次必须购进3万元烟花爆竹，一次性缴纳费用。公司拟定的协议中又规定：如果卖不完，3月5日至15日再按批发价的70%回收。他愤然地说：明摆着是仗着独家批发的势头压人嘛。

洪山一家经营户也有着同样的遭遇。他说，谁也不能保证3万元的货都能卖光。如果卖不完，再按70%的价格“还”给批发商，岂不是坐地赔钱。

“我做了十几年生意，第一次遇上这样先强行批发然后再低价回购的事情。可它是垄断经营，没办法啊。”无奈之下，武昌丁先生也签了这份协议。

还有一些经营户称，这样一来，销售烟花爆竹的风险成本就提高了。一旦有人无证低价售鞭，持证经营户肯定赔本。早知这样，还不如从地下渠道进货偷偷卖，多少还能赚一点。

昨日下午5时，记者联系了武汉市烟花爆竹禁改限办公室。一位工作人员表示，他不便对此发表看法，将及时向领导反映。

记者又多次与烟花爆竹专营有限公司联系，一位值班人员表示，无法回答此事，也不肯提供公司负责人的手机号。

共合律师事务所徐向平称，烟花爆竹专营有限公司的要求及所拟定的协议，侵害了经营户的权益，是典型的霸王条款。

（编者：刘鹏　2007 年 1 月 24 日见报）

一栋楼分三批卖，开盘一次涨一次

江城楼市“捂盘”花样迭出

本报讯（记者苏永华）“同一栋楼竟分三次推出，每次房价都要涨好几百。”两天前，读者王女士向记者反映，一些开发商变相捂盘，市民眼睁睁看着房价往上涨。

位于汉口的这栋楼只有200多套房子，本月初刚开盘时，均价5400元/平方米，王女士本想买一套靠南的房子。但销售人员说，她要的房型不在此次开盘之列。

前几天，当该楼盘“加推”同一栋楼的房子时，已经涨到了6200元/平方米。不过，销售小姐又告诉王女士，她要的那套房子在另一个单元，下个月才能开盘。王女士打听到，估计到时房价会超过7000元/平方米。“我们是在规定时间内开盘的，绝不是捂盘”，该楼盘销售经理对记者解释，一栋楼里每个单元的户型和朝向都不同，价格自然也不同，分批销售比较方便。对“开盘一次涨一次”的说法，这位销售经理表示，这早已是业内皆知的“潜规则”，好朝向、好户型的房子一般都会留到最后卖，价格肯定要卖得高些。

还有一些购房人反映，楼市持续火爆，房子“捂”得越久，就意味着价格会越高，想方设法控制销售的节奏和数量，已成为开发商们心照不宣的秘密。延长销售周期的花样，除对同一批房源分批预售外，还有放缓工程进度以推迟上市；以高价开盘，吓退购房者等等……

武汉市开发办人士表示，按规定楼盘取得预售许可证后在10天内必须开盘销售，但在对楼盘何时办理预售许可证、销售进度如何控制等方面，尚无硬性监管措施。今后对此将予重点监管。

一些购房人指出，开发商的“捂盘”行为带给购房者房价还将持续上涨的心理暗示，导致购房者的心理恐慌。有关部门不能等闲视之，应出台相应的监管办法。

链接

上海对“捂盘”者不留情

日前，上海市房屋土地资源管理局、建设交通委员会等10部门联合下发通知明确，炒号、人为组织排队、内部订购，或开发企业无正当理由拒不开盘、拒绝对外销售的，或以畸高价格挂牌，并在一年内销售率不到5%的，将被认定为捂盘惜售、囤积房源的不良行为。有关部门可按整治规定，给予当事开发企业降级或取消资质的处理。（据新华社8月24日电）

（编者：张仕武　杨向明　2007年8月30日见报）

一年多前，被列为"武汉市十大违法用地"受查处，但仍照常经营；
不久前的一场大雪将顶棚压垮近一半——

罚不倒的钢材市场，被积雪压垮

本报讯（记者姬栋）不久前，一场大雪灾不期而至，积雪将江岸区先锋村超凡钢材市场顶棚压垮一大半，众商户损失惨重。连日来，记者多方调查发现，早在2006年，该市场就被列为"武汉市十大违法用地"受查处，偌大的市场也是违章建筑。

超凡钢材市场位于江岸区先锋村，占地2万多平方米。记者在调查中发现，早在2006年，该市场就因用地手续没有获批，即被列为"武汉市十大违法用地"，受到武汉市城市规划国土资源局查处并曝光。

超凡钢材市场法人代表刘建君承认，市场在建设和经营过程中，的确存在诸多违法、违规之处。

一个如此庞大的违建市场，为何在被曝光、查处一年多后，依然能继续经营、险些酿成重大伤亡事故，并导致众商户损失惨重？

武汉市城市规划国土资源局规划土地监察大队工作人员表示，对该市场的执法是按程序进行的，目前已向武汉市中级人民法院申请强制执行。

具体负责执行的新洲区法院工作人员表示，该案正在按正常程序处理。

（编者：张仕武　周保国　2009年2月29日见报）

大雪压垮钢材市场，也牵出一个疑问——

查处后，违建市场缘何继续经营？

记者姬栋　实习生杨绪芳

被大雪压塌的钢材市场，原来在2006年就因违法用地被查处曝光，记者在采访时，相关执法部门都称执法到位，事实似乎也的确如此。但问题也随之而来，既然执法到位，这个违法市场为何堂而皇之地继续经营了一年多，如果不是因为大雪，不知它还能继续存在多久，这背后的原因引人深思。

大棚倒塌引发市场“身份”之问

一场50年不遇的雪灾，让2万多平方米的超凡钢材市场大棚垮塌了一大半。

超凡钢材市场位于江岸区谌家矶先锋村。2月26日，钢材销售商李小峰（化名）望着垮塌的仓库摊位，一脸愁容。摊位顶棚垮了，铁皮和钢筋支架砸在笨重的加工机械上，至今现场还未清理完，一百多万的投资还没有来得及产生效益，便先遭此沉重一击。受灾的不止李小峰一家公司，记者在现场粗略计算，有30多个仓库摊位垮塌，关于赔偿，受灾的钢材销售商们仍在和武汉超凡钢材市场管理有限责任公司协商。

赔偿问题尚未解决，更大的问号冒了出来，“我们承认，这次的雪灾是客观原因，但是，全钢质结构的仓库，为何如此不堪一击？”一名钢构工程师出身的销售商带着记者查看断裂的底桩，不止是角钢焊接的底桩焊口裂开，多处顶棚支架的焊口断裂得更严重，“市场大棚有没有经正规设计院设计？是不是有资质的建筑公司负责施工？如果是，这点雪压在上面根本垮不了！”“我们要求市场管理方提供施工过程中的所有手续，如果有正规施工手续，我们认了！一分钱不让他们赔。”由于不满市场管理方在协商赔偿时的态度，受灾的商户们逐渐转移了视线，“签合同前，我们已听说过超凡市场违法用地的事，但他们说，已经处理好了，没问题，现在我们要一个答复，到底有没有问题？”

钢材市场原是违法用地

记者随后了解到,2万多平方米的超凡市场,早在2006年11月,便作为当年该市十大违法用地违章建筑被曝光,投资方武汉新荣超凡物流公司也被一并曝光。

武汉超凡钢材市场管理有限责任公司法人代表刘建君解释,新荣超凡物流公司同样是他的公司,当年,新荣超凡与先锋村以股份合作的方式共同开发超凡钢材市场,土地的申报手续由先锋村负责办理,到被查处时,市场已基本建设成形,但用地手续仍未获批。

刘建君承认,的确没有按正规程序来建设市场。他深深地叹了一口气,"用地手续没有办下来,没有土地证,建设时就没法按正规程序来。"

没有土地证,就办不了房产证,那么,超凡钢材市场的工商营业执照为何能在2007年9月办理下来?对此,江岸区工商分局注册登记直属局工作人员解释,按照《公司法》规定,超凡只要提供了公司办公地的房产证、租赁协议等合法材料,工商部门就须按规定为其办证,而超凡所管理的钢材市场是否合法,则不在他们的审查范围之内,因此,为其办理工商营业执照是符合程序的。

为何要继续经营,市场方称有苦衷——

受罚又受灾,实在损失不起

为什么在2006年年底即被处罚曝光的超凡市场,到2008年1月仍然能继续经营?李小峰等钢材销售商,即是在2007年10月进驻该市场的。

对于这一问题,先锋村村委会主任詹学厚反复强调,市场方面已被罚了100多万,损失很大,这次雪灾,给市场造成的损失更惨重,希望从灾情的角度考虑,不要再追问其他问题,并表示,用地手续正在申办中。

有关部门的处罚,加之这次的雪灾,对刘建君的打击显然要沉重得多,26日,记者辗转找到刘建君时,他正独自坐在江岸区新马路的一家诊所里打吊瓶,这个40多岁的男人已哽咽着说:"这次的事情对我的教训太大了,跟商户们处理好赔偿的事后,我真得好好想一想了,以后肯定是做不下去了。"

至于为什么要继续经营,他说:"其实,早在被查处之前,我们市场已建得差不多了,招进了20多家钢材商,钢材和所有的投资加起来,都已经上亿了,前期投入太大,实在损失不起啊。""国土局的罚款,加起来有160万,我们和先锋村都在凑钱交,仅仅我们公司已经交了六七十万。"

为何能继续经营？相关部门解释——

执法程序正在进行

受到查处为何能继续经营？对于超凡市场的处罚和执法是否都已到位？

武汉市规划土地监察大队一位姓但的科长介绍，2006年8月前后，在多部门联合组织的查处土地违法违规专项行动中，超凡钢材市场因违法用地被查处。

2007年2月8日，国土资源局下达了“武土执罚字2007第1011号”文，对超凡市场做出以下处罚决定：退还违法占用的土地；没收在非法用地上新建建筑物和其他设施；按每平方米20元的标准处以罚款。在规定期限内，超凡既未提出行政复议，也未向法院起诉。

2007年7月10日，监察大队将案件移送给武汉中级人民法院，申请强制执行。据了解，武汉中院指定新洲区法院强制执行。但科长认为，监察大队职能范围内的所有执法程序都已到位。至于该市场为何在被查处后仍继续经营，就不是他们所能管的了。

记者联系到新洲区人民法院一位负责人，他表示，关于该案的具体情况他并不清楚，一般来说，行政案件强制执行较为复杂，需要与各方协调，从时间上判断，该案应该正在处理过程中。“我唯一庆幸的是，这次倒塌没有伤到人，这是我觉得对得住自己良心的地方。”也许，这也是刘建君唯一能安慰自己的。

（编者：张仕武　谢礼逵　2008年2月29日见报）

452元公路规费滞纳金，经中介代缴后，征稽部门仅收了91元

“一站式服务联盟”缴走了谁的钱

李报讯（记者刘毅　舒均　实习生汪琦　刘璐）车主欠缴8个月养路费产生的452元滞纳金，经“武汉汽车一站式服务联盟汉网店”代缴，公路规费征稽部门最终只收了91元。中间的差价为何如此之大？连日来，记者对此进行了跟踪调查。

汉口的易先生近日向本报反映：8月12日，他接到一个陌生电话，对方称，易先生的富康车欠缴8个月养路费，共产生了452元滞纳金。若他同意委托“武汉汽车一站式服务联盟汉网店”代缴，滞纳金可享受约6折优惠，即仅需缴280元。易先生以为是骗局，便与本报记者联系。

8月13日，记者陪同易先生来到位于汉口长江日报路的“武汉汽车一站式服务联盟汉网店”。该店工作人员称，他们经有关部门授权，可帮车主代缴相关费用，如由他们代缴滞纳金，可享受6折优惠。公司客服人员是在网上查到易先生的车辆欠费信息和个人信息后，给易先生打的电话。

在签订了代理协议、填写减免滞纳金的申请后，易先生缴纳了所欠养路费、280元滞纳金以及18元服务费，工作人员为其开具了收据，并称代为缴纳后，再通知其来领取正式发票。

记者随后来到武汉市公路规费征稽处，经电脑查询：今年1—8月，易先生尚欠养路费840元，共需缴滞纳金452元，当天的车辆状态为欠费。

26日，易先生从汉网店拿到缴费发票，令他吃惊的是，上面显示所缴滞纳金为91元，发票签发单位为“武汉市公路规费征稽处江北征收中心”。记者随后查询公路规费征稽部门电脑发现：易先生所欠的养路费已全额缴纳，滞纳金只缴了91元。车辆状态显示为“不欠费”。

明明缴了280元，为何仅有91元上缴给了征稽部门？还有189元哪去了呢？易先生百思不得其解。

记者前日再次到汉网店，该店员工解释称，办理相关业务要通过“非正常渠道”，“有一定费用”。

（编者：王溥　周保国　2008年8月28日见报）

凌晨遭工商查封 天亮厂房就搬空

本报讯（记者谈海亮 特约记者钟言）昨日凌晨，仙桃市工商执法人员接群众举报，查封一家涉嫌生产假冒“长城”牌系列润滑油的工厂。可出乎执法人员意外的是，天亮后，该工厂内的大量成品润滑油和设备已被迅速转移。

近日，有市民向省工商局举报称，位于仙桃市丝宝路2号的一间近千平方米厂房内，大量生产和输出“长城”牌润滑油，疑似造假窝点。

仙桃市工商局公平交易分局接转该线索后高度重视，派人员前往摸底，前晚9时许，该局组织21名执法人员，赶在该厂正准备往外转运货物时前往查处。执法过程中，厂内工人一度试图拉下卷闸门，阻挠执法人员执法。

记者随执法人员进入厂房内时，现场工人正在灌装润滑油，执法人员看到，该生产点共有31个品种的“长城”牌系列润滑油，4个高约2米的油罐，数百件已灌装好的桶装、壶装润滑油，并有数万个贴有标签的塑料壶、包装纸箱，1条电脑控制的灌装线。该生产点负责人始终没有露面，厂房内人员也无法提供相关的工商营业执照。

执法人员初步估算，现场共有油品37.4吨，价值约30万元。由于货品太多，取证工作一直持续到昨日凌晨4时许。

因该生产点涉嫌生产、销售侵犯“长城”注册商标专用权润滑油，执法人员随后下达了扣留（封存）财物通知书，现场封存了涉嫌侵权货品，通知书上明确注明：上述财物，未经本局同意，不得隐匿、销毁或转移。上述手续办完后，工商执法人员这才离开现场。

可令人意外的是，昨日下午1时许，当记者再度赶往该生产点时，发现厂房内凌晨被查封的成品润滑油和大部分生产设备，已不见踪影。现场只有堆积如山的空包装壶、桶和纸箱。面对记者的询问，厂房后两个宿舍的10个员工一概表示“不知道”。

被查封的货品，为何不翼而飞？该市工商局公平交易分局局长罗会堂表示，由于该案正在处理中，生产点生产的是否为假冒“长城”牌润滑油、厂方是否为无证经营，需调查后才能下结论。在此之前，按相关法律规定，工商部门无法进一步采取措施，保管涉嫌假冒货品的责任在当事人。擅自转移已被查封的货品，属明显的故意违法行为。

罗会堂表示,因当事人的制假行为尚未定性,不能强制扣押货品,工商部门也没有限制当事人人身自由的权力,制假嫌疑人赶在调查结论出来前转移或销毁证据,这一法律盲区亟待立法解决。

如何继续调查这起涉嫌制假案?罗会堂表示,执法过程已全程录像并取样,涉案财物也有记录,办案不会受到影响。

他表示,无论最后是否定性为制假或无证经营,当事人擅自转移涉嫌财物的行为都将受到处罚,工商部门还将追查涉案润滑油的流向。

(编者:周保国　2010 年 3 月 14 日见报)

才买27天的朗逸轿车　发动机突然破了个洞

厂家不愿换车或退车，车主将其告上法庭

本报讯（首席机动记者陈世昌）刚买27天的上海大众朗逸轿车，在行驶到1512公里时，车头突然剧烈抖动，车速陡降。昨日，车主曾先生告诉记者，由于生产厂家上海大众不愿换车或退车，他已将其告上法庭。

车主曾先生是中国地质大学教授。他介绍，他于今年3月1日在武汉恒信楚雄汽车销售服务有限公司购买了一辆上海大众朗逸轿车。3月27日，他驾车从湖南常德返回武汉。没想到的是，在行至距湖北公安县荆东高速4公里处时，汽车发动机发出轻微异响，紧接着发出巨大噪音。更为可怕的是，车头突然剧烈抖动，发动机转速迅速下降。

曾先生说，惊恐中他急踩刹车，并关闭了发动机。直到车停稳在路边，他才松了一口气。后来，他发现引擎盖内布满机油，底盖上散落了大量金属碎片。仔细查看，原来是发动机前侧破了一个洞，有异物凸了出来。

据曾先生介绍，3月28日凌晨，这辆新车被拖回武汉。上海大众武汉长江销售服务有限公司检查发现：发动机第二活塞破裂后，在高速运转中，将发动机外壁击穿。

记者在上海大众武汉长江销售有限公司看到，这辆朗逸小车的发动机一侧出现一个小拇指大小的洞，周围散落着一些发动机的碎片。

一位专业技术人员分析，发动机在高速运转中突然出现故障，将会危及车内人员的安全。出现这种状况可能有两种原因：一是发动机安装不到位；再就是发动机设计或制造存在缺陷。

曾先生心有余悸地说，所幸当时在国道上，车速不快。如果行驶在高速公路上，很可能车毁人亡。

更让曾先生郁闷的是，他将此事反映给上海大众公司，要求更换一辆车或退货。上海大众方面表示，虽然是一台新车，但由于只是发动机出现故障，只能免费更换发动机。

曾先生说，无论是从个人情感角度、还是从安全角度考虑，他都无法接受这辆差点酿出悲剧的车了。由于双方僵持不下，这辆车目前仍静静地停在停车场，车身上布满灰尘，丝毫看不出新车的模样。

上海大众汽车有限公司中南销售服务中心的有关负责人在接受记者采访时说，他们得知曾先生的遭遇后，第一时间向总部进行了汇报。根据公司规定，在保修期内，如零部件出现质量问题，在不影响车辆安全行驶的情况下，只能更换零部件。因此，曾先生的这辆车出现非人为故障，也只能免费更换发动机。

他还表示，其实，这辆车只要花费数千元更换活塞就行。但考虑到曾先生的感受，才决定更换发动机。

据了解，武汉市洪山区人民法院已就此事立案。

（编者：宋效忠　2010 年 5 月 17 日见报）

“两费”停征，费用为何一分不减

加收摊位费“抵消”减征管理费　应城一市场的收费“加减法”

本报记者陈杏兰

9月1日起全面停收工商“两费”的消息，曾让举国响起一片叫好声。然而，应城市东马坊集贸市场的众多经营者近日反映：“停征令”生效一个多月了，该市场收费相比去年没有任何减免，只是收费的名目略有变化。

经营者们纷纷质问：“国家为广大经营者减负的‘利好’政策，在这个市场里何时才能兑现？”“停征集贸市场管理费，难道仅仅是停掉这一收费的项目名称吗？”记者近日就此事到当地进行核实采访。

经营者：集贸市场管理费不收了　费用负担分文未减

16日，记者来到东马坊集贸市场，摊主们闻讯争相拥上来反映问题。

据了解，以往该市场收取费用主要是两部分，之一是集贸市场管理费，代工商部门收取，收后向工商上交一部分，自留一部分。每月初征收，费用一般为100元至300元。第二部分是摊位费，根据摊位的经营类别收取，一年一收，每年10月份一次交清，费用一般在1000元以上，高的达二三万元。

卖卤菜的魏银师傅说，他是从安徽来应城卖卤菜的，全家人在此，指望赚点钱，不料连开支也难维持。去年，他交摊位费2.2万元，管理费每月220元，全年共2640元，两样加起来2.4万余元。还有健康证费、卫生费、房租等费用，一年要3万多元。

停征“两费”的政策曾让他兴奋不已，他以为原来每月220元的管理费会被免掉或明显减少。但9月1日后，市场收费一分不少，只是原来220元管理费称呼变了——收费者称收取的也是“摊位费”，必须交纳。想到10月份还要交2万多摊位费，现在他已心灰意冷，准备离开应城。

摊主张世桃则说，他被要求像以前一样按月交费，10月份一次交清下一年度摊位费，总金额不得低于去年的管理费和摊位费之和。

不少摊主反映，因费用太高，为维持开支，只好抬高菜价。可摊主们也无可奈何，生意越来越不好做。最开始有100多名摊主，因一些人负担不起离开了，现在只剩下70来户。

摊主们认为，既然今年不用再交工商的集贸市场管理费，负责收费的应城市市场服务中心就应将这部分收费剔除。现在，原管理费却变成了第二种"摊位费"。"国家政策虽然好，可惜我们没享受到。"

市场管理方：
不是变相收管理费　而是加收摊位费

记者在东马坊集贸市场入口处看到一份公告。公告中说，市场服务中心早已与工商部门脱钩。今年9月1日起停收的两费，只限于工商部门管理的集贸市场和个体工商户，不包括市场服务中心收取的摊位费和有偿服务费。

记者来到东马坊站的上级单位——应城市市场开发服务中心。该站胡姓负责人接待了记者。他说，该市场服务中心有东马坊等多个集贸市场，属于经营性单位，自收自支，主要靠出租摊位养活100多号人。政府委托他们经营，目前实行市场化管理，根据行情定价，浮动租金价格。

原来的管理费怎么变成了摊位费？该中心工作人员称："我们现在是加收摊位费，不是管理费。"

为何要大幅度提高摊位费？胡姓负责人解释，"以前摊位费收低了，今年要调高。再说，物价全都上涨了，涨摊位费很正常。我们人都养不活，哪还能减少收费？"

应城工商：
执行政策不能打折扣　应严查变相收"两费"

据应城市工商局介绍，2002年市场服务中心与工商局脱钩。工商将该市全部集贸市场的管理费委托服务中心收取。按管理费总收费的30%，他们每年应上交给工商局40万元，但只有少数几年如约上交，更多时候没有交齐。

今年停征"两费"后，应城市工商局迅速下发停收通知。可9、10月份仍接到许多投诉电话，反映市场继续收取管理费、屠宰费等，"把账算到工商局头上"。为此，该局向市政府递交了《呈阅件》反映：9月1日还有个别集贸市场在收管理费，此费用既非工商人员收取，又未使用工商行政性收费票据，所收取款项也未交工商部门。恳请市政府责成有关部门立即停止征收两费。

孝感物价：
不许擅涨摊位费　将组织专班调查

经营者夏玉堂说，9月1日后，收费者将管理费变成“摊位费”后，按此计算，一年的摊位费由三千元增加到四五千元了。“这不是乱涨价吗？”

记者发现：该市场加收摊位费之前，其原摊位费标准也有争议。东马坊站出示了一份“收费标准”。肉类经营160元—200元/月/米，水产类150元—180元/月/米，蔬菜类60元—100元/月/米，服装类230元—300元/月/米。

而孝感市物价局颁发的“孝价费〔2000〕123号文件”显示，集贸市场摊位费按下列范围核定：肉类经营：60元—200元/月，水产类经营：50元—180元/月，蔬菜类经营：30元—100元/月，服装百货类经营：80元—300元/月。

与物价局规定相比，东马坊收费标准在每月后面加上“/米”进行翻乘，而且收费标准底限大幅上升。

孝感市物价局解释，摊位收费不能按“/米”翻乘，无论摊位多长，价格应在法定范围内浮动。市场服务中心东马坊站的做法明显歪曲了政策。而且该中心擅自调高收费标准，更不允许。

记者还看到，东马坊市场收费票据比较混乱，许多收费单“收费项目和名称”是空白，几十张票据中，大部分是“湖北省行政事业性收费收据”。物价局工作人员表示，这些均不合规范。

该市价格监督检查局工作人员介绍，近段时间来，该局接到过多起市场乱收费的反映，市领导对此十分重视。他们将成立查处专班，让国家的优惠政策落到实处。

（编者：韦忠南　沈伟　2008年10月22日见报）

6年前曾被关闭，6年后居然更火了

“中国三汽”咋就关不住呢

本报记者刘汉泽　宋枕涛

凭着回收废钢铁的营业执照，仙桃市长端口镇一些个体户却干着非法拼装卡车的业务。这个早在6年前就曾被强行关闭了的黑市场，如今拼装卡车的规模已超过关闭前的水平，被民间戏称为“中国三汽”。

近日，在多次接到群众举报后，记者对长端口镇进行了暗访。

记者了解到，1995年前后，该镇的卡车回收、拆解业务渐成规模，不少业主竟然非法拼装卡车出售。

2001年，该市场的违法行为被曝光，国家工商总局责令将其关闭。当年5月，湖北省及仙桃市组织工商、公安、技监等部门，强行关闭了该市场，60多家门店全被取缔。

时隔6年后，该市场居然“死灰复燃”，比关闭前更加红火——目前已有74家持有回收废钢铁营业执照的经营户，记者暗访了其中26家，均存在非法拼装卡车行为。他们将收购的报废卡车拆解成零部件，然后再组装成卡车出售到河南、湖北等地的农村。

“拼装车间”绵延3公里

20日上午，记者从武汉沿318国道西行，刚进入仙桃长端口镇，就见路边多数门店前，轮胎、车桥、汽车发动机等汽车零配件堆积如山，还有各种或没有车厢、或没有驾驶室、或严重变形的卡车。

在一些门店前，有工人忙碌着，有的正用切割机拆解卡车，有的则开着叉车吊装卡车部件。还有一些门店，停放着喷涂一新的卡车，上面挂着“此车出售”的牌子。

这些门店绵延3公里，从长端口镇边缘一直到镇中心。

路边一家小卖部的老板告诉记者，2001年，该市场被依法关闭没多长时间，就有拆解经营户重新开张。起初，他们打着废钢铁回收的旗号经营，不久，便又重操旧业，非法拼装卡车出售。

当日，记者暗访了26家经营户，家家都有拼装卡车出售。

赚的总比没收的多

记者以买车为由，进入一家门面较大的经营户。

听说有人买车，一自称张老板的中年男子十分热情，指着一辆新喷漆的东风货车说："这是刚装好的，五成新，开个三五年不成问题。"

记者正与张老板攀谈，两名河南口音的男子嚷嚷着进门："老张，上次发的货不中，有几套车桥是坏的……"张老板急忙迎上前招呼。

趁双方谈话之机，记者进入旁边一个小院，只见院子正中的修车台上，停着一个已装上轮子的车架，两名工人正在安装发动机。

在墙壁上，记者发现一张油乎乎的个体营业执照，经营范围写着：收购各种废铁、废钢等。

一名工人介绍，这里的经营户有三项业务，一是拼装卡车销售，二是转卖废旧卡车零配件，三是拆解卡车卖废钢、废铁。只有第三项是合法的经营。

"没人管吗？"记者询问。"咋没人管呢，一年都要检查好几次！"一名工人称，拼装汽车也有很大的风险，一旦遇上检查，汽车就被没收。

"一年也就检查几次，赚的总比没收的多。"另一名工人接着说道。

解剖“死灰复燃”现象

国道两旁，非法“拼装车间”绵延3公里……在依法被强行关闭6年后，长埫口镇的非法拼装车市场为何再次“壮大”？那些仅凭着“收购废钢铁”营业执照的经营户，大大方方地拼装卡车销售，难道管理部门就没看见吗？难道看见了也不管吗？

利润丰厚加上销路畅通　“壮大”非法拼装车市场

一名知情人称，报废车即便按照废铁卖，利润已经很大了，但这些经营户仍不满足，他们把报废车拆解成零部件，然后将外形比较完好的零部件拼装成卡车，而那些实在无法组装的零部件，则以批发配件的形式，转卖给各大配件市场。

记者了解到，经营户收购的报废卡车，每台的进价仅1000元左右，而一辆拼装卡车的价格，均价约两万元，除去各项成本，卖一台拼装车，获利近一万元。正是厚利驱使，使得该镇一些不法经营户挺身试法。

另一方面，一些不法配件商和一些只贪价格便宜而不顾行车安全的车主，也助长了经营户们的违法经营之风。

知情人透露，长埫口拼装车市场已经营多年，大多数业主均认识一大批配件商，双方存在长期的营销关系，所以报废汽车的零部件十分好销，几乎供不应求。

其次，因长埫口拼装车市场已“小有名气”，一些在农村搞货运的车主也“慕名前来”购买价格便宜的拼装卡车。

正是在有利润、有销路的情况下，非法拼装车市场才越来越“壮大”。

编者点评：厚利，串联起非法拼装卡车的经营户和不法配件商；便宜，串联起非法拼装卡车的经营户和农村货运车主。非法拼装车的销路畅通，报废汽车的零部件也供不应求——如此情况下，道路安全怎能不出现防不胜防的局面？

“猫”不能天天检查打击　“鼠”一有空就违法拼装

据长埫口镇副书记马陪祥介绍，拆解市场的管理涉及工商、公安、商务、质监等多个部门，政府若要组织一次检查，在协调、组织各个部门上，就要花很大的精力。

马陪祥说，正规的拆解、收购废旧汽车行业，是国家鼓励的；而拼装汽车，又是国家要打击的。这些经营户正是在合法与非法之间滑动，造成管理困难，形成“猫”不能天天检查、打击，而“鼠”却可以抽空就违法拼装的现状。

一名经营户也称，他们的非法经营是相对安全的，“一年也就检查一两次”，最坏的结果不过是“收一批拼装车、罚一批业主”。

对这样的“猫鼠游戏”，长端口镇政府一名工作人员说得更直白，相关部门确实没有建立长效的监督、管理机制，靠检查组检查，实际是检查组到了东头，西头的业主早已停止非法拼装。

编者点评：对非法市场的“壮大”，政府部门不能只怪“老鼠”狡猾，而应想想“猫”到底在做什么？做了些什么？一个不争的事实是：多部门管理，往往形成大家都可以管、大家都不认真管的局面。

非法拼装市场的业主们　每年按时纳税数十万元

记者从长端口镇政府了解到，该市场74家持有废钢铁回收营业执照的业主，均按时纳税。

记者了解到，长端口镇地处江汉平原，经济主要以农业为主，工业经济并不发达。

一名经营户介绍，他们每月按经营面积不同，缴纳数百元不等的税款。如此计算，该市场一年实际纳税数十万元，这对一个以农业为主的镇来说，并不是一个小数目。

一名知情人介绍，也正是因为纳了税，众多业主才对拼装卡车并不避讳，才敢在国道两旁大大方方地拼装。

编者点评：一年数十万元税款，对一个农业镇来说，当然是“经济支柱”。或许，这才是非法拼装卡车市场能够“死灰复燃”的终极原因。只是，一个镇富了，遗患却是一方。

链接：

汽车回收企业需经资格认定

国务院2001年出台的《报废汽车回收管理办法》第六条规定：国家对报废汽车回收企业实行特种行业管理，对报废汽车回收企业实行资格认定制度。除取得报废汽车回收企业实行资格认定的外，任何单位和个人不得从事报废汽车回收活动。不具备条件取得报废汽车回收企业资格认定或者未取得报废汽车回收企业资格认定，从事报废汽车回收活动的，任何单位和个人均有权举报。

使用报废车有哪些危险

使用报废车零件极有可能发生五种危险情况：一是刹车、转向及发动机等机件失灵；二是整个车辆的操作稳定性变差，特别是车厢、车架变形后，使转向稳定性下降，车辆极易“跑偏”；三是由于所有机件磨损严重，也会使燃料消耗过大，污染环境；四是车辆一旦拉货载重，转弯时就会加大全车的离心力，极易翻车；五是轮胎老化后容易造成爆胎。

（编者：刘鹏　2007 年 4 月 24 日见报）

麻城房产办竟发“山寨房产证”

相关房屋存在多种问题，300余业主苦不堪言

本报记者蔡青

2002年，麻城启动了一项引人注目的招商引资项目：在原市一建公司的土地上，建起了一座集建材经营和居家为一体的工程——建材商贸城，时任麻城市委副书记邓新生（后任该市市委书记，已于今年5月被双规）为该项目工作领导小组组长。然而，令人啼笑皆非的是，时至今日，该工程没有经过消防、防震、防雷、环保等多个部门的验收。开发商炮制出虚假的《建筑工程竣工验收报告》后，这里的三百多户业主，居然莫名其妙拿到市政府颁发的“山寨版”房产证。

合法购房，房产证居然是“山寨版”

位于麻城市南正街的建材商贸城，占地22.1亩，总建筑面积4万平方米，分为商住两块。临街的一面叫“日月装饰城”，用来经营建材产品。背面的几栋7层砖混结构住房叫“日月小区”，居住着344户业主。

7月2日，记者来到这里采访，“日月装饰城”显得冷冷清清，有的店面没有生意，店主干脆摆起了麻将桌。“麻城有多家建材市场，现在又是淡季，生意真不好做。”店主们反映。

“日月小区”是2004年底开始发售的，到2005年9月，300多套房子全部销售完毕。按常规，业主们买了房子，就开始张罗着办“两证”了。从2005年9月到2007年9月的两年间，这些房子的业主陆续拿到了自己的“房产证”。也就是从该证发下来开始，业主们发现，房子存在着很大的问题。

麻城市统计局退休职工、“日月小区”业主代表陶维艳对记者说：“我们先是发现房产证不对头。正规的房产证，应该是大红封面，上面印有国徽和“房屋所有权证”的烫金字样。而我们拿到的，却是一个蓝色的本本，上面印有麻城市人民政府字样。正规的房产证，内页盖的都是房产局的钢印，而我们拿到的房产证，盖的却是市建委属下的房屋产权登记领导小组办公室的印。”

随后，业主们还发现，开发商麻城市日月房地产公司根本没有取得

房屋销售资格，其提供的《建筑工程竣工验收报告》，居然没有建筑监理单位盖章。在业主们的一再投诉下，2006 年 7 月，麻城市公安消防大队、市地震办、市气象局、市环保局等分别出函，证明该工程没有经过消防、防震、防雷、环保等项目的竣工验收。就连房屋建筑所使用的螺纹钢，经麻城市质量技术监督局组织鉴定，也系假冒产品。

“一个没有任何验收程序，没有备案，没有销售许可的地产项目，在不到一年的时间里销售一空，已是一件够稀奇的事情。业主们办下来的那张莫名其妙的房产证，更是闻所未闻。”昨日，麻城市房产局一位不愿透露姓名的官员气愤地说，根据《城市房屋权属登记管理办法》、《湖北省城市房屋登记管理实施细则》相关规定，房屋权属登记机关应为市房产局，市政府以及相关部门颁发房产证的行为越权。换言之，这就是有关部门和领导以违法行政行为替开发商“擦屁股”。

民心工程，为何演变成“伤心工程”

麻城建材商贸城，这个当地的“民心工程”，如何演变成众业主叫苦不迭的“伤心工程”呢？

从资料来看，该商贸城是从 2002 年开始动议招商的。根据该市〔2002〕3 号市政府专题会议纪要，决定成立一建公司解困改制与建材商贸城建设工作领导小组，组长由时任市委副书记邓新生担任。会议决定，按照有关鼓励招商引资的优惠政策，对开发商的土地出让金和城市建设配套费予以减免等等。

这次会议是 2002 年 1 月 16 日召开的，而会议 6 天之前，麻城市建委与开发商已签订的“建材商贸城”项目建设开发合同。由当时麻城市建委法人代表吴铭出面签订的这种合作协议中，对开发商列出系列优惠条件：涉及本项目的税金按照国家税率 5.5%的一半征收，营业税不再征收，企业所得税或个人所得税全部减免；所有涉及麻城市的行政事业性收费以及建筑和房屋开发等有关收费，乙方（开发商）向甲方（市建委）交清 80 万元“包干”，甲方同意按乙方所建工程产值的 50%向银行取得贷款等。

市建委与开发商已事先签订了合同，时隔 6 日政府还召开一个专题会议来动议，如此“重视”的工程，质量却不能让业主满意。业主代表曾凡学、陶维艳说：日月小区从建成之日起，就产生了如下问题：无消防通道和消防设施；无防雷电灾害装置；无环保排污处理设施；用水用电安装不到位；无物业管理机构；无法正常办理土地使用证和房产证。为此，业主多次找开发商交涉，向市建委反映，两边均互踢皮球。

而麻城市公安消防大队的一名警官说：因为有某些部门的特殊保护，开发商连消防验收这样的法定程序都可置之不理。该商贸城一旦发生火灾，后果不堪设想。

业主们至今弄不明白的是：政府部门既然给予了开发商那么多的优惠，为何开发商在建设过程中还存在那么多的问题，导致房屋无法通过验收；既然房屋没有通过验收，有关部门为何如此热心地帮开发商“排忧解难”，炮制出“山寨版”房产证糊弄群众？

7月2日和3日，记者多次来到位于建材商贸城对面的麻城市日月房地产开发公司，均是大门紧闭。3日上午，记者联系麻城市建委原主任、现为市人大副主任的吴铭，希望见面采访，他称“我在开会，很忙”。他在电话中称：日月小区的事，你应该去找市房产局等部门。记者问：房产局原来不是属于建委管么？吴铭称，当时确实是我管，但有些具体的事情，我根本就没管，也不知情。

维权屡屡碰壁，至今未获解决

从2005年起，日月小区的业主推举代表，走上漫漫维权路。这些业主，大部分是下岗职工和乡下打工者，有的为买房花光了积蓄，有的在银行办了抵押贷款。业主们多次向该市房地产管理局、建设局反映情况，要求办理正规房产证和土地使用证，得到的答复是：政府已经颁发了“房产证”，无法满足业主的要求。

今年3月以来，麻城市陆续有官员被查，麻城市房产局、建设局相关负责人先后被纪检部门调查。5月15日，麻城市委书记邓新生也被省纪委“双规”。从媒体上获知这一系列变化后，让日月小区业主们感到维权的事有了新希望。

一些业主代表再次来到市房地产管理局、建设局，要求解决房产证的问题，但得到的答复仍然让他们失望。工作人员表示，“领导出事了，我们实在无能为力。”

由于相关职能部门无法解决，业主寄希望于通过法律途径维权。2009年6月，曾凡学等业主向黄冈市中级人民法院提起民事诉讼，请求确认麻城市政府颁发房产证的行为违法，撤销其颁发房产证的行政行为。而黄冈市中院认为，曾凡学等人所称房屋未经消防、防震、防雷、环保等相关部门的综合验收，应该向相关职能部门反映，该院不予受理此案。目前，业主们已向省高级人民法院反映此事。

不久前，我省组织的一次“送法律下乡”活动中，日月小区部分业主向来自武汉的湖北中品律师事务所付选海等多名律师咨询此事。付律师等人获悉详情后，决定对曾凡学等业主提供法律援助。付选海认为，曾凡学等人提出的诉求，应该属于法院的正常受理范围。法院只有先撤销麻城市政府颁发的“山寨版”房产证，房屋所有人才能以此作为证据，再起诉开发商，讨回自己的权益。

链接

麻城多名官员被查

7月3日，记者从有关部门获悉，原黄冈市委常委、麻城市委书记、市人大常委会主任邓新生因个人涉嫌违纪于5月15日被湖北省纪委“双规”，6月1日，黄冈市委已免去其中共麻城市委书记、常委、委员职务，并建议依照法律程序免去其麻城市人大常委会主任职务。

据了解，5月31日，原麻城市委常委、副市长徐圣贤因个人涉嫌违纪被黄冈市纪委“双规”。目前，邓新生和徐圣贤二人正分别接受湖北省纪委、黄冈市纪委的调查。

此前，麻城市房产局书记陶兴文、建设局副局长熊文俭因涉嫌犯罪被麻城市检察院立案侦查，市建设局局长夏桂松因涉嫌经济问题被黄冈纪委“双规”。目前，事件仍在侦查和调查之中。

（编者：沈伟　韦忠南　2009年7月4日见报）

公积金套现公然招摇江城街头

本报记者闻蔚　金计

近日，读者陈先生致电本报：在青山友谊大道上有一家“投资公司”，公然宣称提供“公积金套现”服务，广告招牌正对着大马路。

“公积金套现是违规的，这公司怎敢如此明目张胆？他们套现公积金又是如何运作的？”带着种种疑问，记者展开了调查。

9500元起步套现佣金不菲

按照陈先生提供的地址，记者来到了位于友谊大道的“诚融投资有限公司”。这是一家临街门面，在玻璃门的背后，公然写着：“公积金取现服务”。

记者自称急需用钱，希望套现公积金。一位20多岁的女员工称，该公司提取公积金2万起步，中介费9500元起步，“具体多少还需要再商量，但最低不得少于提款总额的20%，最高不超过45%。”

假过户套来真金白银

过了不久，一名自称常经理的男子来到公司。当记者质疑公积金套现可否成功后，常经理对整个套现过程进行了解释。

他说：“我们名下有4处房产，如果你需要套现公积金，我们就将其中一套房产过户给你，你就相当于购买了一套房产。按照公积金提取政策，购买房产者是可以提取公积金的。将公积金提取出来后，我们再将房屋过户回来。一般而言，15天内可成功套现。”

常经理进一步解释道：“中介费收这高，其实有很大一部分是房屋过户的税费，还有一部分就是打点各个环节的钱。”他说，为了让抵押周期缩短，他们在房产部门必须办加快，银行也需要打点。“你想想，一套房子，反复交易，傻瓜也知道在干什么。”

对于整个套现过程，常经理称：“其实不违规，我们打了政策擦边球。”

所需文件全系伪造

记者调查发现，宣称能帮人套现公积金的中介机构，远不止“诚融公司”一家。在网上搜索一下，轻易就找到了多家提供此类服务的中介机构。

有些中介“神通广大”，在办理业务时，甚至宣称不需要房产证、发票、合同等材料，只要贷款人提供身份证、结婚证就可搞定。在解释这一点时，他们往往称“跟银行关系铁”、“内部有人”等。

“公积金套现，最近几年才多起来，我们在审核时已经拦截了多起。”武汉住房公积金管理中心人士介绍：从查处的情况看，这些中介伪造了全套材料，交易过程也是假的，让人防不胜防。除了“假交易”外，“假建房”、“假装修”也是常用的套现手段。

去年5月，青山区警方查获一起公积金套现案件，犯罪嫌疑人家里私藏100多枚伪造的各类公章，以及公积金取现所需的全套公文，通过伪造全套证明、合同，帮他人提取公积金，获利20多万元。

审核部门把关不严

记者了解到，提取公积金的过程，主要涉及职工、职工所在单位、公积金管理中心和银行四方。一般情况下，职工首先向所在单位提出申请，待单位初审后，出具加盖了单位印鉴的提取公积金申请表；职工持表及身份证明等资料，到公积金管理中心提取审核；经审核后，职工到经办银行办理手续。

应该说，这一套流程是非常规范和严密的，但是，苍蝇不叮无缝的蛋，熟知内情的中介人士介绍：如果职工单位、银行、公积金管理中心对提款凭证严格把关，不法分子是很难得手的。审核部门只要实地查看一下，有时甚至只需打几个电话，就可以判断出提交材料的真假。可以说，正因为审核部门的失职，才让浑身是假的材料一路过了关。

违法套现职工也要受罚

武汉住房公积金管理中心综合处副处长黄锐介绍，按规定，职工只有在购买、建造、翻建自住住房、偿还购房贷款本息等情况时，才能提取公积金。如挪用住房公积金用作他用，相关部门将追回挪用的住房公积金，并没收违法所得。构成犯罪的，还将追究刑事责任。

这位负责人介绍，职工只要有正当的理由，可以十分便捷地提取公积金，而不必付出额外费用。中介机构帮人套现牟利的做法，已经涉嫌违法，欢迎市民举报违法套现行为，相关职能部门将严肃查处。

同时，职工通过欺骗违法手段提取公积金，如果被发现，除将被责令限期退回违法所提款，他们在住房公积金管理中心的个人档案中还将留下不良记录，公积金中心将依法追究其法律责任。

（编者：潘勤　2010年1月19日见报）

办证难背后谜团

武汉1400业主4亿预售款哪去了

本报记者苏永华　实习生吴刚

部分商品房“办证难”，是今年“3·15”期间市民投诉的热点之一，尤以“天瑞国际”、“大智公寓”、“雅琪公寓”为最，三个楼盘共涉及1400多户业主，预售款超过4亿元。

记者调查发现，本该用于工程建设的商品房预售款，都被3个项目的开发商挪作他用，去向不明，导致拖欠工程款、相关税费，开发、验收手续无法办理，留下了一个个烂摊子。即日起，本报推出系列报道“预售款黑洞警示录”，为读者剖析其中的原因。

天瑞国际：预售款过两亿　资金链竟“断裂”

3月8日，紧邻武汉国际会展中心的天瑞国际楼盘多名购房人反映，700套房子销售一空后，大楼成了“半拉子”工程，一拖就是两年多，至今仍无法交房、办证。他们愤而质问：项目预售款高达2亿多元，开发商却称没钱施工，钱到哪去了？

购房人熊女士反映，天瑞国际在2006年8月开盘销售，因为项目地处闹市黄金地段，房子卖得很快，价格从7000元/平方米涨到1.2万元/平方米。按合同约定，最迟应在2008年2月28日交房，但大楼装修到19楼以下时，却突然停工了，无法竣工验收。

9日，记者在现场看到，天瑞国际紧邻武汉国际会展中心，与庄胜SOGO连为一体，是一幢30层高楼。从外观看，大楼光鲜气派，玻璃幕墙已经安全到位，走进大堂才发现，内部全是裸露的钢筋混凝土，好几层墙面没有粉刷，家具、房门没有安装到位，水、电也没有通。

记者了解到，大楼1—9楼是百货商场，10—25楼是酒店式公寓，25—30楼是住宅，住宅部分已经完成装修。大楼后期建设工程决算总价为2981万元，但直到2009年8月前，开发商还拖欠1161万元工程款，办理竣工备案手续“卡壳”，无法交房、办证。

多名购房人质疑，后期施工中断，开发商解释，没钱付工程费用和装修费用。但“天瑞国际”705套房子的预售款，当在2亿元—2.5亿元，支付这些款项绰绰有余，钱都被花到哪去了？

天瑞国际销售部负责人杨经理表示，在销售工作结束不久，开发商确实遇到资金困难，只好暂时中断了施工。对巨额预售款的去向，杨经理表示："各种说法都有，只有老板知道。"他表示，目前开发商已与施工方达成协议，后者正在配合办理竣工备案手续，后期工程已经复工，开发商正在想办法筹钱，以完成10—25楼、大堂装修，迎接竣工验收。

记者看到，整幢大楼里，当天只有4名工人在安装门窗，内部装修尚未开始，大楼何时完工交付，还是一个大问号。

大智公寓：交房连哄带骗　480户业主难办证

8日上午，站在车水马龙的江岸区长江隧道口，大智公寓业主张先生一脸无奈："开发商人间蒸发，我们480户业主找谁去？"

大智公寓原名远东商住楼，2003年8月经法院拍卖，由武汉雅鸿房地产公司接手继续开发。2004年4月，大智公寓开始预售，卖得很火热。据了解，大智公寓总建筑面积2.1万平方米，当时预售款过亿元。按合同约定，大智公寓当在2005年5月交房，但由于种种原因，拖了半年才交房。

张先生说，通知交房时，才知道开发商没有规划验收手续和竣工备案手续，实际面积也与合同面积不符，大家不愿意收房。当时开发商承诺，将支付延期交房的违约金，退回多收的面积款，尽快办理房产证，连哄带骗让大家收了房。但直到今天，没有得到一点回音。

记者现场看到，大部分业主已经入住。一些业主反映，小区办不了验收手续，主要原因是占用了过江隧道部分绿化带，但小区规划先于过江隧道，既然已经修起来了，是拆是留总得给个说法。

"跟你一样，我们也在找开发商"，公寓物业公司负责人韩经理说，天天都有业主来打听办证，但找不到开发商，谁都没有办法。

开发商武汉雅鸿房地产公司办公地点位于黄孝河路，但早已人去楼空，地面一片狼藉。楼下保安说，雅鸿房地产公司已倒闭了。

业主们说，小区办理规划验收和竣工备案手续，还得支付税费和罚金，现在预售款早被花完了，开发商也不见了，办证更渺茫了。

雅琪公寓：中途多次停工　留下烂摊子

位于汉口黄孝河路的雅琪公寓，也是由于开发商撂挑子，308户居民无法办理房产证。

业主罗女士说，雅琪公寓2005年开始销售，约定2006年5月交房，一直拖到2007年底才勉强交房。入住后发现，因开发商未办理规划验收手续和工程质量备案，无法办证。

据了解，该项目均价近5000元/平方米，全部卖完，总建筑面积2.3万平方米，预售款超过1亿元。收了购房款后，开发商却以“没钱”为由数次停工，拖得购房户苦不堪言。

雅琪公寓的开发商，也是武汉雅鸿房地产公司。2007年1月22日，针对购房人的投诉，武汉雅鸿房地产公司法人代表黎明曾对记者称，房子预售款由公司主要股东掌控，因股东出现变故，后续资金一时难以到位，才导致一再延期交房。

众业主说，多次向房管部门反映，但被告知：“必须由开发商办理手续，才能办证”。现在，开发商卷走预售款跑了，他们该找谁？

“合法销售”的尴尬：都是挪用预售款惹的祸

采访中，上述3个项目的业主都质疑，被主管部门层层把关、取得了合法预售证的楼盘，问题到底出在哪里？

9日，记者在天瑞国际采访时，“巧遇”武汉市房管局开发处负责人——现场检查、督促项目复工。这位负责人说，天瑞国际前期手续合法，并拿到了预售许可证，但项目后期资金出了问题，才导致现在的局面。大智公寓、雅琪公寓的问题，也出在房子卖完之后。

大智公寓业主张先生认为，政府监管集中在预售证发放前，后期则缺乏有力手段，给开发商随意挪用预售款留下了隐患。

据了解，2004年建设部发布的《城市商品房预售管理办法》，规定开发企业预售商品房所得款项，应当用于有关的工程建设。目前，郑州、济南、南宁等10多个城市，已制定了具体监管办法，给预售款套上了“紧箍咒”。武汉则慢了一步，至今没有出台具体措施。

雅琪公寓业主罗女士说，要是由银行或第三方机构监管预售款，制止开发商随意挪用，类似“办证难”肯定会大幅减少。

（编者：魏曦　2010年3月15日见报）

武汉 8 家家具厂伪造产地被查

本报讯（记者张乐克　龙滢　刘茜　查昭　熊星星　通讯员徐永峰）昨日，8 份行政处罚通知书摆上武汉市洪山区工商分局副局长周泽意的案头。这 8 家汉产家具企业因为虚假标示产地，将面临工商部门的处罚。

洪山区建设乡聚集着 45 家本地家具厂，它们生产的明明是本地产品，但其中不少却千万百计掩盖“出生地”，纷纷将产地标注为香港、广东等地，甚至不少年产值过千万元的家具厂也走“山寨”路线。

洪山区建设乡工商所所长熊超群介绍，8 家伪造产地且拒绝整改的家具厂，已被纳入诚信“黑名单”，工商部门将立案查处。而武汉市质监局也在建设乡揪出 18 家伪造产地的本地家具厂，准备纳入“严打”对象。

汉产家具曾经有过辉煌。上世纪 80 年代，武汉家具企业年产值共达 3 亿元左右，一度被列为武汉市支柱产业，并涌现出“双箭”、“白鳍豚”、“四季如意”等知名品牌。但近 20 多年来，汉产家具品牌的声音越来越微弱，行业发展岌岌可危，以致出现集体虚构产地的歪风。

武汉市家具协会秘书长谢文桥介绍，缺资金、缺技术、缺研发能力、缺产业配套，成为汉产家具行业发展的“拦路虎”，但最缺的还是能够叫得响的品牌。去年，武汉家具市场消费额达 120 亿元，但九成被外地家具厂瓜分，汉产家具甚至难以进入家门口的大卖场，处境尴尬。

在记者的连日采访中，武汉玉林家私厂等 20 多家武汉家具企业，希望通过本报向社会呼吁：请有关职能部门关注汉产家具行业的现状，建立行业发展规划，通过推动行业重组等系列措施，帮助汉产家具走出困境，重振雄风。

汉产家具为何不愿姓“汉”

本报记者张乐克　龙滢　刘茜　查昭　熊星星

连日来，本报记者走访了武汉多个家具市场和多家家具企业，试图解读“汉产家具不姓‘汉’”这一怪象。

多次查处难改“傍大款”
城中村产出“香港”家具

5月20日，洪山区工商分局对建设乡45家家具厂全面清查，发现虚假标示香港品牌的有7家，另有30多家冒充广东、成都产地。

在建设乡崇阳村，执法人员来到一家占地达40亩的大型家具厂，发现其生产的家具包装上印着繁体的“香港富亚达”等字样，还用中英文标注着“香港九龙旺角花园街”等“公司地址”。

建设乡工商所所长熊超群介绍，经调查，该厂在工商部门注册的名称是“武汉市洪山区建设乡富亚达家具厂”，却通过中介公司在香港注册了一家所谓的“香港富亚达(集团)”，然后自己给自己授权，让消费者误以为是香港品牌。

从今年3月以来，工商部门多次责令该厂改正，但厂方仅在包装上加注产地为洪山区崇阳工业园等信息，却拒绝撤销“香港授权”。

熊超群表示，根据外资企业在大陆投资合作的相关规定，外资授权内地企业贴牌生产必须要到主管部门备案，否则没有法律效力，甚至涉嫌违规授权。另外，实际生产地如不标注武汉市行政区划，误导消费者，也属违规行为。

甚至有规模更大的武汉家具厂也走“山寨”路线。武汉和平石磊家具厂去年销售额近7000万元，却通过注册“香港石磊家私实业有限公司”，虚假标示产地。

据了解，虚假标示产地，在建设乡的家具企业中十分普遍，除了香港，更多采取“授权”手法，虚构广东、四川品牌，虽经多次查处，仍难根治。

汉产家具难进家门口的大卖场
上百亿市场九成旁落

去年，武汉家具市场消费额达到120亿元，但九成被外地家具厂瓜分。

提到汉产家具的现状,武汉市家具协会秘书长谢文桥感叹:汉产家具缺少叫得响的品牌。这块120亿元的“大蛋糕”中,一半被广东家具切走,四川、北方家具各占两成,汉产家具的市场份额仅有一成左右。

提到汉产家具,武汉居然之家家居市场有限公司武昌店店长顾月明的第一反应是:“档次低,无原创设计,无好的包装,质量不过关。”

他介绍,居然之家武昌店有300多个家具品牌,其中八成是广州、北京家具,其次是浙江、四川家具。汉产家具寥寥无几,只占三四个席位,“招商时,几乎没有武汉家具企业来咨询。”

以广州为代表的粤派家具风格多样,涵盖欧式、中式、实木、板式、软体等,产品线丰富,做工精细。京派家具善于用材料、环保等做卖点,“曲美”、“意风”、“百强”等品牌聘请国外设计师设计,注重与国外设计接轨,产品款式令人耳目一新。与此相比,在消费者的心目中,汉产家具已被打上“大路货”的烙印。

“从这几个汉产品牌的摆放位置,可以看出它们都属于中低端水平。”顾月明指着卖场分布图说,这些汉产家具都在卖场的犄角旮旯,少人光顾。

和平家具大市场是目前为数不多的汉产家具展示平台,但在这里,满眼也几乎是外地品牌,很难看到标注汉产的家具品牌。一位行业人士透露,一些本地生产厂家不敢打上“武汉”字样,否则价格、销量都会大打折扣。

贴上港标价格猛涨4倍

“傍大款”成本地企业生存之道

在和平家具大市场,记者发现一个不正常的现象:同样是一套板式家具,汉产的价格仅有四川产的一半。

为何产地不同,价格差距却如此之大?一位汉产家具老板无奈地说:汉产家具只能卖这个价格,四川产的家具名气也大啊!

采访中,和平石磊家具负责人刘某对工商执法人员称:武汉家具根本没法同广东、成都等地生产的同类产品竞争,目前已基本退出省会城市,只能在乡镇市场寻找空间。即使是同样的产品、同样的材料,有的广东产家具比武汉产价格高4—5倍。

例如:同样是板式6开门衣柜,武汉产批发价为1200元,而成都产价格为4000元左右,广东产价格更是超过5000。

工商执法人员介绍，在建设乡的调查发现，家具贴上港标后，标价一般可高出4倍。正是这样的利益驱动，让一些本地家具厂家变得短视，导致违规行为泛滥。

辉煌过后境况尴尬

汉产家具痛失全国第四极

武汉市目前有700多家家具生产企业，绝大部分产品销往省内二、三线城市。“武汉家具，失去了当国内家具第四极的机会。”谢文桥说，国内目前有四大家具产业群——长三角、珠三角、环渤海湾、四川。本世纪初，本土家具企业曾联名向政府提出“打造全国家具第四极”的建议，因为种种原因，未被采纳。

谢文桥说，上世纪80年代末是汉产家具最辉煌的时期，国有钢木家具品牌“双箭”、“白鳍豚”、“四季如意”被称为“三只钢老虎”，畅销全国，名声赫赫。当时，武汉有100多家国有家具企业，年产值3亿元左右。

上世纪90年代中后期，武汉市政府提出发展“汉派服装”、“汉味食品”、“汉产家具”战略，并出台贴息贷款2000万元等一系列政策优惠，缓解了家具企业融资难的问题，民营企业开始加速发展。本世纪初，“汉产家具”从政府“支柱产业”目录中删除，其发展势头也江河日下，陷入岌岌可危的境地。

汉产家具品牌的声音越来越微弱，甚至集体“沦陷”，武汉家具企业的发展究竟缺少什么？本报将对此继续关注，欢迎广大读者拨打热线电话027—88567187，畅谈看法，提出建议。

（编者：陈曙光　2010年5月31日见报）

第六辑 教卫观察

守望社会

主任医师每月 6 万，副主任医师 4.5 万，中级医生 3 万，完不成任务扣奖金……

肿瘤科竟给医生定“放疗任务”

本报讯（记者卢水平）最近，省人民医院肿瘤科（肿瘤诊疗中心）的医生反映，并非每个癌症病人都应做的放射治疗（简称放疗）却成为医生们的定额任务，压得他们“喘不过气来”。

记者采访得知，所谓的放疗任务源于该科室的一纸内部政策《肿瘤诊疗中心奖金分配方案》。该方案明确提出将“医生的奖金应与完成放疗任务情况挂钩”，并对每月的任务定额分解：正高（主任医师）6 万元，副高（副主任医师）4.5 万元，主治医生 3 万元，住院医生 2 万元。科室 9 名医生每月要完成放疗任务 35 万元，否则按比例扣发奖金。

医生们透露，这一土政策始于 2005 年 9 月底，医院刚买回来一套价值约 2000 万元的放疗设备，科室主任当时就定下每月 25 万元的放疗总任务，并分解到人。去年 5 月，总任务又调高 10 万元。

有医生直言，放疗一般用于早中期癌症病人，但同时会损害正常细胞，有副作用。科室下达放疗任务的直接后果是，一些不该做、可做可不做的放疗，可能都做了。

省卫生厅纪委监察室有关负责人昨看到该分配方案后表示，此举涉嫌违规，将介入调查。

“放疗任务”激起科室内部公愤

科主任惊讶:怎么到了媒体手中?

本报记者卢水平

把放疗任务定额分配到每一个医生，并与当月奖金直接挂钩。省人民医院肿瘤科(肿瘤诊疗中心)这一规定，近一两年来在科室内部引起争议，甚至是公愤。这也是促使这一问题最终浮出水面的直接原因。

多名医生表示不满:损害了患者利益、医生和医院的名誉

“给医生下达放疗任务，违背本医院‘一切为病人、为病人的一切、为一切病人’的办院宗旨，不能再延续下去了。”

“放疗任务的制定既损害了癌症病人的利益，同时也损害了医生甚至医院的利益……”

这是该科多名医生传递出来的心声。

医生们反映，2005年9月和2006年5月的两个分配方案，实际上具有连贯性。方案中规定，分配奖金的前提是:科室把医院划拨下来的奖金总额先提留8%，作为科室内部的肿瘤基金;另外的92%，再按照每个人的放疗任务完成情况，按比例分配。

该科室现有9名医生(1名正高、4名副高、3名主治和1名住院)。受访医生皆叹，每年只有2—3个月勉强能完成这一定额指标。

院方称:没有向科室下达放疗任务

记者注意到，两个方案中均写道:“医生的放疗任务暂按医院目前下达给中心的放疗任务确定”、“报院领导审核批准后执行”字样。

放疗任务难道真是医院下达的?该科多名受访医生均称，医院并未作如此要求，方案的制订实为该科现任主任所为。

该院分管临床医疗的副院长王高华昨也明确指出，医院没有向科室下达放疗任务，院方对科室的考核是根据门诊量、科研、教学、管理和差错等宏观目标来综合考评，对医生不会作细化放疗任务。

科室主任非常吃惊:分配方案怎么到了你手中?

昨日下午,记者找到正在看专家门诊的科室主任戈医生。他看到记者手中的分配方案后非常吃惊:“这个东西怎么到了你手中!”然后以“医院宣传部有纪律”为由,拒绝了记者采访。

省卫生厅纪委监察室:方案涉嫌违规

省卫生厅纪委监察室有关负责人昨看到方案后初步表示,这一方案没有政策依据,且涉嫌违规。该厅将介入调查。

记者在省卫生厅获悉,2004 年 4 月,卫生部公布了《关于加强卫生行业作风建设的意见》,其中核心内容是卫生行业“八不准”,其中第二条是“医疗机构的一切财务收支应由财务部门统一管理,内部科室取消与医务人员收入分配直接挂钩的经济承包办法,不准设立小金库”。

(编者:黄林中　方琳　2007 年 1 月 19 日见报)

医保药店药价为何更贵

太婆致电本报说困惑

在医保药店买药为何更贵

本报讯(记者韦忠南　付祥　实习生王理略　宋芳　蓝勤华　杜培清)到医保定点药店买“强骨胶囊”,居然比普通药店的贵出近30%。

日前,家住武昌水果湖附近的汪婆婆致电本报,诉说了她的困惑:医保定点药店应该为缓解“看病难、看病贵”出力啊,怎么药价反而贵些?

汪婆婆患腿疾已3年,一直在附近的医保定点药店——武汉刘有余药堂有限公司水果湖分店购买“强骨胶囊”服用,每盒40元。

今年初,因医保卡上的钱用完,汪婆婆的家人便到数十米外的老百姓大药堂购买,同样的药在这里每盒只要32.50元!

汉口读者曾先生等也来电反映了同样问题。本月5日至9日,本报记者探访了武昌、汉口、汉阳、青山共12家药店(5家定点药店、7家普通药店)。记者随意选定的11种常用药,5家定点药店的价格总体上都高于普通药店,差价最高的达37%。

据了解,武汉市目前约有150万人持有医保卡,全市医保定点药店有103家。

定点药店的药价为什么会高一些?这一现象合理吗?有无解决办法?本报将继续关注。也欢迎读者朋友发表意见。联系电话:027—86771401;电子信箱:wzn11111@263.net。

部分医保定点药店药价调查：普遍高于一般药店

记者韦忠南　付祥　实习生王理略　宋芳　蓝勤华　杜培清

记者对医保定点药店和非定点药店的药价调查，缘起于两位读者投诉，他们说，在定点药店买药受了骗。

除了楚天都市报一版所述的武昌汪婆婆的投诉外，楚天都市报近日还接到其他多位读者的反映。

汉口读者曾先生投诉说，元旦期间，他伤了腰，到同济医院看完病后，他来到附近的医保定点药店——“百顺医药”，用15元/贴的价格，购买了“奇正消痛贴膏”。次日，曾先生到武昌水果湖发现，在“老百姓大药堂”，每贴只要10.90元，而其他医院也只要14.30元。

一位读者在投诉时气愤地说：“为了买平价药，我常拿着医院的处方，坐车赶到医保定点药店去买药，没想到专门去买的是最贵的药！不是说医保定点药店能缓解‘看病贵’，医保定点药店是为了给百姓实惠才建立的吗？看到它的药价竟比其他医院还贵，我感觉受了欺骗。”

在人们的印象中，医保定点药店是政府经过反复审核确定的，它的专业水平、进货渠道、信誉度等都应该比普通药店高，而且，医保定点药店除了正常的客户之外，还拥有大量的医保持卡客户。按说，同等条件下，它的销量比其他药店高许多，药价上理应比其他药店便宜些才是，可怎么反而高出非定点药店呢？

5日至9日，记者在有关专家的指点下，选择了11种常用药品，于6日、7日对武昌、汉口、青山的12家医保定点药店和普通药店（5家定点、7家非定点）进行了抽查。

抽查结果表明，医保定点药店之间药价存在差别。总的来看，与普通药店相比，医保定点药店普遍价高。

从以下列表中，我们各选择两家医保定点药店和普通药店，就11种常用药品进行列表对比，药价谁低谁高，一目了然。

专家称:医保定点药店药“贵”与变相垄断有关

记者韦忠南　付祥　实习生蓝勤华　宋芳　王理略

同一种药,医保定点药店比普通药店卖得还要贵。楚天都市报1月10日报道的这一现象引起业内人士及读者普遍关注。是什么原因导致了定点药店、非定点药店的价格差?

医保定点药店:“药贵”皆因成本高

“百顺医药”是武汉市医保定点药店之一,共有两家,其中一家位于同济医院旁数十米处。该店经理胡静昨接受采访时首先申明,该药店的药价并未突破国家最高的零售限价。

至于该店的药价为何高于普通药店。她说,这是因为该店的成本比普通药店高。医保持卡人刷卡购药后,该店不能立即收到现金,一般要两三个月才能结算,这使得该店资金占用量大;另外,该店的店面位处闹市,房租要比普通药店高;此外,该店规模不大,不能靠数量取胜,只能靠高一点的价格取胜。

另一家不愿透露姓名的医保定点药店负责人则感叹:“现在市场上的药价很乱。”她说,该公司的药都是从正规的渠道批发来的,来路正,因此成本高一些,有些药店的药卖得甚至比批发价还低,这是不正常的。她表示,我是商家,公司这么多人要吃饭。因此在保证经营成本的前提下,也要赚取一定的利润,所以贵一点是正常的,只要不超过物价部门规定的最高药价就行。

平价药店:低药价靠的是战略合作和高效管理

非定点药店的药相对便宜,是不是因为来路不正或是赔本赚吆喝呢?以药价较低而闻名全国的“老百姓大药房”,在武汉市有7家药店,营业面积近5000平方米。湖北公司总经理周勇对上述说法报以淡淡一笑。他说,“老百姓大药房”药品不仅来路正,而且也有钱赚,价格低得很正常。

周勇介绍,“老百姓大药房”是一个全国性的公司,通过集中采购实现规模效益,该公司目前与全国500多家大型药品企业签订了战略合作协议，其药品不经中间环节直接进入“老百姓大药房”。目前，公司直接订货率已达60%，减少中间环节，就可以让利于民。

对于药品“来路”，周勇说任何一种药品进入药房，都要经过30多道审批程序，而“老百姓”在武汉的7家店，除了一家在试运行外，其他6家均获全国药品管理GSP认证，药品质量随时接受行业检测评估。此外，通过高效节约型的管理，也减少了一些成本。周勇还表示，“老百姓”目前正在申请加入医保定点药店。“如果能够加入定点，我们一定要在平价惠民的路上起到表率作用”。

金药堂大药房在武汉共有15家药店。该公司总经理邵金军说，公司之所以能够以较低价位持续经营，主要是靠该公司的每个店面营业面积都较大，药品品种全，因而购买群较多，以大销量获取利润。邵金军指出，个别医保定点药店因较看重短期效益，且其店面不大，店铺数量不多，难以形成规模效应，因而药价相对高些。

记者采访时，一普通药店的负责人直言：目前，市民最怕“三高”，即药价高，房价高，学费高，而药价高首当其冲。医保定点药店药价之所以在政府限价中“就高不就低”，是因为占用了宝贵的社会资源，是通过垄断追求超额利润，那些药店认为持卡市民购药时“买也得买，不买也得买”。

这位不愿透露姓名的人士称，武汉有150多万人持医保卡，每月有大量资金打到这些医保卡上，这个大蛋糕，由谁来切？不是武汉市的其他近3000家药房，而是该市的103家医保定点药店！药价高点你也得买，“皇帝的女儿不愁嫁”，这样的垄断生意，怎么不产生超额利润？该人士还介绍，因划卡和掏现金在心理上存在差别，没掏出现钱不太心疼，有些医保持卡人划卡时，对药价并不十分在意，这也是某些医保定点药店敢于“就高不就低”的一个原因。

本报报道引起广泛关注

读者热议“药价高”

本报讯(记者韦忠南　付祥　实习生蓝勤华　宋芳　王理略)在医保药店买药怎么还贵些？楚天都市报昨日报道这一消息后，引起读者高度关注。楚天都市报公布的联系电话响个不停，近百位读者来电，数十名网友来信，纷纷提供有关信息并发表意见。

有些读者认为，医保定点药店是为解决老百姓看病贵而产生的，市民到医保定点药店购药是出于对它的信任，卖高价对不起老百姓；有些读者认为，医保定点药店之所以药价高，是因为有固定客户，这些客户卡上的钱，总是要到医保定点单位去花，没有什么竞争，或者说竞争压力小，甚至可以说是垄断经营，医保定点药店当然要卖高价。

读者们希望，相关部门从切实保障群众利益出发，对医保药店“药贵”现象予以重视，并寻求解决方案。

读者来信来电摘录

网友(cnhbwhqs122ll@yahoo.com.cn)：现在医保人群和医保药店的比例是 1500000：103，换句话说就是，150 万人要买药得去这 103 家店，你说这药能不卖的贵吗？你 150 万人有医保卡不用，难道会花手上的人民币去其他药店买药吗？那 103 家药店知道这 150 万人一定会在它那里买药，能不把价格提高吗？

网友(abfqyb@tom.com)：老百姓很喜欢这样的消息，毕竟与生活联系得紧，而且在报道之后肯定会有所改善。现在这样跟百姓说话的越来越多了，说明社会在进步，民主程度在提高。

网友(li138101@yahoo.com.cn)：看了今天楚天都市报的报道我糊涂了，不过仔细一想也不糊涂。我有一次去某定点店买脉君安 14.5 元，地奥心血康 6.8 元，而老百姓大药房分别是 11.3 和 5.9 元，我当时不愿意，该定点店还拿出进货单，分别是 13.8 和 6.5 元，也就是说老百姓大药房的零售价比该定点店的进价还便宜了 2.5 和 0.6 元。老百姓大药房会亏那么多卖吗？我反问该定点店，工作人员不置可否。

读者陈先生：我认为，要解决这个问题，政府应该有一个明确公开透明的定点医保药店的审核标准以及操作程序；定点医保药店也要接受公众的监督。例如，可以通过招标的办法选择定点药店，可以通过网上公示的办法公开药价；实行竞争机制，凡不符合要求的定点医保药店就免除其资格。

（编者：陈红彬　黄林中　2007 年 1 月 10 日—27 日见报）

在“希望小学之县”长阳，一批凝集着各界爱心的希望小学使用三五年后便遭废弃

58所希望小学沦为深山“摆设”

本报记者胡成　蒋绶　何红卫

长阳土家族自治县是一个革命老区，也是一个国家级贫困县。在上个世纪90年代中后期“普九”大潮中，在众多爱心人士的资助下，县里建起了76所希望小学，数目成为湖北之最。记者近日来到这个“希望小学之县”时却发现：只有18所希望小学还在运作，另外的58所小学或卖给农民种庄稼、养猪养鸡，或作为村委会办公之用，或一片荒芜。

没有了琅琅的读书声，当年爱心人士的一腔热血化成大山里孤独的豪华摆设。

有关专家指出，这在我省乃至全国都不是孤立的现象，这与当年“普九”达标时缺乏科学规划有重要的关联。“普九”的重大历史意义不可否定，但其实施中因缺乏足够前瞻性，也留下许多遗憾。

“全国首所农民个人捐资的希望小学”仅用两年就废弃了

长阳县津洋口镇杨家坪村是农民企业家杨大鹏的家乡，也是他的伤心地，当年他捐资7.8万元建起“大鹏希望小学”仅用了两年就废弃了。

10月28日，“大鹏希望小学”大门紧锁，一条黄狗看门，校园被农民租来堆放杂物。打开门锁，记者看到，学校的门窗破烂不堪，教室里堆放了许多农具、粮食，只有黑板上还写着高尔基的名言：“书籍是人类进步的阶梯。”

这所希望小学是一个凄苦爱情故事的延续。

1990年，杨大鹏南下广州打工，与长阳县老乡孙颖相识相爱。孙颖曾是该县贺家坪的小学教师，她对杨大鹏说，好想挣钱后在家乡办一所希望小学。不幸的是，孙颖不久死于一场车祸。杨大鹏悲伤得3天没吃一口饭，他记住了小孙未了的心愿。

原来的杨家坪小学是几间摇摇欲坠的危房。1997年，村里决定将学校推倒重建，苦于无资金，便在全村集资：每个劳动力出250元。这令许多贫困山民叫苦不迭。杨大鹏得知此事，专程回到家乡，将打工7

年的所得7.8万元全部捐献出来，建起了“大鹏希望小学”，他也成为该校的名誉校长。

在长阳县教育局编写的《千秋业》一书中，作者经过调查，认为该校是“全国由农民个人捐资兴建的第一所希望小学”。

然而，这所小学仅用两年就废弃了，原因是“生源减少，优化配置”。该村的20多个学生都到两公里之外的邓家坝小学读书。

学校的废弃，没有任何人对杨大鹏作一句解释。记者陪他到团县委，工作人员说不知此事。

站在荒芜的学校前，想起当年为争取自己到家乡捐建“希望小学”时，镇领导深更半夜满大街寻找自己的情景，杨大鹏哽咽得说不出话来。

长阳县第一所希望小学用来种庄稼、养猪

长阳县黄柏山乡是当年贺龙打游击的老区。原黄柏山乡“猫儿冲村希望小学”是长阳县第一所希望小学，建成于1995年，是由宜昌市团委、长阳县民委共同捐资10万元建设的。

没想到，该校2000年就被废弃了，后被当地村民以1万元买下。

记者看到，占地3亩的学校操场被用来种玉米、土豆，学校厨房则用来养猪、养鸡，教室、教工宿舍用来住家和堆放杂物。学校里的一石碑上还刻有“捐资助学功德无量”的字样。

当地村支书刘光临说，该校是一所完全小学，原有周围7个村300多名小学生在此读书，到2000年只有70余名学生，于是撤并到附近的民族小学。

津洋口镇合子坳村“春华希望小学”也遭遇同样的命运。

赵春华是津洋口人，后任广州私立“民康医院”董事长。他看到原合子坳村小学已成危房，于心不忍。1996年，他捐资15万元建起了“春华希望小学”，并成为名誉校长。

记者近日来到该校时，发现学校已变成了村委会的办公楼，只有门口的石碑上还写着：“赵春华先生身居闹市，怀揣乡情，深知文韬安社稷，科教兴百业，春华捐资故里，意在丰硕秋实。”

该村村支书熊礼名告诉记者，建校时学生还有近百名，2000年撤校时只有30来个学生了，只好合并到附近的三渔冲小学。

生源减少、优化教育资源配置成为希望小学撤并的理由

广大爱心人士捐建的希望小学仅用三五年就弃之不用，何以如此？

长阳县教育局副局长苏勇作出如下解释：

近年来，随着村民生育观念的改变，农村人口出生率大幅回落，加上外出打工人员的增多，造成农村适龄少年儿童总数逐年下降；近年来农村行政区划重新调整，合乡并村，有的三五个乡镇、村合并成一个乡镇、村，学校也随之作了相应的调整；百姓渴求优质教育资源，长阳县山大人稀，过去的小学点多面广，规模小、条件差、师资弱，严重制约山区基础教育的发展，整合优化教育资源势成必然。

据了解，1998年长阳县"普九"达标时有初中生、小学生5万人，10年后的今天只有3万人。当年长阳县有513所小学，现在已调整到99所。该县原有希望小学76所，现撤并至18所。

该局办公室主任刘永常告诉记者，该县于1998年完成轰轰烈烈的"普及九年义务教育"达标后，即发现教育布局出现问题，于2000年进行教育资源的大规模整合，集中办学。

"普九"时期，是全民办教育，村村办小学，甚至一个村办两三所小学，当时的出发点是保证适龄孩子"人人有书读，个个有学上"，但是普遍存在教学质量低劣的问题，甚至一个小学只有七八个学生，都是"复式班"，必然要进行调整。现在该县通过优化教育资源，从"撒胡椒面"，到"攥紧拳头形成合力"，创办山区寄宿制学校，保证培养山区建设的优秀人才。

团中央"亡羊补牢"：新建希望小学要保证15年不撤并

当年希望小学的捐资者杨大鹏对有关部门的解释持有异议。他说，农民建一个土墙房子都要住三四十年，何况投资颇大的希望小学，怎么说撤就撤？人口的变化不是不可预测的，事实上，你只要数一数村里现有多少小孩，就会知道7年之内有多少孩子上小学。教育是百年大计，盲目建校和撤校，朝令夕改，说明了有关部门战略决定的随意性，是对社会财富的极大浪费。

据了解，长阳县"希望小学"大量撤并不是一个孤立的事件，在我省乃至全国都是一个普遍现象。

团省委有关部门负责人告诉记者，当年兴建希望小学是配合全国开展的"普九"达标而进行的，团组织主要负责募集善款，由地方教育部门进行布局建校。当年"普九"具有伟大的历史意义，唤起全社会大力发展教育，现在反思，"普九"运动式的搞法，确实存在缺乏整体规划、布局不合理的问题。先前是"村村办小学"，"普九"后不久就发现"村村吃不饱"，于是又忙于教育资源的调整优化。

该负责人说，团中央已发现这一问题，并于前年提出："凡新建希望小学，在项目申请、规划设计阶段，应由县级教育行政部门出具意见，务必保证符合当地农村中小学教育布局调整计划，15年不被撤并。”

华中师大博导范先佐：缺乏前瞻规划是小学闲置的主因

华中师大博导范先佐今年曾主持《我国中西部地区农村中小学布局调整问题研究》课题。他说，当年“普九”不能简单否定，但缺乏前瞻性和科学规划确实是大量农村小学闲置的主要原因，令人痛心。关于生源减少的问题，他说，人口的年龄结构、空间结构的变化预测并不是一件复杂的工作，事实上，当年“普九”后即发现许多农村小学生源不足、教育资源过剩的问题。

据其介绍，1985年全国农村小学有83万所，去年已撤并至34万所。当年“普九”留下沉重的债务，全国有近600亿，我省有31个亿，绝大部分是农村小学遗留下的债务。

范教授还提醒说，尤其是在山大人稀的山区，“一刀切”地大量撤并农村小学，已造成新的入学难，须引起有关部门的关注。

他说，遵循教育规律，科学决策，是避免“穷国办教育”大起大落的根本措施。

（编者：沈伟　潘勤　2008年11月14日见报）

高考加分，谁在搭民族政策“便车”

石首部分少数民族考生身份变更调查

本报记者翟方　陈世昌

公示名单上，一些考生摇身变成少数民族

7月20日，湖北招生信息网上的“享受政策性照顾加分投档录取考生公示名单”悄然消失。

该公示名单上列有我省今年可享受加 10 分投档的所有少数民族考生，自6月1日公示以来，并未引起太多人的关注，但在7月中旬，随着高考录取工作展开，它引起的议论越来越多。因为，名单上有些“少数民族考生”经不起推敲。

7月12日，有网友给本报发来电子邮件指出，网上的公示信息中，并非少数民族聚居区的石首市，少数民族考生“密密麻麻一大排”，原因是“许多人更改为少数民族”，造假考生的父母都是当地的“局长”、“科长”、“队长”、“主任”，或是在当地“有权”部门工作。“我跟某某局长的儿子从小学到高中都是同学，从没听说他是土家族，公示栏上他却突然变成了土家族，真是笑话……”

根据省教育厅和省纠风办 2005 年的联合文件，经审核后可加分投档的考生名单，公示内容除了考生姓名、高考报名号外，还包括考生父母的姓名以及工作单位等。

公示名单显示，石首市今年有 56 名少数民族考生，分别为土家族、满族、壮族等。这些考生的父母中，有不少是当地党政机关和公安、财税、教育、交通部门的领导、干部及企业负责人。

网友直陈其中有人舞弊，到底是真是假？ 7月13日，记者请民警从全国人口信息网上初查发现，这些少数民族考生及家长登记的民族信息，与公示上的民族并无异样。

这到底是怎么回事？

原来的人口档案露出蛛丝马迹

“人口网上的个人身份信息都是最新变动的，当然查不到，但人事

档案和人口普查资料上的个人资料是早就锁定了的。”17日，记者抵达石首后，一名知情人说道：“假的真不了，真的假不了。”

当天上午，记者在石首市档案馆找到2000年第五次全国人口普查的底册，在笔架街建设路居委会的一份花名册上，显示公示名单上的邹氏一家三口当年都是汉族。而在如今的公示名单上，考生邹某、母亲吴某为土家族，父亲邹某是石首市某公司副总经理。

档案馆的工作人员说，这说明母亲和女儿的民族身份已经更改。

石首市公示的56名少数民族考生中，有6名考生的父亲或母亲是石首一中等校的老师。知情人指出，老师熟知国家对少数民族考生加分的优惠政策，所以常有老师变更民族为孩子高考加分。

在石首一中的一份教师花名册上，谢某2001年10月填写的民族为汉族。而公示名单中，她和儿子杨某都变成了少数民族。

在石首市教育局人事股保存的档案中，记者也找到公示名单上几位身为教师的少数民族考生的父母。如石首市实验小学教师唐某和石首市文昌小学教师方某，两人以前填写的民族均为汉族。

随后，石首市公安局提供的一份书面材料证实，2005年以来，56人中有20名考生更改为少数民族。

谁在作假，谁在把关

对照公示名单可以发现，石首市公安局查出的20名考生，他们的父母中有9人在石首市党政机关、财税部门或大型企业担任要职。

考生席某的母亲方某是一名老师，父亲是石首市交通局副局长（公示中错为局长——记者注）。他的少数民族身份是如何得到的呢？

石首市公安局提供的资料显示，2006年7月25日，石首市桥南社区居委会出具证明：“兹有我绣林办事处槐树堤社区居委会方某、其子席某属于少数民族居民。”石首市民族宗教事务局签有“情况属实”，并加盖了公章。此后，公安机关据此将方某母子由汉族变更为少数民族。

7月18日下午，方某在电话中告诉记者：当时，很多人告诉她，将孩子改为少数民族后，可以在高考中加分，她便找了一个朋友到居委会试一下，没想到竟然办成了。

1990年5月，国家民委、公安部等部门曾联合下发文件，规定“个人的民族成分只能依据父或母的民族成分确定；子女的民族成分在满18周岁以前由父母商定；年满20周岁者不再更改民族成分”。申请变更民族成分，须经本人所在单位人事部门或居住地区的街道办事处、乡镇人民政府调查核实，报经县级以上民族工作部门审批后，方可到户籍管理部门办理手续。

2007 年元月接手分管户籍工作的石首市公安局副局长徐文杰说，荆州市公安局曾依国家上述文件明文规定：民族宗教事务局是管理认定民族身份的唯一职能部门。公安机关必须严格按照程序变更审批。石首市公安局也是严格这样办的。

石首市民族宗教事务局办公室的一位工作人员对记者说：这些年不断有人来说原来漏报错报了，要求更改民族成分，不给办又不太好，我们都是按 1990 年的国家文件办的。

然而，记者前后查证了 10 名考生家长变更少数民族身份时留存的文字资料，发现没有一人完全符合规定，而民宗局都在他们的所谓证明材料上盖了公章。

石首市民宗局局长余刚说他是 2007 年才上任的。他反复说明：我们工作中是有失误，今后一定改正。

值得一提的是，17 日记者抵石首采访首日的当晚，在石首当地的网上，湖北招生信息网上的公示信息已无法显示了。

擅改民族，此风当刹

“随意更改户口上的民族，从而获得高考录取时的照顾，此风当刹！”这是石首市政协常委水红国与记者见面时说的第一句话。

水红国说，早在 2004 年底，他就曾联合其他的 6 名政协委员写出提案，呼吁石首市有关部门高度重视随意变更为少数民族的事。

这份编为“第 10 号”的提案中写道：近两年来，许多家长和学生通过各种关系改为少数民族，仅 2004 年就有几百人。他们其实不是真正的少数民族，只是为了在高考中加分。

“在高考中，更改民族已经不是第一次发生了！”石首市招办副主任王和敬说，在去年的审查中，他发现一位好朋友的孩子摇身变成少数民族，他当即将其驳回。此后，朋友还责怪他：你何必那么认真，前面几个部门审查都通过了，你还卡什么呢……

（编者：韦忠南　潘勤　2008 年 7 月 21 日见报）

谁,挪用了我们的学籍?

襄樊二中部分流失学生的学籍被顶替事件调查

本报记者徐啸寒　卢水平

学籍是一个学生在教育部门注册后取得的合法身份,如同户籍。按教育部规定,一个学籍只能对应一个学生。但在襄樊市第二中学,却出现了一个学籍对应两个学生的情况。原因何在? 近日,本报记者根据匿名举报线索调查发现,该校部分学籍存在被人为顶替和冒用的现象。

匿名举报,河南学生变成襄樊考生

近日,一封由电脑打印的匿名举报信寄到了本报编辑部。

举报信反映,近年来,襄樊市第二中学美术教师陈彦文等,通过中间人,把河南一些学校的学生提供给襄樊二中。

把河南学生弄到湖北来干什么? 信中作了说明:每年,河南艺术类高考录取分数线要比湖北高 50 分左右,河南学生高考竞争比湖北考生更加激烈。这些河南学生到湖北来的目的只有一个:参加高考。

举报信提到,为使这些河南学生以襄樊二中学生的身份参加高考,该校有关老师"篡改了本校流失学生的学籍,让河南学生冒名顶替湖北学生的学籍",而且这些老师"可能从中获取钱财"。

举报信列举了 2006 年被河南学生顶替了学籍的 4 名学生名单,以及冒用本地学生学籍的河南学生名单。

"他们挪用我们孩子的学籍,使得我们的孩子丧失了参加高考的机会和权益。这样的损失谁来弥补?"举报信道出了忧虑。

学生辍学,其学籍却报名参加高考

襄樊二中,是襄樊市樊城区的一所普通高中。学校现有学生 1200 名左右,每年参加高考的人数在 300—400 人之间,其中美术考生在 50 人左右。

2 月 26 日,本报记者来到襄樊二中,该校党委副书记辛宏作了这样的介绍。

按举报信所说,该校 2006 的美术考生中,有 4 名河南学生顶替了该校流失学生（刘某、谢某、冉某和田某）的学籍，并报名参加当年的高考。

是否真是这样？对于这一疑问，党委副书记辛宏的回答相当明确："本校对所有参加高考学生的学籍均严格审查，并报市教育局高招科审查，考生的学籍都是符合高考报名要求的。"

那么，辛宏副书记所说的"高考报名要求"具体应该是什么样的要求？

记者从省教育厅得知，在襄樊参加高考的学生首先必须具备当地户口，否则根本没有资格报考；报考后，考生的学籍号、报考号、身份证号码均应与考生姓名相符。

而在该校登记的学生名册上，2003 年入学的学生中，能够找到刘某（女）、谢某（男）、冉某（男）和田某（男）等 4 名学生的姓名和学籍号。但 2006 年该校高考报名登记表中，4 人的名字消失了，与之对应的学籍号，换成了另外 4 名学生。

原来的 4 名学生到哪去了？据该校负责学生学籍档案管理的张妍老师讲，学校每年招收的学生中，都会有少数学生因这样那样的原因辍学，这 4 名学生就是在中途辍学的。她进一步解释，在名册中的辍学学生姓名前，一般都有一个铅笔写的"走"字，"这表示，这些学生高中没读完，就辍学了。"

为证实其说法，张老师向记者出示了该校 2003 级学籍名册，其中部分学生名单前，果然有用铅笔写的"走"字，谢某、冉某等人名列其中。

改个名字，辍学学生学籍被挪用

据学校党委副书记解释，学生流失的情况在其他学校也有，"这是一种正常现象。"

然而，记者发现"不太正常"的是，这 4 名已经辍学的学生，他们的学籍号不仅报名参加高考，而且，学籍号对应的考生名字还分别变成了：宋某（女）、周某（男）、李某某（男）和时某某（男）。

记者将掌握的宋某等 4 人的学籍信息，拿到襄樊市教育局求证。该局有关负责人将这些姓名逐一输入"湖北省学生学籍网络管理系统（高中）"，结果都查不到这些人。

这位负责人介绍，自 2003 年起，省内的学生学籍，都应该在这一网络管理系统中查得到。随后，她取出该局存档的原始学籍登记表，根据学籍号，查到的姓名则是 2003 年进入襄樊二中的刘某等 4 人（这一点，与记者在襄樊二中查到的学籍相吻合）。

对此，她表示，刘某等 4 人的学籍是真实的，是最原始的学籍，而宋某等 4 人的学籍则属"冒名顶替"。

26日上午，记者将这一情况反馈给襄樊二中党委副书记辛宏。他当即表示，“我们再落实一下。”

一号双名，冒名学生从何而来

按规定，在湖北境内报考学生应是本省户口，否则根本无法报考。那么，顶替襄樊二中学生学籍的4名学生，究竟从何而来？

学校党委副书记辛宏询问了2006年高三年级主任吴老师，对方的答复是：“没有参与过（改学籍），得问当年的美术老师陈彦文。”

该校负责学生档案的张妍老师也表示，这4名学生都是由该校美术老师陈彦文介绍过来的插班生，本来应该连同学籍档案一起转入襄樊二中，但由于他们的成绩较好，从外地转来时，其原来所在的学校不愿意放学籍，于是就用了本校的学籍。

据陈彦文老师讲，这些学生均是襄樊本地人，前些年到河南借读，高二时又重新转回襄樊。

陈彦文表示，在接收他们进校时，曾亲眼看到过他们的户口原件。

为了证明这些学生有襄樊本地身份，校方还提供了4名学生的身份证号码。这些号码均以“4206”开头，这组数字代表“襄樊”。

冒名考生，襄樊户籍网络上“查无此人”

在匿名举报信中，也提及4名顶替学籍的学生的身份证号。记者核对发现，与襄樊二中提供的身份证号全部一致。

顶替学籍的4人真是襄樊学生吗？如果确是本地人，为何还要顶替他人学籍？24日，记者在襄樊市区一家派出所内，求证这4名冒名学生的真实身份。

户籍民警在全国联网的户籍管理网络系统内逐一输入宋某、周某等4名学生的身份证号。

查询显示，考生周某的户籍登记已经被注销，注销原因一栏中写有“消除重复户口”。户籍民警解释，这说明周某曾经在襄樊上过户，但因为他同时还另外有一个户口，因此将这个重复户口注销。

经查询，考生李某某和时某某二人的身份证号码均“查无此人”。户籍民警解释，这表明，襄樊市不存在这两个身份证号，二人根本没有登记过襄樊户口。

而只有考生宋某的身份信息比较全，据派出所查询结果，宋某的户籍所在地是“襄樊市南漳县武安镇宜竹路100号”。

2月24日上午，本报记者冒雪驱车60多公里前往南漳县武安镇。

在该镇宜竹路上，经反复查找询问，最终也没能找到“宜竹路 100 号”。

武安镇派出所一民警告诉记者，“该镇根本没有‘宜竹路 100 号’这个地址”。

据派出所分管户籍的副所长胡宗忠介绍，“宜竹路 100 号”实际上是个虚号，原因是 1992 年，该镇拟用该地址建一个开发区，并接收“农转非”户口，农户花 2000—3000 元就能将户口迁入该地，成为“非农业户口”。因此，当年转入的几百人的户籍都是这里——“宜竹路 100 号”。

胡宗忠副所长还介绍，由于国家出台相关措施，常住人口登记要有固定住址，因此在一年半左右后，“宜竹路 100 号”的“农转非”被叫停。

但民警登陆襄樊市户籍管理网络查询发现，冒用学籍号的考生宋某，其登记户口的日期是“2006 年 1 月 5 日”，并因“考取大中专院校”，已于 2006 年 8 月 21 日迁至杭州市一所高校内。

校方解释，四名学生曾在河南借读

4 名考生有的挂的是虚拟户口，有的根本“查无此人”。为探究竟，26 日下午，记者再次来到该校采访。

这 4 名报考学生都是美术生，该校 2006 年高三只有一个美术班——三(7)班。时任该班班主任的刘爱华老师介绍，这 4 人是在高三下学期学校安排插班的，从何处转来她并不清楚。

考生到底是哪里人？当年帮他们进入襄樊二中的陈彦文老师表示，“当然是襄樊的学生，当初我都看了他们的户口本原件的。”但是，当记者反馈从公安部门查到的身份证信息时，陈彦文老师又说，“我当初看了他们的身份证的，难道他们办了假身份证？”

但校方提供的一份原始的、经家长签字认可的学生身份证号码表上，4 名考生中的时某某身份证号后却写着“正在办理”。

正当陈老师疑惑之时，该校党委副书记辛宏表示，“他们 4 人确实是从河南过来的，高二的时候转入我校，但他们是湖北人，在河南借读。但回到襄樊后没有湖北的学籍。学校为了追求升学率，没有为他们重新申请学籍号，而是直接让他们顶替了流失学生的学籍(按规定应该注销)，这是我们犯的一个错误。”

辛宏副书记说，“这种顶替流失学生学籍参加高考的现象，不止该校一家存在。”同时，对于“既然真是襄樊人，却为何查无此人”的疑问，他没有作解释。

记者附言：究竟有多少流失学生学籍被挪用、顶替？那些顶替者又是哪里人？他们在户籍网络上“查无此人”的身份证号码从何而来？顶替过程中是否有举报信所说的涉及金钱交易？陈彦文老师如果在宋某转入襄樊二中高二时(2005年)看到了她的户口原件，可为何宋某的户籍登记时间却是“2006年1月”……对这一连串的疑问，当地有关部门表态：将展开调查。

（编者：张仕武　刘鹏　2008年2月28日见报）

成人高考替考调查

我省成人高考惊现特大集体舞弊案

“替考公司”组织50名枪手上考场

本报讯(记者姬栋　通讯员陈龙　实习生尚冰　常妍铮)昨日是全国成人高考的第一天。武汉警方根据记者提供的线索，捣毁一个地下“替考公司”，抓获组织者韩某和近10名“枪手”。

今年9月初，武汉市睿通教育咨询有限公司员工李林(化名)向本报反映称，该公司打着教育咨询的幌子，提供成人高考代考服务。目前正组织大批大学生伪造相关证件，作为“枪手”参加将于10月举行的全国成人高考。

9月4日，记者根据举报人提供的线索，赶往东西湖区招考办现场报名确认点进行暗访。就在报名点外，睿通公司的工作人员正在为数十名“枪手”发放假的居民身份证。据了解，这些居民身份证都是刚从假证窝点办下来的，照片是“枪手”本人的，而名字和身份证号则是被替考考生的。

记者在现场看到，“枪手”们拿着这些假身份证，顺利地通过了成人高考的报名审核。后据了解，这些“枪手”都是睿通公司以200元左右从武汉一些高校请来的大学生。

10月9日，记者来到位于武昌中北路的睿通公司暗访。该公司工作人员热情地介绍，公司可以提供成人高考包过服务，只要交纳2000元，就可在家等录取通知书。

记者随即将这家公司组织“枪手”替考的情况，向武汉市公安局通报。10月14日，武汉市委常委、政法委书记、公安局局长胡绪鹍连夜批示，要求警方成立调查专班严查此事。该局治安处迅速抽调30余名民警，成立专班展开侦查。

警方侦查发现，前日下午，睿通公司租用了一辆大巴，将“枪手”集中送到东西湖区六顺路的两家招待所。当晚，他们将假身份证和准考证发放给这些枪手。

昨日上午8时许，近50名“枪手”分别进入东西湖职业技术学校和吴家山三中的两个考点。当晚7时，正当该公司在东西湖一餐馆大摆庆功宴时,民警从天而降,当场抓获组织者韩某和近10名枪手。

在审讯中,韩某对伪造相关证件,雇请“枪手”参加成人高考的事实供认不讳。

（编者:周保国　2010年10月17日见报）

中介公司大肆招募大学生替考，老板自称“没有搞不定的考试”

数十“枪手”轻松闯过成人高考审核

本报记者姬栋　通讯员陈龙　实习生尚冰　常妍铮

一年一度的成人高考是成人高等学校选拔新生的入学考试，属国家级考试。但在今年的成人高考中，武汉一家中介机构通过伪造身份证、编造单位证明等手段，招募一批大学生充当“枪手”进行替考。这些“枪手”持伪造的证件，不仅闯过报名审查关，还顺利地进入考场。

从今年9月初开始，本报接到举报后，派出数名记者进行暗访，查清了这家名为“武汉市睿通教育咨询有限公司”的运作过程。

昨晚7时，武汉市公安局治安处有关负责人一声令下，30余名民警分别冲进东西湖区六顺路如家招待所和一家餐馆，将正在“庆功”的公司负责人韩某和大批枪手抓获。

大肆招募大学生枪手

9月初，正值全国成人高考报名前夕，一名刚毕业的女大学生李林（化名）来到本报编辑部，向记者举报：她所在的一家教育培训公司打着教育咨询的旗号，实则是帮成人高考学生提供免考一条龙服务。现在正在组织大批大学生，伪造相关证件，准备参加成人高考。

李林说，大学毕业后，她在武昌一家教育公司上班。工作一段时间后，她发现这家公司并不是“正规”做教育培训的公司，而是披着教育公司的外衣，花钱伪造证件，找在校大学生充当“枪手”，帮助报考者过关。

她说，公司还公然在网上发布替考信息。几天来，前来报名咨询的人络绎不绝。从8月25日到8月31日，已有许多人报了名。据她掌握的情况，已有四五十人通过报名审核。

李林说，除了成人高考可以代考外，大学英语四、六级甚至考研等，该公司也都承诺可以找人代考。

每次考试完后，公司老板就会说：“从报名到监考人，这些部门我都有熟人，没有搞不定的考试。”看到这一幕，李林心中就觉得特别难受：“这不仅严重扰乱了考试秩序，还破坏了考试公平。”

经过一番思想斗争后，李林鼓起勇气向记者讲述了这个秘密。她说，希望警方能够及时查处，捣毁这家公司，还考试一个公正公平的环境。

报名点外公然发假证

根据湖北省教育考试院的统一安排，今年8月31日—9月5日是年度成人高考现场报名确认的时间。李林向记者透露，公司将组织"枪手"到东西湖现场确认。

为什么选在远城区呢？李林说，公司在那里有熟人，报名审核只是走过场，"枪手"很容易蒙混过关。

9月4日，天下着蒙蒙细雨，记者来到东西湖区教育局大院内，只见这里停满轿车，招生办公室外站了上百名报考者。

"过来，把名字记好，待会儿验证时别报错了！"随着话音，记者看到，一群大学生模样的男生围着白衣女子，她年约20岁，手里拿着一个大袋子。在众人的簇拥下，她又从手提袋中拿出厚厚一堆蓝色外壳的暂住证和一摞居民身份证，格外显眼。

"这都是今天早上刚拿回来的！"白衣女子边翻阅边说。随后，她对着照片，在两名中年男子的帮助下，给每人发了一份《2010年湖北省成人高考考生特征证件审批表》、暂住证和一张二代证。

记者看到，这些居民身份证乍一看，跟真的一模一样，但仔细查看，其照片四周比较模糊，其外观的色彩、光泽及质地与真的相比要大打折扣。李林告诉记者，这些都是刚刚从假证窝点买来的假身份证。

在现场，记者发现一名男生手中的身份证上显示的地址来自河北，姓唐。而男生说，他其实是黄石人，唐某根本就没有见过。这张身份证上，唯一和他有关的就是他的照片。

李林解释，假身份证上，名字和身份证号都是考生的，而照片则是用"枪手"的。这样的话，公安机关即使来查，也很难查得出来。

这时，白衣女子提醒男生："待会报名时，身份证上的名字和身份证号一定要记牢，免得露馅啊！"李林说，这些人就是公司请来的"枪手"，他们是武汉一些高校的学生。

枪手轻松闯过审核关

在细雨中，白衣女子很快就把近百张假身份证发放完毕。在他们组织下，这些前来参加报名确认的"枪手"很快排成长队。

记者从他们手中拿着的《2010年湖北省成人高考考生特征证件审批表》上看到，除了考生的基本信息外，还贴有毕业证书复印件等一些证明材料。令人奇怪的是，大部分审批表上，都是“武汉睿通教育咨询有限公司”出具的任职证明和盖有“武昌区水果湖街北环路社区居委会”印章的暂住证明。

而为了日后顺利录取，审批表上粘贴的是真实考生的身份证复印件，上面显示的照片自然与“枪手”的相貌相差甚远。

据了解，省教育考试院曾下发《关于做好2010年成人高考报名工作的通知》，要求严格做好考生的报名资格审查工作。在鄂企、事业单位工作的外省籍考生须出具本单位人事部门工作证明、居住地街道居民委员会的居住证明和居住地公安机关的证明。

李林介绍，为了让外地考生能够顺利报名，公司让替考“枪手”交两张一寸红底登记照片，一张用来办假身份证，另一张则用来办假暂住证。

“验证时，一定要记得姓名，速度快点，工作人员只要看看就会盖章的，只要一盖章便可给报名者一张回执单，拿了报名回执单据，便大功告成！”站在一旁的白衣女子，不断提醒排成长队的“报考”者。

看着有人有些紧张，她还让“枪手”们在递交证件时大方点，不要害怕，“招办的验证工作人员与我们关系挺好！”在攀谈中，白衣女子告诉记者，她姓张，是武汉睿通教育咨询有限公司的员工，老板姓韩。

约半小时后，这些“枪手”陆续走出报名点。“太容易了！”有人说，他们只要把《2010年湖北省成人高考考生特征证件审批表》交给工作人员，工作人员看都不看就盖章通过。

大学生为200元当枪手

在采访中，一些“枪手”介绍，他们是来自武汉纺织大学东湖校区（湖北财经高等专科学校）的学生。今年暑假，有部分同学没有回家。一天，一位何姓同学找到他们，说帮忙考试一门就给50元工资，并且包食宿，只需要耽误几天时间。很多人想着能赚一笔钱，便答应了。

随后，何某将他们带到上述“武汉睿通教育咨询有限公司”。同学们说，这时，他们才知道是帮人参加成人高考。而且，这些考生报考的学校就是武汉纺织大学。

睿通公司一位负责人当时还说，在考试时，他们还会将答案发送到每名考生手机中，照抄就行，轻轻松松两天，就能赚200元。

记者在报名现场蹲守一天发现，不仅是睿通公司组织了大批“枪手”，还有另外一家公司也组织了一批学生前来。一位老师说，成人高校学费便宜，而且考试管理也不严，很容易就能过。

记者看到，她手中身份证、暂住证等也是厚厚一沓，有数十个之多。

其间，甚至有辆红色“标志 307”开进教育局大院，一男子在车里“现场办公”，替考生加盖各种印章，然后把《2010 年湖北省成人高考考生特征证件审批表》交给手下各“老师”，后者再将假证一起交给疑似替考学生。

自己考，交 350 元买答案，找人替考，交 2000 元包过；中介公司一条龙服务

10 月 9 日，记者来到位于中北路 134 号的中国农业银行武汉培训学院，在教学楼 6 楼 604 室找到了这家中介结构：武汉睿通教育咨询有限公司。

记者佯装自己的亲属要参加成人高考，经湖北财经高等专科学校的同学介绍前来咨询相关事宜。

办公室一女工作人员自称张老师，她向记者介绍，如果本人参加考试，只需交纳 350 元报名费，便可在考试的过程当中通过手机接收到他们发送的考试答案。

如果本人不参加考试，需包过服务的，只要在 7 月底交纳 2000 元钱和一张身份证复印件，他们便可从报名到现场确认到考试采取一条龙式服务。不需要本人参加考试，只需在家里等待录取通知书即可。

“有这么厉害？”记者好奇地问道，她指着桌上一大堆资料说，“你看，我们已接收了上百名考生了！”她还称，武昌考点监考会比较严，因此报名选择在东西湖考点。

（编者：李欣　2010 年 10 月 17 日见报）

“替考公司”庆功时被民警一锅端

本报记者姬栋　通讯员陈龙　实习生尚冰　常妍铮

胡绪鹍高度重视，武汉警方成立专班

一个以中介公司为核心，通过组织大学生充当“枪手”的替考网络链条已经形成，严重破坏了考试公平。眼看考期临近，本报迅速将情况通报给武汉市公安局。10月14日晚，武汉市委常委、市政法委书记、公安局局长胡绪鹍要求迅速成立调查专班，严肃处理此事。

10月15日上午，在武汉市公安局治安处会议室，治安处处长杨明建召开紧急会议，分析案情，决定抽调30余名民警参与侦破此案。杨明建说，这么大规模地组织“枪手”参与成人高考，非常罕见，社会影响非常恶劣。

装满“枪手”的大巴车驶往东西湖

据报料人李林介绍，武汉睿通教育咨询有限公司负责人韩某将在考试前一天，组织“枪手”赶往东西湖。约定时间是当日下午6时许。

10月15日中午，记者临时得到信息，出发时间改在下午3时许。他们说，韩某生性多疑，总是更改时间。

下午3时，当记者赶到位于武昌中北路的中国农业银行武汉培训学院门口时，一辆大巴正停在马路边，不时可见三三两两的学生提着行李走上车。这辆大巴车上，很快就聚集了数十名学生。据了解，这些学生都是从附近几所高校赶来的。

大约半小时后，穿着白衬衣、戴着眼镜的韩某才慢慢出来，一名女孩提着手提袋，跟在后面。记者发现，手提袋鼓鼓的。韩某从该手提袋内拿出一沓准考证。他说，明天考试，你们不用怕，保证都会让你们过的。

数分钟后，韩某走上车，一一清点核对了车上人数。记者估计，大巴车载有近50名考生，男女各占一半。人数清点完毕后，大巴车缓缓启动，驶往东西湖。

“枪手”们住进路边简易招待所

据了解，在今年成人高考中，东西湖设有两个考点，分别为东西湖职校和吴家山三中。东西湖职校位于东西湖区 107 国道旁边，吴家山三中位于东西湖区六顺路附近。

前日下午，记者和民警驾车尾随着大巴车一路到东西湖。下午 5 时许，大巴车停到东西湖六顺路旁。李林介绍，这儿离两个考点都非常近，这是韩某特意挑选的。

在韩某指挥下，近 50 名学生提着行李走进了六顺路上的如家招待所和丹燕招待所内。记者看到，这两家招待所非常简陋。其中，如家招待所上下五层都是被板子隔开的。每间房的房价每晚不足 100 元。

据称，韩某为降低成本，特意选择这种低廉招待所；而且，韩某还根据每名枪手的情况，给予不同的代考价格。当晚，韩某将枪手安顿后，自己开车住进附近一间豪华宾馆。

考试过程中，考生接收到答案

昨日是成人高考第一天。上午 8 时许，在东西湖区职业技术学校和吴家山三中考点门口，已聚集了大批考生。

记者发现，这里除真正的考生，还有替考学生和这些中介公司的负责人，他们正为替考学生发放假身份证和准考证。

“好假啊！哈哈……”在东西湖区职校外，几名女生从一男子手里领到贴着自己照片的假身份证和准考证，互相比照后，情不自禁地笑了起来。

一名中年男子跑了过来，看了看记者，随后对这些学生大声道：“不要笑！进场半小时后开机，会有人将答案发到手机上。”

中午 11 时，考试结束后，记者再次来到考点门口。随着大批考生涌出来，里面不少人是韩某雇请的“枪手”，他们边走边谈。有人说：“公司答案发得太晚，差点没有抄完。”一名同学气愤地说：“不知道为什么没有给我发答案，害得我留了很多空。如果没有过，就不要怪我！”

记者看到一名“枪手”的手机短信，密密麻麻地写着 ABCD 等选择题的答案。

在下午的数学考试中，“枪手”公司甚至将填空和选择题的详细答案发送到考生手机上面来。一名考生告诉记者，这些答案大约 4 时许发送的。

庆功宴上，替考组织者和部分“枪手”束手就擒

就在枪手们进行考试时，警方正紧急布控抓捕韩某及其同伙。

昨日下午 5 时许，考试一结束，韩某提前来到六顺路边的新农寨酒

店二楼，提上他从隔壁副食店买来的酒和饮料，准备庆功。

武汉市公安局治安处二大队凡副大队长赶到现场指挥抓捕。此时，30名民警悄悄向餐馆和招待所集结。

眼看天色越来越黑，民警们蹲守在马路边，所有人的目光都聚焦在二楼一间包房内。在那里，韩某正和同伴们推杯换盏，喧闹声不断传到马路上。

晚上7时许，庆功宴接近尾声，只见30余名民警兵分两路，一路冲进餐馆抓捕韩某和同伙；另外一路直奔隔壁的如家招待所。

当记者随民警冲上二楼包房时，惊讶地发现韩某失踪了。但有民警发现他的西服还在，肯定走不远。民警当即冲下来，在楼梯口将韩某抓个正着。

另外一路民警顺利从招待所里找到了近10名“枪手”。他们惊慌失措，在假身份证面前，一一承认是“枪手”。

替考组织者在铁证面前低下了头

昨晚9时许，记者在韩某和“枪手”的皮包中，发现一份《2010年成考代考统计表》，涉及人数近50人。在这份统计表中，一一列举着考生姓名和代考者的名字。

记者看到，这些考生报考的学校是武汉纺织大学和湖北大学，其中既有高升专，还有专升本，一目了然。民警审讯发现，睿通公司的一名张姓女子，竟然也被韩某当“枪手”安排进了考场。

昨晚10时许，民警又赶到韩某位于中国农业银行武汉培训学院的办公地点，并从他的抽屉中查获了多所高校的公章、假身份证、考生名单、替考者名单、还有大量大学生英语四六级证书等。

面对铁证，韩某承认：为了牟利，伪造了假身份证等证件，聘请“枪手”参加成人高考。

目前，警方正在加紧审理此案。

（编者：蒋绶　2010年10月17日见报）

100人聚集招待所传自考答案

省考试院:这是罕见的团体舞弊事件

本报讯(记者刘毅)昨日下午,近百人聚集在武汉市洪山区石牌岭张黄新村学苑招待所里,购买了全国高等教育自学考试的答案,并将答案传递给考生。

昨日中午,记者接到读者举报,称有一名叫"陈国良"的人贩卖自学考试的答案。记者随后和"陈国良"电话联系,"陈国良"表示,考试开始40分钟后,考场内的"枪手"就可将答案传出来,一份答案收费250元。传答案的人都在学苑招待所内聚集,凭他开的卡片就能进入招待所。

记者随后和"陈国良"见面,他是一名30岁左右的男子,他拿出一张卡片和一个小本子,卡片上写着考生姓名、考号、考试科目和联系电话,本子上则记录着许多人名和电话。"陈国良"说,本子上的人都是找他买过答案的,他卖答案多年,招待所很安全,有人放风,从没失手过。

下午2时,记者随"陈国良"进入学苑招待所的2楼,门口的沙发上坐着一名中年男子。一名男青年将记者带到一个房间里,让记者在那里等答案。记者发现,10多间房内共有近百名大学生模样的人,经询问,他们多是附近大学的学生,有朋友或同学参加自学考试,他们拿到答案后再通过手机传给考生。

2时50分许,一名穿花格子毛衣的男青年到各个房间分发答案,并称这是第一批答案,等会还会有答案传来。记者拿到的是"高等数学一"的答案,当即报警。5分钟后,洪山街派出所的警察来到招待所,扣留了一名传答案的学生,但卖答案的人和其他学生都从后门跑了。警方表示,他们还会继续调查。

省教育考试院的相关负责人表示,这是一起罕见的团体舞弊事件,舞弊的考生将被取消考试成绩,而场外传答案的人他们没有办法处理。据了解,被扣留的学生来自武汉理工大学,该校老师已将其带回学校处理。

(编者:王溥　易敏　2008年4月21日见报)

研考前，作弊团伙潜入考场"彩排"

本报记者暗访举报民警抓获一嫌疑人查获一批作弊器材

记者闻蔚　通讯员张荣苍　高东起

2009年全国研究生招生考试将于明日开幕。昨日，一作弊团伙成员携带作弊器材，潜入多所高校的研究生考场，测试设备信号。一直跟踪调查该团伙的记者当即向警方举报，民警现场抓获一名嫌疑人并查获一批作弊器材。

考研作弊广告泛滥校园　"作弊产品生产线"上了网页

连日来，记者踏访华中师范大学、武汉理工大学、中南民族大学、武汉科技大学等高校，发现贩卖考试答案和作弊高科技设备的广告，随处可见。

5日，记者根据校园中的小广告，联系上"武汉××科技有限公司"。该公司向各大高校的考研学子推销无线耳机、隐形耳机、笔式短信接收器等无线作弊设备，并出售试题答案。记者加上该公司的联系QQ，发现其空间里公布了近30张图片，除一些该公司作弊新产品展示外，居然有8张"短信接收机生产流水线"，图中可以看出，工人正在流水线上，成规模地生产作弊用的橡皮式接收机。

记者通过电话与该公司人员取得联系。接电话的人自称"杨虎"，杨表示，自己这边的业务目前已饱和，不再接受新的考生加入。"考试还有几天了，我现在要保证考试过程的安全，一定要操作好。"不过，杨虎接着推荐记者与其朋友"梅老板"联系，"他那儿还在卖设备和答案。"

7日，记者与梅老板取得联系。梅老板听说是"虎哥"介绍的，不再生疑。"我们有'听的'和'看的'两种设备。"梅老板向记者推荐作弊设备，"听的"主要是指对讲机，一套600元，但是能被"作弊克星"等检测出来。"你最好使用'看的'，这样更为保险。"梅老板介绍，"看的"包括橡皮式、笔式、手表式等的几种设备，体积小，可以显示无线传输的研究生考卷答案，价格从200元到600元不等，另外还需要一个发射台，价格1500元到1800元。"这是目前最先进的设备，只要不被监考老师肉眼发现，任何检测设备都检测不到的。"

记者与其约好，次日在华中师范大学东门附近见面。

作弊团伙提前潜入考点　现场测试作弊信号

昨日上午 10 时，记者如约抵达位于虎泉的会面地点，梅老板却直到中午 12 点才出现。梅老板警惕性颇高，并没有带任何设备，也不肯带记者等人去看设备。他要求记者下午 3 点到华师 8 号楼再碰面。

下午 3 时，记者抵达华师 8 号楼，这是该校研究生考试考点，工作人员当时正在大楼上张挂条幅：禁止携带手机等无线通讯工具进入考场。

大楼门口，梅老板被七八个学生模样的人团团围住，记者发现，他们每人手上都有一块白色的橡皮式接收机，有的人说：我刚才收到信号了。有的人则着急地打听到底怎么使用。

原来，梅老板等人在这里现场测试作弊信号。据其介绍，他们当天已在中南民大等校考点做完测试。该团伙作弊流程是：由“内线”考生携偷拍设备进入考场，“在四五分钟内，考卷内容就可传出来。”团伙请来的“高手”做出答案后，再由设置在车上或考点附近民房里的发射机将答案发送至考生的接收机里。由于发射机最佳工作距离为千米左右，他们因此提前进行设备测试，寻找合适的发射位置。

梅老板等人测试过程中，仍有不少考生模样的人向其订购作弊信号接收机。

民警迅速出击　嫌疑人“梅老板”落网

由于此前记者已将此事向警方举报，卓刀泉派出所闻讯后，非常重视，派出 4 名民警配合记者行动。

昨日下午 5 时许，由于携带的作弊接收机都被买走，梅老板等人再次运送一批作弊接收机赶至 8 号楼前时，记者与民警一道，将梅老板控制住。其余人见势不妙，四下逃散。

警方暂扣了嫌疑人遗留在现场的 2 辆摩托车。

经清点，梅老板等人拿来了 5 套橡皮式接收器，1 套笔试接收器及大量贩卖作弊工具的传单。

昨晚，卓刀泉派出所民警告诉记者，对嫌疑人的讯问仍在进行中，近期将会真相大白。

作弊影响考试公平学子呼吁严惩作弊团伙

在华师 8 号楼门前，记者遇到两名购买作弊工具的学生。“本来不打算作弊的，但身边的人好多都买了，自己不买不亏了吗，反正几千块钱也花得起。”这种跟风现象，是不少学生参与作弊的原因。

但是，更多学子对作弊现象十分痛恨。在武汉科技大学城市学院，记者采访了一些正在备考的考生。他们质问，“每天都能看到推销答案和耳机的传单，食堂、宿舍到处都是。难道就没人管吗？”

另一名华中师大的备考学生说：“如果他们真的能给考生提供答案，对我们辛苦准备一年多的考生来讲很不公平。有关部门应对这些作弊团伙给予严惩！”

我省查考研舞弊　首次启用无线电检测车

省教育考试院有关负责人近日表示，今年考研期间，将加大对高科技产品作弊的检测和打击力度，并将联合有关部门，启用无线电信号检测车参与巡视。这是我省在研究生考试中首次启用该设备。该负责人同时提醒，研究生考试试卷和答案是保密材料，贩卖其答案是违法行为。考生不要相信不法分子“考试包过”的承诺，以免上当受骗。

（编者：王溥　沈伟　2009 年 1 月 9 日见报）

5700多名学生参赛，300多人重号，部分考场失控，家长考生挤成一团哄抢试卷

汉口一奥数考点乱成一锅粥

本报记者许洋　罗欣　实习生徐小龙

昨日上午9时许，江汉大学卫生职业技术学院汉口教学区的操场上人头攒动，近千名家长望着考点内满头大汗寻找考场的学生，又急又气。这里是第15届全国"华罗庚金杯"少年数学邀请赛初赛现场，武汉有5700多人报名，但因主办方的失误，此次竞赛几成闹剧：有300多名考生的准考证重号，部分考场失控，家长学生挤成一团哄抢试卷，100多名考生退赛……

记者直击——竞赛现场成了"菜市场"

江汉大学卫生职业技术学院汉口教学区位于球场街，是此次"华罗庚金杯"少年数学邀请赛初赛汉口赛区的4个考点之一。昨日上午9时20分记者赶到现场时，校外道路两旁停满轿车，成群家长聚在校门口和操场上议论纷纷。

记者看到，在考场大楼内，不时有小考生手拿准考证，楼上楼下到处跑着寻找考场，多名监考老师被学生和家长围住讨说法。考场外未见到任何相关提示，也没有工作人员维持秩序，各考场外的走廊上，挤满帮孩子找考场的家长们。

家住武昌水果湖的王女士说，她的儿子力力读小学6年级，也报名参加了此次考试。但开考时间过去半个小时，儿子因考号与别的考生重号，一直没有找到考场。

在该考点，像力力这样的重号考生不在少数，有的考号甚至出现了8个重号。

12岁的考生帆帆说，他按照准考证上的考号找到座位后，发现已有考生捷足先登，原来他们重号了。监考老师安排他和其他十多名重号考生到另一间教室，但里面已坐得满满当当。最后，他再次被安排换教室，但此时已无心考试。

位于考场大楼2楼的第34考场，是一处临时考场，里面挤坐着上百

名学生。虽然该考场直至上午10时许才开考，但因试卷数量有限，当部分考生开始答题时，仍有不少考生还没拿到试卷。

位于1楼第31考场则更加混乱，不少情绪激动的家长冲进考场哄抢试卷，然后蹲在教室外的走廊上帮孩子答题，两名监考老师束手无策。见此情景，考生们陆续离场，直至该考场无一人考试。

上午10时30分，本应是此次考试结束的时间。但是，当一些考场的考生结束考试，有的考场才刚刚发完试卷。家长彭先生气愤地说："为了准备比赛，孩子付出了很多心血。早知是这个样子，我们根本不会报名！"

组织方解释——考生太多导致工作失误

一项全国性的奥数比赛，为何会出现如此的混乱？此次竞赛湖北地区负责人、武汉明心资优教育培训中心负责人刘嘉解释称，主要是因为工作人员的失误。"今年我们控制了报名人数，原来预计只有4800多人，但考试前2周开始发放准考证时，仍有不少学生家长要求给孩子报名参赛，于是我们又增加了900人的名额。"刘嘉说，因临时报名者太多，安排发放考号的工作人员增多，有些考号本来已经发放，但因没有及时登记，其他工作人员又重新发给另外的考生，最终导致300名考生出现重号。

刘嘉表示，发现大量重号后，工作人员立即组织了临时考场。重号考生中，有200多名学生参加了考试，另有100多人放弃。

至于出现家长哄抢试卷、帮孩子答题的情况，刘嘉称，可能是部分家长觉得重号后，孩子被安排到另外的考场会吃亏，因此出现了过激行为，家长们的心情可以理解。

记者了解到，放弃考试的100多名考生，将直接进入决赛。

考生家长叹气——都是"名校规则"给逼的

记者在采访中发现，虽然家长们都积极带孩子参加比赛，但不少人表示，他们并不赞同孩子从小参加奥赛培优班，"没办法，都是被逼的。"

家住汉阳的刘女士说，为了照顾孩子，她几年前便辞职在家，带着上小学的女儿培优成了全家人最重要的任务。女儿从小学一年级开始培优，每年要参加8项比赛，曾抱怨"童年一点都不快乐"，让她不知如何回答。

家长们说，奥赛培训班的获奖证书已经成了一些知名初中的敲门砖：某中学只认某杯，某某中学只认某某杯……

孩子叫苦，家长叹气，如此恶性循环何时才是尽头？汉口的向女士建议，希望武汉教育部门封杀奥数。

向女士说，她的孩子也加入了培优大军，“他每天做完老师布置的作业，还要做奥数练习题，经常参加各类竞赛，实在太累了！成都都封杀奥数了，武汉能不能也封杀呢？”

武汉市教育局——奥赛成绩不能作为小升初依据

目前，武汉市各类中小学生数学竞赛多达7项，除“走进数学王国”电视邀请赛由武汉市教育局组织，其他均为社会机构组织。“华罗庚金杯”小学数学竞赛也是一项民间赛事，此前武汉的报名人数最多达6000多人，今年虽然有所控制，仍然达5700多人。

为何家长如此热衷让孩子参加这些竞赛？武昌某初中校长表示，因为武汉市严禁举行小升初选拔考试，为招到优质生源，不少学校依托社会培训机构，通过各种竞赛揽才，包括数学竞赛证书，家长们所说的“名校招生看奥赛获奖证书”的现象确实存在。

一名“奥赛”教练也告诉记者，培优机构之所以热衷举办各种赛事，是因为可以从培训中分得一杯羹。据不完全统计，近几年来，武汉市每年小学毕业生为7万人左右，而每年参加各类数学竞赛的小学生达3万多人。

对此，武汉市教育局有关人士表示，小升初不得将奥数等竞赛成绩作为升学依据，初中学校委托社会培训机构组织学科能力测试，或通过其竞赛成绩挑选生源，均属于违规行为。

这位人士称，教育部门既不认可、也不支持家长将孩子送到非教育部门主办的培优机构培训，而且教育部门每年都在给学生做减负工作，类似培优班正在逐年减少，希望家长理性看待培优热，不要一窝蜂地盲目追逐。

链接

成都“禁奥”前景未明

去年10月，成都在全国率先发起严厉的“禁奥风暴”。但据了解，该项行动目前已陷入尴尬境地，奥数在成都依然风起云涌，只是由以前的公开变成了半地下。

有关专家认为，“禁奥”挑战的不是某一个独立的经济利益链条，如果教育资源不平等、择校热以及社会普遍的教育观等等现状不能从根本上改观，“全民奥数”恐难得到根本扭转。

（编者：陈曙光　2010年3月14日见报）

家庭地址错得离谱　家长姓名张冠李戴　学籍网上查无此人

石牌岭职高助学金名单错漏百出

本报首席机动记者陈世昌　记者周鹏　实习生朱佳琪

在一份中职受助学生的名单中，学生地址错得离谱，家长姓名张冠李戴……这是本报在近日收到的一份投诉。市民王先生不解地说，武汉市洪山区财政与编制政务公开网上公示的名单竟如此不规范，不知道这里面暗藏着什么秘密？

王先生反映的是洪山区石牌岭职业高级中学申报的“中等职业学校国家助学金”名单，涉及该校2007级和2006级526名学生。所申报的资金属于国家财政专项资金，定向资助贫困的中职学生。

家庭地址子虚乌有

接到投诉后，记者随即登录洪山区财政与编制政务公开网，很快找到了这份名单。名单上清楚地显示了受助学生姓名、学校班级、家长姓名、家庭住址、受助金额和受助原因。

根据省财政厅、省教育厅、省劳动和社会保障厅共同制定的《湖北省中等职业学校国家助学金管理暂行办法》，国家助学金资助对象是取得中等职业教育正式学籍的中职学校全日制在校一、二年级所有农村户籍的学生和城市家庭经济困难学生（含城市残疾学生），资助标准为每生每年1500元。申报受助名单由学校公示后，上报给上级教育、劳动、财政部门进行审批发放。

记者看到，这份526人名单中，该校2006级学生卢鸿的家庭住址写为“湖北省恩施州48”，让人不知所云。

2006级学生陈继波的家庭住址错得更离谱，填写的为“广州潮州安县戈6”。记者了解到，潮州是广东省下属的一个地级市，并不属于广州。

在整个526人的名单中，有的学生地址不详、有的只用几个简单数字符号代替地址，有的地址甚至是子虚乌有。经过粗略统计，像这样的情况约有上百个。

学生摇身变成“家长”

在对名单进行调查中，记者还发现了一桩怪事：所有的名单中，家长的姓和学生的姓没有一个是相同的。通过公安部门查询，这些“家长”都不是他们真正的家长。

那他们到底是谁呢？细心的王先生发现了其中的“奥秘”：这些“家长”其实就是他们同学，只不过是互相调了个个。

如该校 2007 级学生邹亚雄，其家长姓名为汪潇雅，家住洪山长虹桥；同时，邹亚雄又是 2007 级学生孙鹏鹏家长。该表显示，汪潇雅是该校 2006 级学生，其家长姓名为李明，家住黄冈蕲春县。

通过对受助名单进行一一核对发现，几乎所有的“家长姓名”都是用学生的姓名来替代的。

多名学生“查无此人”

据了解，目前，国家已经建立全国统一的中等职业学校学生信息管理系统，全部进行电子注册，由教育部门统一实行学生学籍注册管理。

这 526 人名单是否都是该校学生呢？ 7 月 1 日，记者拿着这份学生名单来到省教育厅进行查实。省教育厅工作人员进行随机抽查发现，有近 10 名学生的学籍没有登记入网。省教育厅有关负责人说，这些学生有可能不是该校的学生。

记者又通过省公安厅了解到，有部分学生的户籍信息无法查询到。省公安厅户籍部门负责人解释，要么这些“学生”根本就不存在，属于人为捏造的；要么他们的户口在省外，没有迁入湖北。但记者发现，他们填写的家庭地址绝大部分为湖北。

受助金额近 40 万元

记者从洪山区财政局获悉，财政部门对这 526 名受助学生已经按每人每学期 750 元的标准进行了发放，整个资助金额达到了 39.45 万元。

据了解，武汉市石牌岭高级职业中学是一所国家级重点中职学校。该校网站上称：“国家对中专生实行助学金制度，凡在我校就读的中专生，武汉市以外户口的，100%每年资助 1500 元，武汉市户口的，90%每年资助 1500 元，连续资助两年。”

7 月 1 日，记者联系上一名受助学生。他告诉记者，在名单中，确实有他的同学，但也有很多陌生人。当日下午，记者来到石牌岭高级职业中学，想了解一下学生信息情况。在门卫室，该校一负责招生的老师看过名单后说,有几个人他们根本就不认识,好像不是学校的学生。

记者随即联系该校办公室,一名工作人员以管学籍的老师不在为由,婉言谢绝了记者核实学生信息的要求。

(编者:潘勤　2010 年 7 月 6 日见报)

不做问诊只化验　不看病人只看病历

孕妇竟被4位教授判为“月经不调”

可惜，7个月大的胎儿将被迫引产

本报记者吕锐

本是怀孕后自然停止月经，汉口一家知名大医院妇科的4名教授级专家却一致判为“月经不调”。昨日，由于被误治4个多月且胎儿已受到药物影响，痛心的孕妇最终不得不做出决定：引产。

三次抽血化验——四名教授判定：月经不调

张丹（化名）今年22岁，和丈夫熊峰都是湖北安陆人，两年前结婚后赴广州打工。今年夏天，张丹有近4个月没来月经，担心患了妇科病。8月6日凌晨5点，她专程回汉来到汉口一家知名大医院，排了近3个小时的队，花11.5元挂了个妇科正教授专家号。接诊的一名男教授一听她说近4个月没来月经，就立即让她抽血化验，检查激素含量，初步诊断为“月经不调”。

当月10日，张丹拿到化验结果后，重新挂了妇科专家号，接诊的是另一名专家徐教授，徐教授看了化验单后认为是“某种激素偏高引起的月经不调”，并据此开了药。其间，没有向她提出任何相关询问，也未做任何身体检查。

吃了一个多月的药，月经仍然没来。9月11日，张丹再次到该科求诊，徐教授让她再次抽血化验。当日化验结果出来后，徐教授看了看说，激素水平降低了，继续开药让她服用。张丹反映总觉得恶心、呕吐、食欲不振，该教授则称，这是服药后的正常反应。

10月12日，还是没来月经的张丹第4次来到该科，这一次是一位姓舒的教授接诊。舒教授看了张丹的病历后，仍然让她抽血化验。于是，张丹第三次抽血。舒教授看到化验结果后说，某激素含量降了，又给她开了降激素的药。

11月8日，抽了3次血、吃了近2000元“调经”药的张丹，因仍然没来月经，第5次来到该科，接诊的专家是一位姓朱的教授。朱教授同样只看了她的病历，就直接给她开了“调经”的药。

一次B超定音——小门诊部确诊：怀孕停经

11月29日，先后看过4名教授的张丹，眼见自己“停经”的病治愈无望，带着莫大的压力返回广州。当日，她在丈夫租住地附近的“广州市全兴综合医疗门诊部”求诊，接诊医生询问病情后让她做B超检查，结果显示：已怀孕7个月。她的“停经”是怀孕后的正常生理现象，根本无需治疗。

张丹夫妇闻言大惊，原来只是怀孕了！该门诊部的医生听说张丹在武汉的求医经历后感到震惊。他们发现，武汉这家大医院给张丹开的药中，有些药标明了“孕妇禁用”，张丹腹中的胎儿显然不宜生产，而流产7个月大的胎儿危险很大，建议她到原接诊医院处理。

医院相关负责人痛心——这样的专家让人不可思议

昨日，张丹夫妇再回武汉，并拨打本报“医患连线”投诉。记者陪同他们前往该大医院。

该医院妇科、门诊部以及院方相关领导了解此事后非常重视，妇科的李主任及门诊部负责人均表示，该院的误诊误治导致张丹腹中的胎儿必须引产，该院愿尽最大的努力和诚意承担相应责任。

李主任痛心地说，作为妇科医生，接诊的患者几个月不来月经，首先应考虑是否怀孕，这是一个最简单的常识。但给张丹接诊的第一位专家竟未询问病情也未做相关检查，而是直接让她化验，不看病人只看化验单，造成严重失误，其后接诊的专家同样只看病历不看病人。这种做法简直“不可思议”。该科将对上述专家予以严厉的批评和处理。

该院妇科及门诊部负责人表示，张丹引产的费用及后期护理费用由该院全部承担，如果因此次误诊误治导致张丹今后不孕，院方也将免费治疗，如果治疗达3年仍无效，将由司法部门鉴定裁决，该院承担相关赔偿。

张丹家属提出了相关经济赔偿要求，院方有关负责人表示，将向医院领导汇报，今日上午给出答复。

（编者：卢水平　2007年12月6日见报）

“免费”妇检调查

免费来妇检，冤枉掏钱“挨一刀”

武汉当代佳丽医院以“可能癌变”为由，让很多农妇做了妇科手术

本报讯（首席机动记者陈世昌　记者许洋）以免费妇检为由，吸引农村妇女来到医院，结果很多人都被查出患有“可能癌变”的妇科病。连日来，不少农村妇女向本报投诉称，拿到检查结果后，她们无奈在武汉当代佳丽医院做了妇科手术。

8月6日起，记者深入武汉、阳新、红安等地采访，发现这些所谓的免费妇检，不仅吸走了农村妇女的血汗钱，还给她们的身心带来难以愈合的伤痛。

据当地乡镇干部介绍，近段时间，武汉当代佳丽医院工作人员拿着武汉市卫生局的一份文件找到他们，要求组织农村妇女参加免费妇检。

红安县永佳河镇村民程巧英也参加了这家医院组织的免费妇检。她告诉记者，7月10日，村干部带领120多名妇女，乘坐医院租来的大客车到武汉。妇检结果出来后，医生告诉她患有严重的宫颈糜烂，如不手术可能癌变，会有生命危险。

记者在程巧英的体检表上看到：“当心癌变，必须尽快手术，956.5元”。无奈，她借钱交了医疗费，花3分钟做了宫颈糜烂消融术。至今她的伤口还在流血，只能在家静养。

武汉大学中南医院妇产科李萍教授看到程巧英的检测报告后表示，她只患有轻度宫颈糜烂，也未出现癌变，无须手术治疗。

像程巧英这样被迫做手术的妇女还有很多。武汉当代佳丽医院外的一家商店老板说，每天都有上百名农村妇女被拉到医院，也时常听到有妇女给家里打电话，称自己要癌变了，必须动手术。

协和医院妇产科教授汪宏波说，单纯的宫颈糜烂不是病，而是一种正常的生理状态，大部分情况不必治疗。医院如此手术，属于过度治疗，加重了患者的负担。

同济医院妇产科马丁教授表示，滥用宫颈手术，会让宫颈受到损伤。对于未生育者来说，更会造成将来的流产、早产和分娩困难。

省卫生厅有关负责人表示，医院假借公益活动之名，夸大病情哄骗农村妇女，性质恶劣。如涉嫌医疗欺诈、强制治疗，将按相关法律法规严肃处理当事医院。

（编者：周保国　2010 年 8 月 12 日见报）

武汉当代佳丽医院专车接送农村妇女免费检查，以癌变为由“怂恿”手术

免费妇检是馅饼，还是陷阱？

本报首席机动记者陈世昌　记者许洋

专车接送农村妇女到武汉免费妇检；检查结果一出，几乎人人“有疾”，再以癌变“怂恿”你去动手术。近段时间来，在武汉当代佳丽医院内，每天都会上演这样的一幕，数以百计的农村妇女做了一种名为宫颈糜烂消融术的手术。

省内著名的妇科专家说，单纯的宫颈糜烂不是病，而是一种正常的生理状态，大部分情况无须治疗，更不需手术。半月来，记者深入武汉、阳新、红安等地采访发现，免费妇检背后，疑团重重。它不仅掏走了农村妇女上千元的血汗钱，还给她们身心带来难以愈合的创伤。

“送医下乡”　免费妇检人人自危

在阳新县白沙镇，有数百名农村妇女参加了这样的体检。“说是免费妇检，其实是哄你动手术。”8月10日，三口村村民赵才花痛苦地说，手术过去了几天，她的伤口依然隐隐作痛，只得在床上静养。

赵才花告诉记者，有天，村领导上门通知：武汉当代佳丽医院正在进行一项女性宫颈癌和乳腺癌健康大型公益普查活动，有专车免费接送，检查费也全免。

很多村民怀疑：“哪有这么好的事？”但是，这家医院的工作人员送来了一份武汉市卫生局和武汉市妇联的文件，声称是和他们联办的。

看到文件后，村里的妇女深信不疑。在村干部的组织下，该村妇女被送往武汉妇检。当她们拿到体检结果时，个个忧心忡忡。“来体检的100多人，几乎人人都有病，不是宫颈糜烂，就是宫颈囊肿。”

村民刘细花含泪说，医生告诉她问题很严重，宫颈糜烂不治就会癌变。她心情顿时沉重，泪流不止。随后，她找人借1000多元，才勉强凑足手术费。在三楼，手术3分钟就结束了。当天，她在医院大厅一问，做过手术的有几十人。至今，刘细花还不敢相信：“引起癌变的手术，这么快就能做完，是真还是假？”

记者探访　手术室前排起长队

从8月6日到8月9日，记者连续多日前往武汉当代佳丽医院，发现村民口中的“免费妇检”火热开展，每天都有上百名农村妇女被送到医院来。

8月8日上午9时55分，一辆辆大巴车准时停在医院门口，下来近200名妇女，笑容满面的医护人员早早迎接出来。因人数太多，很多人被带到二楼一处能容纳近百人的会议室内休息，墙上挂着“热烈欢迎参加市卫生局、市妇联妇科免费普查”的横幅。

在医院体检室门口，护士跑进跑出，不时地喊着妇检者的名字。很快，从里面走出的妇女个个脸色阴沉，有的甚至捂着脸靠在椅子上低声啜泣。旁边人说：“医生说她病情严重，需要尽快动手术。”

在三楼手术室门口，等待手术的妇女排成长队。但记者发现，每次手术的时间仅为3分钟，进出的人如同走马灯。

医院外的一家商店老板告诉记者，近段时间，每天都有好几辆大巴车带着农村妇女前来妇检。她经常听到有妇女给家里打电话，称自己要癌变了，必须动手术。

病人自述　当场就被医生吓哭

8月9日和10日，记者来到红安和阳新县，见到了刚刚从当代佳丽医院做完手术的数十名农村妇女。

手术已经快一月了，红安县永佳河镇村民程巧英还在静养。她告诉记者，7月10日，村里120多名妇女分乘4辆大巴车，到武汉当代佳丽医院做免费妇检。当天，医生给她做了宫颈囊肿和宫颈糜烂消融的手术。

回家后，程巧英的伤口流血不止。她给医生打了几次电话，对方总是说没事。每到深夜，伤口隐隐作痛，让她彻夜难眠。至今，这所有的一切，她都不敢告诉丈夫。

记者翻开她的体检病历，一份数码电子阴道镜影像报告单上，医生画了个圈，并写下这样一行字：“当心癌变，必须尽快手术，956.5元”。程巧英说，当时，她被这行字吓哭了。

昨日，记者将这份报告单送到武汉大学中南医院，妇科专家李萍教授说，根据相关检测报告，患者只是轻度宫颈糜烂，也未出现癌变，无须手术治疗。

红安县永佳河镇的乡村医生孟庆云还向记者反映，看到村民的药费单后，发现这家医院卖的消炎药竟比市面上贵几倍。

专家说法　存在过度治疗之嫌

“现在不提倡患病妇女进行宫颈手术！”多名省内著名的妇科专家告诉记者，这已经在学术界形成了共识。

昨日，协和医院妇产科教授汪宏波认真查看这些妇女的病历发现，参加免费体检的患者大都被诊断出慢性宫颈炎或宫颈糜烂等病，都纷纷要求进行宫颈手术。

汪宏波教授说，宫颈糜烂在育龄期妇女中很常见，单纯的宫颈糜烂不是病，而是一种正常的生理状态，大部分情况无须治疗。这些医院以癌变为由给患者动宫颈手术，属于过度治疗。现在，国外的教科书中已经废止了这一名称，而改用宫颈柱状上皮异位。而且，宫颈糜烂癌变的几率并不高。

针对武汉当代佳丽医院给患者所使用的宫颈糜烂消融术，武汉大学中南医院妇科李萍教授说：“这种技术并不先进，很多大医院已经禁用。”汪宏波教授告诉记者，消融术设备只需几千元，一些民营医院购进后，借高科技之名忽悠农村妇女。

同济医院妇产科马丁教授忧心地说，滥用宫颈手术，会让宫颈受到损伤。对于未生育者来说，更会造成将来流产、早产和分娩困难等隐患。

卫生部门：一旦查实，严肃处理

记者在采访中，一些镇村干部称，武汉当代佳丽医院的工作人员拿着“武汉市卫生局和武汉市妇联”的文件找过来，他们才敢相信活动的真实性。

记者看到，这是一份名为“市卫生局、市妇联关于开展2010年度妇女病普查活动通知”的文件。这次活动的目标是通过对乳腺癌、宫颈癌开展普查活动，提高女性健康水平和生活质量。

武汉市卫生局有关负责人说，武汉当代佳丽医院是主动要求参加武汉市2010年度妇女病普查活动的。卫生部门明确要求各级各类医疗保健机构要按妇女病普查的项目规范开展普查工作，严禁涉嫌医疗欺诈、强制治疗的行为，如经查实，按相关法律法规严肃处理。

这位负责人说，武汉当代佳丽医院拿着这份文件到省内农村去拉妇女体检，有违规之嫌。

（编者：李文光　2010年8月12日见报）

六旬老人猝死急诊室，家属查看医院监控录像时发现

医护人员竟在遗体旁谈笑风生

本报讯（记者周鹏　实习生朱娟娟　戴旻珈）六旬老人深夜到医院就诊，医生问诊时老人突然倒地，经抢救无效身亡。昨日，死者家属投诉称，他们在查看医院监控录像时发现，事发后，医护人员竟在老人遗体旁有说有笑。

昨日，记者来到位于新洲城关的死者家中看到，死者高巨村的堂弟高朝林躺在床上，满头血迹，其大儿子高成良手臂也有伤口。

高朝林介绍，60岁的堂兄平时身体健康，2月7日晚到该区人民医院就诊时发生意外。前晚10时许，他和另几名亲属在医院被不明身份的人砍伤。

随后，记者看到高巨村在医院就诊的录像显示：7日22时52分，高巨村走入急诊室，一名医生询问病情7分钟后，让他做检查，23时06分，高返回急诊室，与医生对话期间，不断挠头、抹汗、抹胸，比较烦躁。23时13分，医生为他量血压，而后埋头填写着什么。23时15分45秒，高沿着办公桌倒下还未倒地时，医生扶起了他，并在急诊室进行急救。随后，又来了两名医生参与抢救，15分钟后，宣布抢救无效身亡。

23时39分，两名男子进入急诊室，站在死者旁与一名女医生交谈起来，并在一边抽烟，两名男子走到死者旁边看了看，医生竟一脸笑容，随后两名男子也走了过来，3人都面带笑容说着话。看到3人谈笑，一护士指了指监控探头，似乎在提醒他们注意，但3人仍然谈笑着。

“这是对死者的不尊重！”高巨村的家属说，一个生命逝去是件难过的事情，身为医生不该如此不严肃。

死者的儿子表示，录像资料显示父亲当时已十分难受，但接诊医生却花了近20分钟，仍未给出诊断结果，延误了最佳抢救时间。

对此，该院医务科负责人解释，高巨村患的是心脏病，医生要根据检查结果才能判断如何治疗，不存在延误治疗。对于医生和他人站在死者旁谈笑，是因抢救工作已结束，且该院要求医生微笑服务，谈笑与死者无关。

该负责人介绍，前日，死者家属将该院行政楼二楼办公室房间的门

踢坏，并将死者遗体搬到办公室闹丧，导致该院不能正常办公。至于家属被打，他表示不知情。

目前，新洲区政府、邾城街派出所已介入调查。

（编者：周保国　2010年2月10日见报）

守望社会

第七辑

食品安全

江城酒楼鲜榨果汁调查

兑入多种添加剂，1个西瓜“榨出”20多扎西瓜汁

酒店鲜榨果汁“潜规则”令人瞠目

本报讯（记者张乐克　通讯员石学文）新春佳节日益临近，酒店餐饮消费也渐渐迎来高峰。可是，高朋满座的酒席上，当芒果汁、木瓜汁、玉米汁等种种诱人的鲜榨果汁端上餐桌时，有多少消费者能看清它的真面目？近一个月来，记者与武汉市工商、质监部门联合跟踪调查，发现该市酒楼鲜榨果汁行业令人瞠目的“潜规则”——大部分鲜榨果汁实为兑入了10余种添加剂而炮制的“杂交产品”。

2008年12月17日、18日，记者与武昌工商执法人员，随机调查了八一路久久隆酒店和体育馆路荆州青莲酒家。

在久久隆酒店，售价48元/扎的木瓜汁，服务员宣称其系新鲜水果榨出。但在实际操作间，记者与工商执法人员看到的完全是另外一幅景象：工作人员仅使用了几片木瓜，更多的是兑入一种名为“鲜榨果汁伴侣”的橘黄色液体和水。

据调查，此种“鲜榨果汁伴侣”含有酸度调节剂、安赛蜜、香精、苯甲酸钠、柠檬黄、日落黄、诱惑红等添加剂。如果完全使用水果榨汁，用二三个木瓜也榨不出一扎果汁，但是添加这种“鲜榨果汁伴侣”后，就可以大量掺水而保持饮料口感、颜色不变。这样，1个木瓜就可制出三四扎木瓜汁，1个西瓜可以制出20多扎西瓜汁。

在体育馆路青莲酒家检查发现，其标称鲜榨的木瓜汁、雪梨汁、黑米核桃汁，实际制作方法与久久隆酒店如出一辙。

像这样制作“鲜榨果汁”的，江城远远不止上述两家酒店。记者调查发现，酒店果汁业务多采取外包，而该市有数家鲜榨果汁伴侣生产厂家，大规模承包酒店果汁业务，并推广这种“鲜榨果汁”制作方法。

江城酒楼鲜榨果汁调查

记者张乐克

当一扎扎、一杯杯带着浓郁果香，泛起果肉泡沫的芒果汁、木瓜汁、玉米汁等端上餐桌时，很少人会想到：许多酒楼、星级宾馆销售的所谓鲜榨果汁，并非全用新鲜水果现场榨汁，而是兑入十多种添加剂和大量的水制成。经过记者连日来的跟踪调查，江城酒楼鲜榨果汁行业的这一“潜规则”已清晰地呈现出来。

1个木瓜可榨出4扎木瓜汁
“鲜榨果汁”果然有诈

2008年12月17日、18日，记者与武昌工商执法人员，随机走访了八一路久久隆酒店和体育馆路荆州青莲酒家2家大型连锁酒店。

在久久隆酒店刚刚落座，服务员热情推荐酒水饮料，“不喝酒的话，可以喝果汁撒。”她称，酒店果汁都是完全用鲜水果榨的，果汁富含营养、又健康又开胃。酒水单上木瓜汁、西瓜汁等是48元/扎，奇异果汁58元/扎。记者等人点了一扎木瓜汁后，当即悄悄来到酒店鲜榨果汁的操作间。

只见，被人称为“果汁妹”的女性工作人员正在榨汁操作。她在搅拌机中仅放入三四片木瓜，随后从白色的没有任何标签的塑料瓶中，倒出红黄色的液体加入搅拌机，又从三盒粉末中，用汤匙挖出少许粉末加入，加水后搅拌，一扎木瓜汁就完成了。榨出的木瓜汁，香味扑鼻，橙色诱人，果肉碎末均匀分布，如果没看到它是怎么做出来的，一般顾客会真的以为这就是纯用木瓜现榨出来的。

工商执法人员进入水果储藏室，水果全部储放在冷冻冰柜中，奇异果不少已经腐烂变质，橙子都已经结了厚厚一层霜。

在位于体育馆路的荆州青莲酒家包房内，服务员递上酒水单上“鲜榨果汁”十分醒目，而且售价更贵，木瓜汁98元/扎，雪梨汁88元/扎，黑米核桃汁98元/扎。服务员称，鲜榨果汁顶多添了点水，除此以外都是水果。而执法人员检查发现，该酒店鲜榨果汁的制作方法，与久久隆酒店几乎完全一样：仅使用少量水果，兑入标称“鲜榨果汁伴侣”的瓶装液体，并且加入三种白色粉末，再加水搅拌。

对此，久久隆酒店的“果汁妹”称，对于木瓜等汁水并不丰富的水果来说，用二三个也榨不出一扎果汁来，加一些东西的话，1个木瓜就可榨出三四扎木瓜汁，即便是西瓜等汁水多的水果，通过添加配方，1个西瓜可以榨出20多扎西瓜汁。

揭秘鲜榨果汁“化妆术”
一扎果汁兑入10种添加剂

鲜榨果汁中到底加入了哪些东西？

记者与工商执法人员进入久久隆酒店的鲜榨果汁专用仓库，桌面上密密麻麻摆放着17瓶白色塑料瓶，上面贴着各种水果口味标签，如“柳橙”、“玉米”、“奇异果”、“红枣”等等。“这些都是鲜榨果汁伴侣，在榨汁时进行添加。”承包该酒店果汁业务的负责人李某称，这批货是从江苏昆山某食品有限公司购进的，由于大雨打湿原因，所以上面商标、生产厂家、地址等标签全部都被撕掉了。

记者将2家酒店使用的部分“鲜榨果汁伴侣”送到省质检院，经专家检测确定，这些都是“鸡尾酒”式的浓缩添加剂，例如木瓜汁伴侣，含有酸度调节剂、安赛蜜、香精、苯甲酸钠、柠檬黄、日落黄、诱惑红等添加剂。奇异果汁伴侣，包括酸度调节剂、增稠剂、安赛蜜、苯甲酸钠、甜蜜素、柠檬黄、日落黄、亮蓝色素、香精等。

李某称，榨汁只需要添加20—30毫升“鲜榨果汁伴侣”，就可做成一扎(1250毫升)果汁。然而，实际添加多少全靠“果汁妹”目测，此外，若多使用一些添加剂，就可以少使用一些水果，而且做出来果汁颜色更好看，口味更甜更浓稠。

另外在榨汁中还要使用三种白色粉末，李某称，这分别是优果粉、糖和奶精。优果粉其实是一种稳定剂，添加以后果肉和水不会明显分层，果肉分布均匀，消费者会认为这些饮料使用了大量水果。

检查发现，销售的鲜榨果汁一般都要添加数种至10余种添加剂，如奇异果果汁，要兑入10种添加剂。现场一执法人员感叹：“不知道消费者喝的是果汁，还是色素、糖精、香精等兑出的‘三精水’。”

90%毛利还不是最高
“鲜榨果汁”利润到底有多少

酒店销售鲜榨果汁，真实利润究竟是多少？记者随工商部门调查，根据酒店的进货单据、销售账目，算了一笔明细账。

以荆州青莲酒家体育馆路分店为例，在武昌工商分局执法人员检查时，该店经营人员介绍鲜榨木瓜汁的操作流程：取500克木瓜，兑入100毫升木瓜鲜榨果汁伴侣，加入2克优果粉，加水搅拌而成。

记者在酒店相关进货单据上看到，木瓜果汁伴侣40元/瓶，每瓶净含量为2000毫升，每次使用100毫升，折算下来实际花费2元钱。同样方式计算出来优果粉每次使用需0.1元。

目前木瓜市场批发价8—11元/公斤，即使该酒店每次榨汁真的使用了500克木瓜，每次使用成本也只要5元左右。

由此，酒店榨出一扎（1250毫升）的木瓜汁，原材料成本共约7元，然而酒店把这扎木瓜汁卖给消费者的售价是98元，毛利率高达93%。

据酒店业人士称，80%只是行业平均利润率，93%的毛利率其实也还不算最高的，这家青莲酒店的果汁业务是酒店自己经营，原材料都是从外购进的，已经被供应商赚了一道材料钱。目前越来越多的酒店采取果汁外包方式，由鲜榨果汁伴侣等原材料供应商直接在酒店制作果汁，材料成本更低，甚至有些商家使用质量低劣产品，完全是“三精水”勾兑，根本不加水果，牟取更高暴利。

“潜规则”瞒住众多消费者

工商责令相关酒店整改

记者在酒店中随机采访几位消费者，大部人对“鲜榨果汁”的“潜规则”毫不知情。

在久久隆酒店消费的钟宜女士，接受记者采访时称，酒店的鲜榨果汁卖得比较贵，一直都以为它们肯定是现榨的纯天然果汁，没想到竟然是色素、香精等兑成的。旁边另一位消费者许先生称，往鲜榨果汁里面掺点水还能接受，但是加色素、糖精等就太离谱了，搞半天连水果味道都是人工合成的，这样赚钱太狠心了吧。

武昌区工商局相关负责人表示，商家在销售时宣称或者标注“鲜榨果汁”，但实际上果汁中添加了色素、甜味剂等并未告知消费者，涉嫌侵犯消费者知情权。工商部门当日已责令相关酒店整改。

不仅是鲜榨水果汁，目前在酒店中流行的玉米汁、黑米汁、红枣汁等杂粮现榨汁，也采取了几乎同样的操作手法。究竟谁是“虚假”鲜榨果汁泛滥成灾的背后推手？记者将进行跟踪调查报道。

（编者：沈伟　2009年1月4日见报）

谁让酒店鲜榨果汁变了味

江城鲜榨果汁行业产销链调查

本报记者张乐克

“大家都是这样做的，为什么只查我一家。”昨日，武昌工商部门执法人员上门督促整改时，八一路久久隆酒店果汁经营户李某嘀咕了一句。

如同李某所说，“鲜榨果汁”如今在酒店业中已普遍被偷换概念。这些以大量添加剂勾兑出的“鲜榨果汁”如何成为酒店果汁产品的主流？谁是这些“鲜榨果汁”泛滥的背后推手？记者为此进行了进一步调查。

酒店坐收高比例分成
鲜榨果汁“用不起水果”

在武昌工商执法人员进行调查时，八一路久久隆酒店果汁经营负责人李某称，自己并非是酒店工作人员，而是以个人身份承包了酒店鲜榨果汁业务。具体分工是：李某包工、包料、包做，酒店仅提供场所让其销售，卖果汁的收入三七分或是四六分。

以一扎奇异果汁为例，酒店并不参与具体制作，使用的水果、配料、添加剂、制作工序等等全部由李某操作。每当服务员卖出一扎58元的果汁后，酒店获得其中7成收入，李某分得剩下的3成。

算一笔账可以发现，卖价58元的果汁，酒店要拿走其中40元，李某仅能分到18元，他还要给卖果汁的服务员3元提成，此外，还需要支付聘请榨汁操作人员工资等等。这样下来，若果汁的材料成本超过10元，李某就要亏本，果汁成本在5元左右才有赚头。

李某称，这个市场决定了鲜榨果汁不可能纯用水果。加入果汁伴侣这类添加剂后，可降低水果的使用量，多兑入水分，而且消费者一般也察觉不出来。

据酒店业人士介绍，目前有越来越多的酒店选择将鲜榨果汁业务外包经营。原因有二，一是可以节约人力、管理成本，二来酒店并不掌握鲜榨果汁的“新技术”。在坐收高比例分成的利润诱惑下，酒店对果汁外包大开方便之门。这种环境下，勾兑添加剂而制出的低成本“鲜榨果汁”成为市场主流并不奇怪。在个别管理不严的酒店中，甚至会出现果汁掺杂或卫生不达标现象。

果汁伴侣产供销一条龙
3家大户成为行业龙头

通过鲜榨果汁伴侣勾兑果汁降低成本，这一套盈利模式，已经迅速在酒店鲜榨果汁行业流行开来。

据了解，百果飘香（武汉怡浆食品公司）、蔬果情缘、世纪星龙等3家品牌企业，已经占据江城酒店果汁外包市场的大部分份额。

记者从多家大型酒店了解到，上述企业不仅能够自己生产经营鲜榨果汁伴侣等添加剂，并且大规模向酒店承包果汁现榨业务，提供技术支持等“一条龙”服务，他们是果汁外包产业的上游源头之一。

根据工商部门核查相关经营记录，这3家企业承包了武汉市40多家大型酒店包括星级宾馆的果汁业务，并且向200多家承包酒店果汁的经销商和酒店自营者提供鲜榨果汁伴侣产品，包括湖锦、湘鄂情、三五醇等，除了酒店以外，还包括火锅城、西餐厅、KTV、洗浴中心等。

在专业公司介入下，不仅鲜榨果汁行业出现了这种勾兑多种添加剂的“新技术”，时下在酒店中更热销的黑米汁、玉米汁等杂粮现榨饮料，也采用了类似的技术。如以往玉米汁、黑米汁多是酒店用锅熬制出来的，但现在玉米汁是从玉米罐头中取出玉米粒，兑入含有色素、增稠剂、香精等的“玉米伴侣”，加入开水进行搅拌而成。

果汁伴侣企业负责人谈“优势”
纯果汁卖不赢勾兑汁　果汁伴侣需求火爆

通过鲜榨果汁伴侣勾兑果汁降低成本，这一套盈利模式是如何推广开来的？记者近日赶到汉口探访相关企业。其中一家企业被称为武汉最大鲜榨果汁伴侣批发商之一，该公司一位江姓的总经理称，他们是全国第一家做果汁伴侣产品的企业。“鲜榨果汁伴侣这个名称就是我起的，咖啡有咖啡伴侣，果汁也应该有果汁伴侣。”

他认为，和炒菜是一样的道理，就算新鲜的菜下锅，再怎么炒也不好吃，但是加上一点酱油、调料就不一样了。加入果汁伴侣会增加饮料风味，此外不会出现像苹果汁一榨就变黑，西瓜汁一榨就分层等现象。“武汉市上百家酒店用我们的产品，近30多家是直接外包的，另外70%是由他们供应原料，而全国经销商有近万家。”他称，武汉市大小酒店

6000多家，30%做鲜榨果汁，武汉市每年酒店果汁消费过亿元，其中鲜榨果汁伴侣一年可卖千万。

记者提出，普通消费者都认为现榨果汁应该是纯水果榨汁的，如果添加各种添加剂怎么还能叫鲜榨果汁？

对此，江经理表示，纯榨的产品未必就是最健康的。就像柠檬、橙子纯榨产品，高酸对胃粘膜绝对是有刺激的；此外，纯榨的产品只能集中在有水分的果品，例如西瓜、黄瓜、橙子之类。没有水分的五谷杂粮和蔬菜类几乎是无法操作的。

吃水果不是为了吸收它的水分，而是为了吸收水果里面的矿物质和纤维素。"哪怕是榨纯的果汁，如果不好喝，还是有人会说这不是真的。"

江称，消费者去餐馆消费，是奔着好吃去的，而不是只图着规范性去。不好喝的果汁下次就不会点，消费者要是觉得果汁掺了水，下一扎都不会点。口感就是鲜榨果汁伴侣的优势。他们创下最高纪录是，一桌客人连续消费17扎兑入鲜榨果汁伴侣的产品。"原来一家知名酒店都是自己熬的玉米汁，结果销量反而不高，一引进我们的产品，销量立刻就上来，毛利率也提高了。"

江称，对于酒店来说，酒水是赢利的核心，酒水可以自带，鲜榨的东西，消费者没法带来的。了解到产品优势之后，很多酒店都自己找来要求进货。

省质检院专家提醒

滥用食品添加剂有风险

"鲜榨果汁中兑入添加剂，其实很正常呀，就跟炒菜要放盐和酱油一样。"久久隆酒店果汁经营者李某、经营鲜榨果汁伴侣的江经理都有类似表示。

然而，省质检院检测部的专家们对此并不认同。长期负责食品检测的他们表示，尽管食品添加剂不等于有害物质，但是食品添加剂也不能滥用。

专家介绍，食品添加剂在使用时，应符合以下基本要求：不应对人体产生健康危害；不应掩盖食品腐败变质；不应掩盖食品本身或加工过程中的质量缺陷或以掺杂、掺假、伪造为目的而使用食品添加剂。

纯果汁本身含有甜味、酸味和水果自然颜色，酒店在鲜榨果汁还要使用各种色素上色、各种酸味剂、甜味剂加料，主要掩盖水多果汁少的问题，这已经超出食品添加剂正常使用范畴，有掺杂、掺假的嫌疑，特别如果榨汁水果本身腐败，通过添加剂进行掩盖，存在食品安全事故隐患。

此外，某些食品添加剂，特别是日落黄、诱惑红等色素和香精，在使用量上也有严格限制。人工合成色素是以煤焦油为原料制成的，在生产过程中还可能混进砷、铅或其他一些有毒的中间产物。调查表明，儿童多动症与食用色素有关，某些人工合成色素对神经介质发生作用，影响神经传导，从而导致儿童多动症。

勾兑果汁催生专业市场

果汁添加剂产品良莠不齐

在各类勾兑果汁饮品的需求刺激下，武汉民权路已经形成果汁添加剂批发市场一条街。七八家门店销售的果汁添加剂有40多种，产品更是良莠不齐。

在一家某广州品牌果汁伴侣专营店内，摆放的五颜六色的“饮料浓浆”，包装上均打出“餐饮专用”字样。记者拿起一瓶青苹果浓浆，颜色竟然是墨绿色。“这是浓缩的，加水一稀释，颜色就对了。”

该店老板称，“这种浓缩汁主要是一些珍珠奶茶店来买，酒店多是用另一种产品。”顺着她指的方向，记者找到一排袋装“鲜榨果汁伴侣”，零售价3元／包。

在另一家门面，宣称是武汉正统食品公司销售部，自产自销20多种果汁加工原料产品，包括果味粉、浓缩果汁、鲜榨果汁伴侣等。

据称其工厂位于洪山区左岭镇，当记者提出想到工厂看一看被婉拒。但全省工商登记系统内根本查不到该公司任何等级信息。执法人员表示，这表明其根本未获得营业执照、卫生许可证和食品安全准入证等。市场鲜榨果汁添加剂如此泛滥，问题究竟出在哪里？本报将作连续追踪报道。

（编者：沈伟　2009年1月5日见报）

鲜榨果汁缺乏相关标准

质监部门遭遇执法难题

本报讯(记者张乐克)约六成是水,加入少量果汁,兑入添加剂制成的果汁,不少酒店却将其以鲜榨果汁、纯果汁名义销售给消费者,而这已成为行业“潜规则”。记者昨从省质监部门了解到:由于没有鲜榨果汁相关标准,质监部门对这一现象暂时没有好办法。

据介绍,质监部门此前已经发现:很多所谓鲜榨果汁,其实就是一部分现榨水果汁和复原果汁加各种添加剂调配而成的饮料。“更准确地说,这是一种带果肉的果味饮料,而不应叫做鲜榨果汁。”“鲜榨果汁还没有产品标准,目前监管难以有效展开,”省质检院长期负责食品安全检测的专家称,按照一般人的理解,鲜榨果汁应该是纯水果现榨的产品,但是目前国家没有对这种现做现卖的散装果汁给出明确定义。

据了解,目前在国家强制性标准中,果蔬汁类产品主要采用一个果蔬汁饮料卫生标准(GB19297),其中仅对“低温复原果汁”下了定义。

实际检查中,质监部门即便发现酒店的鲜榨果汁是勾兑而成,也无法查处。“果汁中纯果汁含量应该是30%还是90%?能否添加色素……这些目前尚没有相关规定,执法人员无法操作。”

浙江出台地方标准　明确概念杜绝鱼目混珠

现(鲜)榨果汁不得兑入添加剂

本报讯(记者张乐克)鲜榨果汁有“猫腻”,在国内其他城市也成为普遍问题。浙江为此出台两项地方标准,专打虚假鲜榨果汁的“七寸”。为此,记者近日电话采访了杭州市质监局相关负责人。

该负责人介绍,现(鲜)榨果汁市场之所以容易出现混乱,根源在于没有相关规范,使得一些商家打着“现(鲜)榨果汁”的名义,销售兑入添加剂的果汁类型饮料。

此前浙江监管部门检查发现,部分商家经营现榨果汁时,用腐烂水果做原料，掺入色素、水等，欺瞒消费者。浙江省为此出台地方标准《现榨果汁卫生标准及规范》及《现榨果汁通用技术条件》。

《规范》给现榨果（蔬）汁下了定义：以新鲜水果或蔬菜为原料，经过清洗消毒、机械榨汁而成的……供顾客饮用的非定型包装饮料。因工艺需要，可适当添加饮用水，但不得使用色素、香精等食品添加剂。

相关规范还提出两种概念：现榨纯果汁和现榨调味果肉汁饮料。现榨纯果汁是指未添加任何配料（包含水）的现榨果汁，现榨调味果肉汁饮料则是添加不超过果汁总量40%的饮用水及辅配料加工而成。

该负责人解释，“一旦商家添加任何添加剂，产品就不能叫做现榨果汁，而叫现榨调味果肉汁饮料。”

“至于鲜榨果汁，其要求应该更高。参考国家关于‘鲜’的命名规则，鲜榨果汁不仅要满足现榨果汁的所有条件，其使用的水果还需冷藏运输等，这一点在实践中很难做到，因此未作专门规定。”

该负责人强调，这样规定是为了有效地制止商家在现榨果汁中加入水、色素和糖的行为。

（编者：王溥　刘钧　沈伟　2009年1月6日见报）

勾兑芝麻油调查

知情者揭内幕，低价香油质量难以确保

香精疑云笼罩“现磨芝麻油”

李报记者姬栋　佘影

菜市场里现场加工的现磨芝麻油，往往被消费者认为比超市里的瓶装芝麻油更地道和正宗。然而，一名知情者近日向本报举报，存在于武汉甚至省内各大菜市场里售价低廉的现磨芝麻油，有很大一部分是香精和色拉油勾兑而成，并非纯正的芝麻油，出售者以假乱真，由此赚取高额利润。

消费者购买此类“现磨芝麻油”是否真的“捡了芝麻，丢了西瓜”？本报记者历经10天，调查武汉三镇10家菜市场，并追寻和模拟制假过程，初步证实这一现象普遍存在。

知情者说　花四千元异地学“制油工艺”

“武汉和全省市、县的菜市场里，出售的现磨芝麻油，大部分是用香精和色拉油勾兑而成，我自己曾经学过这门‘手艺’，但没有入行，我不做昧良心的事。”10天前，举报者老王（化名）致电本报。

为证明自己所反映的情况是真实的，58岁的老王特意从外地赶到武汉，跟记者当面说明情况。今年5月前后，老王经人介绍去外省拜师学习现磨芝麻油的制作工艺，包括路费和学费，花了近4000元。谁知，师傅教给他的“现磨芝麻油”制作工艺，居然就是用香精勾兑色拉油，其过程异常简单。“介绍人跟我很熟，才放心推荐我，一般人根本就进不了这个行当。”老王说：“制假利润很高，做得好的人一年可赚30多万元。”

“学艺”归来，老王没有入行。“这不就是坑骗消费者吗？我的3个孩子都大学毕业了。孩子要知道了我做这个，该怎么看他们的父亲？”老王不仅没有做这一行当，思考再三后，决定揭开这一内幕。

从今年5月底，老王瞒着爱人和孩子，独自一人拎着一个包，开始对全省菜市场进行调查。武汉、孝感、仙桃、汉川、松滋……两个多月时间里，他跑遍了10多个县市的菜市场。调查结果让他感到沉重：他走

到的每一个县市,几乎都有这种假“现磨芝麻油”销售,售假者基本上是以老乡结为群体。由于他并不买油,却喜欢问东问西,曾好几次引起售假者的警觉,甚至遭到过人身威胁。

记者调查　多个菜场售卖廉价“现磨芝麻油”

老王说的情况是否属实? 10天来,记者对此展开了实地调查。

为保证调查的可靠性,记者随机走访了武汉三镇10家菜市场。包括硚口区荣西集贸市场、简易路菜场、皮子街集贸市场;武昌区水果湖菜场;洪山区广埠屯菜场、团结村菜场;汉阳琴台市场、汉桥市场、五里综合生鲜市场和郭茨口桥西社区菜场。

除武昌水果湖菜场、洪山团结村菜场以外,记者在其他8家菜场发现均有此类“现磨芝麻油”出售,并购买了一批样品。各菜场的这类摊点均在招牌上,均标以“××正宗小磨麻油”,或“××正宗小磨香油”,其中有6家统一采用一种方形无标签酒瓶散装,摊主称容量为一斤,售价分为两种,一种为9元到12元,一种为18元到24元。除经营“现磨麻油”、“香油”外,这些摊位大部分都兼营粮油、芝麻酱,其他粮油产品均为有明确标志的正规品牌产品。

9元到12元的这种“现磨芝麻油”,通常被放在摊位的前方,记者作为普通消费者暗访时,问及“所卖是否为纯正芝麻油?”只有洪山广埠屯菜场的一名摊主明确告知有两种价格的瓶装油,并说明价格较低的一种兑有色拉油,其他菜场摊主均肯定答复“纯正”、“保证质量”,只有在不断追问下,才会推荐“还有贵一点的,油更好。”

算笔细账　售价竟远低于榨油原料成本

以摊主们更乐意销售的9元到12元散装“现磨芝麻油”为例,记者算了笔账。

记者从洪山区白沙洲农副产品大市场了解到,昨日,该市场的白芝麻批发价为每斤最低6.4元,批发价每日虽有波动,但波动不会太大。

华中农业大学食品科技学院教授王承明表示,芝麻的出油率为40%,2.5斤芝麻可榨出一斤芝麻油。按照昨日白沙洲市场的芝麻批发最低价,一斤现磨芝麻油,需要2.5斤白芝麻作为原料,仅芝麻的原料成本就达16元,尚且不论加工、店面租金等成本。这显然违背市场常理。

三镇菜市场上出售的低价“××正宗小磨芝麻油”,从成本上核算,至少无法保证其纯度。

(编者:李文光　2010年9月15日见报)

摊主承认:便宜芝麻油大多是勾兑

记者模拟造假过程,消费者无法辨别真伪

本报记者姬栋　佘影

本报讯(记者姬栋　佘影)售价尚不足成本的"现磨芝麻油",根本经不起推敲,追问之下,终于有摊主向记者承认:便宜的"现磨芝麻油",的确是用香精和色拉油勾兑而成的。那么,芝麻香精勾兑色拉油,是如何造假的,消费者是否能分辨真假芝麻油?记者连日来进行了调查,并模拟了造假过程。

采访实录　摊主最终承认造假行为

在掌握了从芝麻香精、分装酒瓶、制作过程等一系列旁证后,昨日,记者在汉口荣西菜场一家"××正宗小磨"芝麻油摊位前亮明身份进行了采访。

记者:香油多少钱一瓶?一瓶是一斤吗?

摊主:是的,10元。

记者:是纯芝麻油吗?有没有掺色拉油?

摊主:纯的。绝对是百分之百的芝麻油,自己现磨的。(记者付钱买下一瓶)

记者:芝麻多少钱一斤?

摊主笑而不语。

记者:我打听到的最低价是6.4元一斤,两斤半芝麻榨一斤油,这个没错吧?

摊主不语。

记者:我给你算笔账吧,按照芝麻价格,一斤芝麻油的材料成本是16元,这个没错吧?你这个装油的瓶子是在汉口发展一村买的,5毛钱一个。你只卖10元一瓶油,这不是亏了吗?

摊主:我们批发的芝麻是5.6元一斤。

记者:就算5.6元,一斤油的芝麻成本也得14元,你还是亏呀。(记者出示证件,表明身份)

记者:有读者向我们举报你们用香精兑色拉油,你的色拉油从哪进

货，质量不会有问题吧？

摊主：我买的香精和色拉油都是正规厂家生产的，这个绝对不会有假。

记者：也就是说，你的"现磨芝麻油"的确是用香精勾兑色拉油的？

摊主：也还是有一些芝麻油的，但你放心，香精和色拉油都不会有问题的。这种香油18元一瓶，这个绝对是真的，你买这种。

另外，在此前的采访中，洪山区广埠屯菜场、硚口区简易路菜场的两名摊主，在记者的追问之下，分别表示，10元每瓶的那种"现磨芝麻油"，是用香精和色拉油，或者花生油兑芝麻油而成。

寻找源头　一瓶香精可兑500斤色拉油

虽有摊主承认其出售的廉价"现磨芝麻油"是勾兑的，但由于所售的假芝麻油均为分装好的瓶装油，记者无从见证其勾兑过程，遂转而从其他渠道寻求旁证。

在汉口民权路和太平洋两处食品添加剂一条街，记者很快找到了芝麻香精和食用黑色素。在购买时，民权路一家店主问记者："是用来做芝麻酱还是兑色拉油？"在随后的交谈中，他介绍，一些购买芝麻香精的，就是为了做芝麻酱和兑色拉油。

记者买到的两种芝麻香精，分别为福州和青岛厂家生产，售价各为20元和28元，单瓶均为500克。"你如果是兑色拉油，就买这种，一瓶可以兑500斤色拉油。"民权路那家店主向记者推荐青岛产的某品牌芝麻香精。

随后几天，记者通过多方打听，又在汉口发展一村永丰桥桥头下找到了一家回收和出售空酒瓶的废品站，并以麻油摊主的身份进行探访。这家废品站的老板表示，全省九成以上的麻油摊主，都是在他那里购买洗干净的方形酒瓶，5角一个，不还价。"我卖酒瓶是正当的，不存在什么秘密。"他说。

至于色拉油，记者从汉口太平洋的武汉大型农副产品市场了解到，目前最低等级的色拉油售价为每斤3.9元。

模拟造假　几滴香精兑出喷香芝麻油

为了弄清香精兑色拉油制作"现磨芝麻油"的过程，昨日，记者进行了一场模拟。

正如举报者老王所言，整个过程异常简单：3.9元每斤的色拉油，注入一定量的芝麻香精，摇匀后便成为喷香的"芝麻油"。色泽的深浅，则可通过食用黑色素调节。

这样一瓶假冒的"现磨芝麻油"，消费者是否能分辨？记者随后拿着两瓶勾兑的"现磨芝麻油"，来到汉口京汉大道旁的安静小区，让小区居民进行辨别。不出所料，该小区10多名居民均无法辨别记者手中所拿的油是否为正宗芝麻油。

居民柯女士仔细闻过记者手中的"芝麻油"后叹道："颜色很正，气味也很香，如果不是事先知道，真没法辨出真假。"该小区多名居民表示，他们平时就是在菜市场上买"现磨芝麻油"。

国家标准　勾兑的不能称为芝麻油

用香精勾兑而成的"芝麻油"，食用后是否对人体有害？华中农大食品科技学院王承明表示，食用香精分为天然提取香精和化学合成香精，质量较好的天然香精，对人体无害，而质量较差的天然香精和化学合成香精，若人体摄入过量，会对健康造成潜在威胁。当然，由正规厂家生产、具备食品安全标志的食用香精，只要不过量，一般不会对人体健康造成影响。

湖北首义律师事务所律师戈仁锋表示，2009年1月1日生效的新的芝麻油国家标准中，规定"不得掺有其他食用油和非食用油，不得添加任何香精和香料。"因此，暂且不论菜市场上出售的"现磨芝麻油"是否为假冒，至少其添加香精、兑入其他食用油的行为，即涉嫌构成对消费者的欺诈。

昨日，记者将调查所得情况向汉阳、硚口工商部门举报。工商人员随后回复记者，已前往多个菜市场进行了调查，这些市场内的"现磨芝麻油"摊主是否涉嫌制假或欺诈消费者，尚需将样品送交质检部门检验，并进一步调查取证后方能做出结论。

读者朋友们，如果您对芝麻油生产和销售过程中的内幕有更多了解，或者您知道假冒伪劣香油的市场流向，欢迎致电027—88567233提供线索。

（编者：潘勤　2010年9月15日见报）

业内人士再揭内幕，专家支招鉴别真伪

工商部门抽检可疑“现磨芝麻油”

本报记者姬栋　佘影

武汉三镇菜市场上喷香的“现磨芝麻油”，有相当大一部分是用芝麻香精和色拉油勾兑而成，造假者以次充好，赚取高额利润。昨日，本报推出的“勾兑芝麻油”相关报道见报后，引起武汉工商部门重视，并有业内人士致电本报，再揭勾兑芝麻油内幕。

工商出动　在多个菜场抽样并送检

记者前期调查的10个菜场分布在硚口、汉阳和洪山3个区，前日和昨日，记者将调查所得情况，分别通报给这3个区工商分局。接到举报后，3个区的工商部门均迅速做出行动。

据了解，在初步调查中，被询问的多个“现磨芝麻油”摊主，均向工商部门承认，9到12元一瓶的芝麻油并非纯正芝麻油，而是由少量芝麻油和色拉油勾兑而成。为对市民负责，硚口、汉阳两个区的工商部门，对所调查的摊点均进行了现场取样，拟由武汉市工商局统一送交相关部门进行检验，洪山区工商人员则暂扣并封存了广埠屯菜场一家摊点的“现磨芝麻油”。由于事涉食品安全，洪山区工商分局还将情况通报给了该区食品安全委员会。

再揭内幕　热干面芝麻酱假的也不少

本报报道还引起了消费者的强烈关注。昨日，多位读者打来电话，在表达对食品安全的担忧外，有业内人士再揭内幕。

上海一家芝麻食品公司工作人员周先生来电介绍，自己专门负责公司在华中和西南地区芝麻食品的销售业务。他们公司曾在今年五六月份，在武汉地区的中端餐饮酒店调查了芝麻油和芝麻酱的使用情况。其调查发现，大量中端酒店和餐厅为了节约成本，都在使用小作坊用色拉油和香精、色素勾兑而成的假芝麻油。

周先生介绍说，这些生产假冒芝麻油的小磨坊摊主以老乡为纽带，集中来自于某几个地区，勾兑的“芝麻油”要么在自己的摊点销售，要么

到各餐饮酒店推销，甚至有多家知名酒店用的芝麻油都是这种勾兑的。“他们已经和餐饮酒店形成了牢不可破的供销关系。”周先生还介绍，武汉很大一部分早点摊热干面使用的“芝麻酱”，是用香精加入花生酱做成的。

家住武昌南湖花园的刘先生说，自己从1998年开始，做过5年的餐饮业，熟知餐饮业很多“潜规则”。他也反映，武汉许多早点使用的“芝麻酱”都不是纯正的芝麻酱。“用花生掺杂少量的芝麻，经过炒、磨之后，添加香精和色素。”刘先生说：“真正正宗的热干面用的是纯正的芝麻酱，看起来很滑腻，吃起来美味爽口，而花生酱做成的热干面看起来特别干，吃起来口味也较差。”

专家支招　鉴别芝麻油真伪有三招

假芝麻油让人防不胜防。那么，消费者是否有简单易行的方式来鉴别真假芝麻油？

华中农业大学食品科技学院食用油专家王承明教授给消费者支了几招：一闻，二看，三滴。一闻，是闻气味，正宗芝麻油的香味比较柔和、自然，不会非常强烈，如果一打开瓶盖就满室飘香，多半是挥发性的香精；二看，低温下观察芝麻油是否产生絮状物，因芝麻油的凝固点较其他常用食用油低，品质好的芝麻油，在零下10度时仍不会凝固，武汉的冬季一般不会有零下10度的气温，所以如果发现油凝固了，可以肯定不是纯芝麻油，夏季则可以将芝麻油置于冰箱中冷冻，看是否有凝固的絮状物产生。三滴，可以将一滴芝麻油滴于一盆净水水面，纯芝麻油会产生无色透明的大油花。

“当然，以上三种方式，对没有经验的消费者来说，依然还是较难辨别。业界有种说法：‘油混油、鬼都愁’，最好的方式，是到大超市买知名品牌芝麻油，或者在购买现磨芝麻油时，现场监督制作过程。”王承明说。

同行抱怨　造假者坏了行业名声

除了普通消费者之外，现磨芝麻油的同行，也对造假者表达了反感。昨日，武昌某大型菜场内一家颇有口碑的现磨芝麻油摊主向记者介绍了正宗现磨芝麻油的制作过程。

这名来自外省的摊主从2004年起，就在武昌某大型菜市场做现磨芝麻油。她说，今年，按照芝麻批发价，每斤现磨白芝麻油成本至少16元，黑芝麻油成本更高。

她介绍，芝麻买回来后，先清洗，再由师傅炒焙，炒到芝麻鼓起来。

再用电筛筛两遍，剩下的就是精选芝麻。磨芝麻可用钢磨或石磨。待芝麻磨成糨糊状后，倒入一定量的开水，适当搅拌，等水把渣子沉下去后，浮在上面的就是芝麻油，这一工艺叫“水代法”。随后，经过过滤、沉淀等工序，就可以把芝麻油收集起来，纯正的芝麻油就做好了。

对于一些摊贩用香精和色拉油勾兑芝麻油的情况，她早已知晓。但由于武汉做这种假芝麻油的也是她的老乡，所以“也不好说什么”，但这破坏了家乡芝麻油的名声。

（编者：潘勤　2010 年 9 月 16 日见报）

作坊小工自曝:工业染料做卤鸭

记者暗访后举报,工商封存2000余只问题鸭,现场查获三桶不明添加剂

见习记者许洋　记者刘中灿

作坊"内线"爆料　卤鸭使用工业染料上色

"汉阳江城大道五里墩街有一处卤制品加工作坊,黑心老板将工业色素添加到卤菜中进行卤制,每天加工的鸭子有上千只,全都销往武汉市及周边地区,希望有关部门严查。"

前日上午,记者接到知情人士小A(化名)打来的电话,小A称,他以前是该黑心作坊的一名小工,之前他并不知道店里用的色素是工业色素,直到有一天老板无意中透露了这一信息,让他十分不安。"每天看着这些不安全食品大量流入市场,我越来越愧疚!"经过一番考虑,小A决定向记者举报。

前日下午,记者在小A的带领下来到五里墩附近,小A指着土坡上一处3层楼的私房说,这里就是他以前工作过的一处加工作坊,里面有3家卤鸭店,附近30米处,还有一处也在做卤鸭,4家店的老板都是熟人,关系都非常好,在该处做卤鸭已经有12年了。

随后,小A从口袋里拿出一包红色粉末,告诉记者,这就是他以前从作坊里偷偷带出来的色素。"这些色素是从常青化工市场买回来的,50斤一桶的色素,一家店每年都要用4—5桶。""老板说这些色素是服装厂用来染衣服的,被查出来不得了,你要是进到作坊里面,墙角的几个大黑桶全装着这些东西。"

小A介绍,这些作坊每天早上7点开始卤制,一天可加工上千只鸭子,用的都是这种色素。"你们一定要制止这些人,不能让他们再害人了。"

记者暗访直击　肮脏作坊炮制卤鸭

昨日上午7时许,记者来到小A举报的一间卤鸭作坊附近,透过墙缝,记者看到:私房的院子用红砖简单围起,就变成了卤鸭作坊。昏暗的灯光下,一名工人正将一只只鸭子丢进热气腾腾的卤锅里,几名工人

将鸭子在水池里经过简单冲洗后，成排地扔在地上，一些民工穿着胶鞋在这些已经清洗过的鸭子之间走来走去，而这之后直至卤熟，都不会再对鸭子进行清洗。卤鸭时，工人随手从身边几个脏兮兮的塑料桶内舀出黑乎乎的酱料，倒进卤锅里。

作坊内，几个大塑料盆摆在中间，装满刚卤好的鸭子，而一旁却堆着鞋垫、洗发水等生活用品，作坊外不远处，有一大片垃圾堆。在另外一间仓库，记者看到包装卤鸭的袋子全部散落在地上，地下的环境卫生更是不堪入目。其他 3 家作坊也有类似情况。

工商闻讯出击　封存 2000 余只问题鸭

上午 9 时，记者前往汉阳五里工商所举报。该所所长蔡翔得知情况后，当即组织人员前往汉阳区五里墩擅李湾相关作坊。

面对工商执法人员，4 家作坊的主人在现场提供了营业执照、卫生许可证。一名女老板告诉记者，她是四川人，初中毕业后学了卤菜手艺，便过来开了该作坊。她称，作坊的环境确实不好，但“大家都是这样在做的，应该没什么大问题。”

蔡翔对记者说，该作坊的生产环境肯定不符合规范要求，但这不属工商执法范围。这些作坊还存在超范围经营的情况，工商人员依法封存了相关作坊及 2550 只卤鸭，转交相关部门处理。

发现三桶不明添加剂　质监部门介入调查

工商人员在作坊现场查出 3 个大桶，里面装着橙红色粉末。作坊老板称，里面装的是食用色素。记者询问其添加剂量有何规范，老板却称这是祖传秘方，不能外传。

执法人员询问该色素的进货来源时，作坊主拿不出相关单据，解释“是熟人带来的”。

工商人员查封现场时，将相关添加剂暂扣。下午 5 时，五里工商所负责人告诉记者，他们已将该案件移交给区质监局。

拿样品赴化工市场查询　遭好心店主“指责”

小 A 举报称，这些色素是从常青市场买来的。为查出色素来源，记者昨日下午来到汉口常青化工市场查询。

在靠近市场门口的染料化工店里，记者拿出从作坊里查获的粉末，佯装进货，询问该店有没有这种颜料卖。

女店主查看后称，这是碱性橙色染料，主要用于服装面料染色。记者称想开个卤鸭店，打算买这种染料给鸭子染色。店主说，“这是工业染料，不能用来做吃的。”“我劝你别用这种染料做食品，确实是太缺德了。”店主认为这种粉末是碱性橙Ⅱ，“绝对不能吃。”

昨日下午，汉阳区质监局执法科人员告诉记者，他们近期将会对此添加剂进行化验，届时将真相大白。

（编者：韦忠南　沈伟　2008 年 12 月 24 日见报）

“酱牛肉”为何不是那个味

——对廖记棒棒鸡“张飞牛肉”的调查

本报记者张乐克　通讯员方丽　胡丛亮

“张飞牛肉”吃起来不像牛肉

每到临近下班高峰时，在武昌中南路廖记棒棒鸡店，总可以看到市民排起长队，店内一种外表呈黑色的“张飞牛肉”，不时有人买走。6月以来，记者连续接到多位市民电话，怀疑“张飞牛肉”有问题。“口味很特殊，吃起来肉感细腻，实在不像牛肉。”家住南湖中央花园的薛先生，对“张飞牛肉”的真实性表示怀疑。

记者从武汉市“12315”指挥中心了解到，今年以来，工商部门接到过多起此“怪牛肉”咨询。“张飞牛肉就是牛肉。”廖记棒棒鸡中南路店的营业员坚称这肯定是牛肉。

据介绍，“张飞牛肉”是该卤味店的主打产品之一，每天可以卖掉10公斤左右。

接到市民的投诉，武昌小东门工商所当即展开调查。

原来是成都运来的重组肉

廖记的生产车间，位于江岸区一工业园内。12日，记者与工商执法人员一同来到廖记的生产加工现场。

大家在车间内没有发现“张飞牛肉”的踪影。在执法人员要求下，廖记的负责人梅经理打开冷藏库房，在一排货架上满满堆放着近千公斤“张飞牛肉”，全部采用真空包装。

梅经理称，廖记棒棒鸡的“张飞牛肉”并不在武汉生产，而是在成都总部生产，统一发到武汉。

从口感、观感上来看，为何“张飞牛肉”与市面上的卤牛肉差别这么大？梅经理表示，廖记生产工艺十分特殊，先是用机器把牛肉打碎，然后重新粘连组合，再进行加工。

省产品质量监督检验所高级工程师范志勇表示，根据国外已有的定义，这就是重组牛肉加工工序，即指将碎牛肉加入粘着剂，形成整体牛肉块，再经过机器切割、压模整型，混充为原生牛肉。

外来牛肉为何比本地便宜

在廖记棒棒鸡店内，“张飞牛肉”的零售价为每500克35.8元，隔壁另一家武汉本地卤菜店，卤牛肉为每500克39元。为何从成都一路真空包装运输过来的卤牛肉，比本地卤制牛肉还便宜呢？

梅经理解释，这是因为成都厂家是大规模批发购买生牛肉，进价比较低。记者多方查询发现，其实市场上有碎牛肉交易，而且价格十分便宜，西南地区批发价16元/公斤，比生牛肉价格足足便宜4成。

“重组牛肉，可以大幅降低成本。”武昌工商局负责人介绍，此前工商部门在武昌徐家棚查获一作坊生产再生牛肉。工艺上十分“玩巧”，将牛肉和母猪肉打碎，互相掺杂，再加入淀粉及牛肉膏、牛肉香精等，然后用模具压制成有纹路的牛肉。如此这般，1公斤牛肉最起码能多出0.5公斤甚至1公斤分量，价格自然比纯牛肉低得多。

“廖记100%是牛肉”，梅经理称，没有添加任何猪肉、驴肉等其他肉品，不过他也承认，打碎了的牛肉，要重新组合成形，需要使用淀粉等具有粘连作用的可食用物质。

标准缺失凸显监管漏洞

重组牛肉是否全是牛肉，显然不能光凭自己说了算。在工商执法人员要求下，廖记有关负责人提供了一份权威检测报告。

记者从该检测报告上看到，这是今年1月份四川省质监局组织抽检的，产品名称为卤牛肉，生产单位是成都市武侯区料和成食品加工厂。检测报告根据《酱卤肉制品》标准，检测了主要卫生指标，均合格，但检测报告根本没有牛肉组织含量是否为100%的检测项。“重组牛肉是否为真牛肉，技术监督部门现在根本没法检测，目前国家也没有相关检测标准。”范志勇称，目前鉴定机构主要依靠感官来区别牛肉、猪肉等肉品，但如果把牛肉打碎了再重组起来，这就破坏了原有口感和外观纹理，就没法判断了。

缺乏质量鉴定监管，重组牛肉的“牛肉”真伪性，成为一个只有厂商自己才知道的秘密。监管部门目前只能通过厂家的生产原材料台账进行监督。武昌工商部门表示，将与成都当地工商部门联系，对廖记销售重组牛肉进行跟踪调查。

新技术莫让人钻了空子

武汉市农科院研究所一位专家称，重组肉是近两年来悄然兴起的新概念，从某种意义上来说，可以看成是一种技术进步。

在屠宰及分割过程中，会产生大量的碎肉，过去往往用于制作火腿肠或者干脆抛弃，现在有企业对碎肉重组粘合、整体成型后，再切割成常见肉块形状，加工成熟肉品推出，会大大提高原碎肉的价值。可是，这项技术却会被部分厂商用于欺骗消费者。

很多厂商，为了让重组肉在外形上看起来更像天然肉，在粘合剂上使用各种技巧，甚至切开以后依然可以看到纹理、脂肪等等。这样做的目的在于，使比较廉价的碎肉，看起来更像原生肉，卖到更高的价钱。

据介绍，重组牛肉在国外已经有20多年历史，在美、日都有相关产品，与天然牛肉相比，重组牛肉存在二次污染风险，因为肉块经过细切后，会大量增加接触细菌的面积，造成污染的风险大。

专家建议尽快出台标准

武昌区工商分局负责人称，重组牛肉是一个新生事物，目前国家没有禁止生产销售重组牛肉，应该来说，商家销售这种肉品是可以的。

可是，由于国家没有重组肉的标准管理体系，这意味着一些“玩巧”的厂家难以受到监管。

武汉市农科院研究所专家对记者称，借鉴从美国、日本管理经验，可以实施明示消费制度，商家使用重组肉，在销售时必须向消费者进行告知。此外，他建议有关部门尽快出台相关标准，提高对重组肉的监管要求。

省消委消费指导部胡岳元表示，重组牛肉已经悄然进入江城消费领域，商家以“卤牛肉”等名称销售重组肉品，未告知商品的真实属性，涉嫌侵犯消费者知情权，建议相关部门出台监管措施，严格要求重组肉“自报家门”。

（编者：张仕武　卢平川　潘勤　2008年6月16日见报）

记者三度暗访汉口华南海鲜市场
全程直击“猫变兔”

本报记者许洋

大学生举报——夜半惨叫惊清梦

本月15日，武汉某高校大学生张斌（化名）向本报举报。他说，他家住在汉口华南海鲜市场附近，周末他一般都要回家。两个月前的一天凌晨，他被阵阵凄惨的猫叫和狗叫声惊醒，走到窗前一看，华南海鲜市场内一野味店员工正将一只只活猫丢进开水桶，烫死后剥皮、去头，挂在铁钩上。

这残忍一幕久久萦绕在张斌心头，挥之不去。此后他又多次观察，发现野味店杀猫狗的时间一般为每天凌晨4时至6时之间，期间不时有小贩将一袋袋小猫送到店中。店主将猫处理后，当成兔肉出售。

记者凌晨暗访——直击活猫变“兔肉”

16日下午，记者来到华南海鲜市场暗访。其东区附12街有2家野味店挨在一起，门口告示牌标明出售狗肉、驴肉、兔肉、孔雀肉等，铁笼内关着不少猫和狗，肉案上挂满一只只剥过皮、去掉了头部和内脏的动物。“这是什么？”记者问。“兔肉。”老板称。“怎么没有头呢？”“哪个还吃兔头！再说这样你买也划算些。”老板不耐烦地回答。

昨日凌晨3时许，记者再次来到该市场。4时许，两家野味店先后开门，门口支起数个大铁桶烧水。不一会，几名男子先将铁笼里的狗一一拉出，用铁叉夹住脖子，按在地上乱棒打死，丢进开水桶中，再捞出剥皮、开膛，挂在肉案上。

清晨5时15分，一男子骑电麻木送来两编织袋猫。店中员工接过，丢进桶中溺毙，之后再一一处理。与处理狗不同，猫头均被砍下，连同皮毛、内脏等一起被丢进垃圾桶。

记者装作买家上前询问。老板指着刚刚挂起的猫说：“这是兔肉，7块钱一斤。”“怎么没有头？”“就是没有头！”

商贩自曝潜规则——“猫变兔”不是秘密

昨日下午，记者三度来到该市场，恰遇一名购买“兔肉”的商贩。一番旁敲侧击之后，该商贩称，他经营着一家餐馆，经常到这里进货。“我其实早就知道买的是猫肉，这不是什么秘密。兔肉10多块钱一斤，猫肉才7块，讲讲价还能便宜一些。反正已经剥了皮、去了头，加工的时候再多放些口味重的作料，端到桌上，顾客根本吃不出来。”“猫变兔”会不会带来安全隐患？对此，省疾控中心有关专家介绍，动物制品须经有关部门检验检疫、并发放相关证明才能出售。猫虽不属有毒类动物，但其体内可能存在寄生虫和病毒等，市民尽量不要食用。

执法部门调查——所有猫肉转眼“蒸发”

昨日下午，记者将采访情况通报给华南海鲜市场管理办公室。一工作人员称，已向上级部门反映，并将配合工商部门调查。

记者随后联系江汉区唐家墩工商所。该所十分重视，由书记董利平、副所长熊华强带领多名执法人员前往调查。江汉区动物卫生监督检疫站一名工作人员也赶来现场。

下午4时15分许，当记者随同执法人员来到两家野味店，发现肉案上的铁钩空空荡荡，原本挂满的猫不见踪影。

执法人员称，将对已掌握的证据展开调查，并对华南海鲜市场内的动物流通进行监管。

（编者：韦忠南　陈曙光　2009年10月18日见报）

三家地下屠宰场盘踞汉川北河近10年，白条肉泛滥于周边乡镇

屠宰专用章攥在屠户手中

本报记者陈世昌　刘中灿　通讯员刘旺发　实习生佘梅　曾蔚

汉川市西江乡北河村位于汉川、仙桃和武汉市蔡甸区交界处。昨日凌晨，记者在暗访中发现，该村“藏匿”着三家黑屠宰场，每天宰杀数10头生猪，白条肉源源不断地流向附近三个市、区多个乡镇。

小街盘踞三家地下屠宰场

昨日凌晨3时许，记者在知情人士的带领下，沿汉宜高速行至汉川段，一出北河收费站就到了北河村。

尽管已至凌晨，但在北河村一条千米长的小街上，车水马龙，摩托车、小货车来回穿梭。从马路两边的楼房里，不时传来生猪的嚎叫声，刺破了深夜的宁静。记者借着微弱的车灯，在马路边找到了“北河屠宰场”的指示牌。循着招牌的指示，穿过楼房，后面就是一个百余平方米的大屠宰场，里面早已人声鼎沸，猪肉贩子正在和老板讨价还价，挑选猪肉。

一名姓王的老板说。这个屠宰场经过近10年的经营，已经实现了半机械化，杀头猪只要几分钟。记者看到，屠宰场内已经配备了去毛机、滑轮等设备，猪栏存放着40余头生猪。由于猪贩子络绎不绝，这个屠宰场在近一个小时内，宰杀了8头猪。

在这条小街上，记者随后又陆续找到了另外两家屠宰场。它们都采用了前店后场的形式：前面房间卖肉，后面的院子杀猪，而且都购买了专业设备，屠销一条龙。

“我们向屠宰办交了钱”

凌晨4时许，知情人士和记者以“新猪贩子”的身份，再次进入了“北河屠宰场”。记者看到，当屠宰场将猪宰杀好后，猪贩子就直接将猪肉运走，现场没有任何工作人员进行检疫。

“你们这儿怎么没人进行检疫？”记者好奇地问。

屠宰场王老板解释:“我们每年向乡屠宰办交了1万多元,他们不管,也不需盖章。”

见到眼前这个新贩子有些啰唆,他不耐烦地说:“我们这儿都搞了快10年了,要是有问题,就直接找我。不信,我还可以给你盖个公章。”

经过一番讨价还价,记者以每公斤20元的价格购买了10余公斤猪肉。随后,王老板从口袋里掏出一个章子,在猪皮上“啪、啪、啪”地盖了几下。上面显示的是:西江乡联办定点屠宰专用章。

在记者购买时,不时有操着蔡甸、仙桃口音的猪贩子进进出出。据知情人士透露:这三家屠宰场,都是在近10年内慢慢发展起来的。由于他们不用缴税,每公斤猪肉比正规屠宰场要低2元多,吸引了附近仙桃、蔡甸、汉川等多个乡镇的猪贩子。

据附近村民说,这三个屠宰场每晚都要宰杀几十头猪。逢年过节时,生意会更好。

屠宰办默认地下屠宰场存在

昨日上午10时许,记者驱车来到西江乡,采访了乡屠宰办负责人肖茂财。他介绍,整个西江乡,只有一家屠宰场是正规的。记者所指的这三家屠宰场均没有办理营业执照、屠宰证,属于地下屠宰场。

既然属于地下屠宰场,为何不取缔呢?肖茂财解释,由于办理屠宰手续很复杂,不好批下来,但考虑到群众每天都需要大量猪肉,也就默认了他们的存在。

“为了便于管理,屠宰办在当地特意设立检疫人员,严把出场关!”肖茂财说,只有经过专业人员现场检疫,盖有定点屠宰、检疫两个公章的猪肉,才能销售,否则就是白条肉。

记者随即拿出暗访录像,上面清楚地显示猪肉上面的印章系屠宰场老板自己所盖。肖茂财犹豫了片刻才说,定点屠宰的公章确实是真的。可能是当天检疫人员休息了,直接交给了屠宰场老板使用。

他还说,此前,屠宰办每月分别向这三家屠宰场收取了1000多元的管理费。

同日上午,记者在西江乡唯一正规的屠宰场了解到,由于生意不太好,每天只能宰杀几头猪。

(编者:潘勤　2007年11月11日见报)

一漂一染，陈年豆变身"新鲜豆"

执法人员查扣15吨陈豆和1.5吨翻新豆、浸染化学物750公斤

本报讯（记者舒均　实习生胡慧荣）新上市的豌豆、黄豆，吃起来怎么没有味道？昨日，洪山区青菱乡村民陈先生向本报反映称，他无意中发现，市场上销售的一些新鲜豌豆、黄豆，竟是用漂白剂、着色剂等浸泡加工而成。

昨日上午，记者在陈先生的带领下，来到洪山区青菱乡渔业村探访。在该村一民宅内，记者看到里面堆放着大量的豌豆和黄豆，屋后的几个砖砌的大水池内蓄满了绿水，用漏筛一捞，水下浸泡的全是豌豆和黄豆，看上去俨然刚刚上市的新鲜菜豆。

在此帮工的一名妇女称，陈豌豆、陈黄豆用水泡一泡，颗粒大小会变为原来的两倍，外观也好看了，他们主要做这类豆的粗加工生意。

用水浸泡后的陈豌豆，怎么变成了嫩绿的"新鲜豆"呢？记者带着这一疑问，向白沙洲大市场工商所通报了这一情况。该所所长马建汉接报后，迅速带领执法人员赶到现场。

据这家作坊的老板丁某交代，这些"新鲜"菜豆并非由水简单浸泡而成。原来，浸泡陈年豆的水中，加进了化工原料焦亚硫酸钠，这种原料有漂白作用，可让豆子的外观看上去更光洁鲜亮。此外，水中还加入了果绿色的染色剂，这可让豆子看起来更青嫩。该作坊一天能翻新菜豆60袋，约1.5吨，这些翻新豆都销往附近集贸市场。

工商执法人员检查发现，该作坊库存用作翻新的陈豌豆和陈黄豆还有约15吨，漂白化学物质焦亚硫酸钠750公斤、果绿染色剂5000克。执法人员当即查扣上述物品，并现场取样翻新溶液。翻新豆是否对人体有害，相关部门正在展开进一步调查。

（编者：韦忠南　周保国　2009年4月16日见报）

一个小作坊如同化学实验室，每天可泡制出1.5吨的翻新豆

漂白+染色，陈年豌豆摇身变鲜嫩

本报记者舒均　实习生胡慧荣

新鲜豌豆竟是陈年豆泡制

“刚刚上市的新鲜豌豆，为什么吃起来没有以前那股清香味了？”昨日，洪山区青菱乡渔业村村民陈先生介绍：一直以来，他都认为市场上卖的“新鲜”豌豆，或是施肥过多，或是温棚效应等原因，失去了原有的清香味，可几天前，他无意发现，这些看起来颗粒饱满、色泽青绿的“新鲜”豌豆，竟是用漂白剂、着色剂等浸泡加工而成。

陈先生说，4个月前，几名四川人租住在该村，开始从事“新鲜”豆类贩运生意。有时，他在半夜，看到对方骑着电动三轮摩托车，将一袋袋“新鲜”的豌豆、黄豆，拖到白沙洲农副产品大市场销售。直到几天前，村里来了一辆载重大货车，卸下一袋袋陈年的豌豆、黄豆，他才意识到，这几个四川人经营的“新鲜”豌豆、黄豆，并非是从外地来的新鲜货。

“我偷偷观察，发现他们租住屋的后面，砌了好几个大池子，全用来泡买来的陈年豌豆和黄豆。浸泡的水中，加入漂白剂和果绿染色剂，陈年的豌豆和黄豆就翻新变成了‘新鲜’豆。”陈先生向记者举报了这一惊人秘密。

记者暗访　豌豆浸泡变光鲜

昨日上午，记者以采购者的名义，到洪山区青菱乡渔业村进行暗访。

在陈先生指引下，记者来到几名四川人租住的房屋，看到五六名妇女坐在屋内，正对一袋袋陈豌豆分拣。在她们身后的两间屋了里，堆满了数十袋颗粒饱满、色泽青嫩的豌豆和黄豆。

这些新鲜的豌豆和黄豆从何而来？参与陈豌豆分拣的一名妇女介绍：陈豌豆、陈黄豆用水泡一泡，体积会变为原来的两倍，外观更好看了。

在屋后，记者看到3个砖砌的大水池和数个大塑料桶。在一个大水池和3个塑料桶中，满是浑浊的绿水，看不清水下有什么。记者用一只漏筛一捞，发现水里全是浸泡的陈豌豆和陈黄豆，外观如刚刚上市的

新鲜豆。

在加工现场,记者看到接触池水与塑料桶的用具,均有果绿染色剂的残留物,且难以洗擦掉。

漂白剂、染色剂充当“魔术师”

记者暗访后,立即向白沙洲大市场工商所进行了反映,该所所长马建汉迅速带领执法人员赶到现场。

工商执法人员调查时,四川籍老板丁某承认,他所经营的“新鲜”豆并非简单浸泡而成。浸泡的水中,他加进了化工原料焦亚硫酸钠,以起到漂白作用,可让豌豆和黄豆的外观更光洁鲜亮。此外,水中还加入了果绿色的染色剂,可让豌豆和黄豆看起来更青嫩。

经这两道“工序”,再加上长约24个小时的浸泡,陈豌豆和陈黄豆摇身一变就成了“新鲜”豆。一些不明就里的市民购买时,往往会认为这是刚刚上市的。

一天可泡制1.5吨翻新豆

工商人员现场清点发现,丁某一天浸泡好的“新鲜”菜豆达60袋(筐),约1.5吨。而他租住的屋子里,还存放有总量达15吨的陈豌豆和陈黄豆,以待制成“新鲜”菜豆。

丁某介绍,陈豌豆买进时,每公斤价格为3.6元,1公斤陈豆可泡出2.5公斤“新鲜”菜豆,每公斤的批发价为1.8元,主要销往离加工点不远的白沙洲农副产品大市场,或商贩上门批发,再卖往其他市场和超市等。

在丁某租住屋的过道,工商执法人员还找到了其制作“新鲜”菜豆所用的漂白化学物焦亚硫酸钠750公斤,果绿染色剂5000克,以及10多瓶洗洁精。

马建汉所长称,不法商贩用如此手法翻新,主要就是把陈豆伪装成刚刚上市的菜豆卖。销售时,不法商贩往往不会明确告知消费者,这已涉嫌消费欺诈。据此,他们暂扣丁某的1.5吨“新鲜”菜豆、15吨原材料和相应设备,并现场对浸泡溶液进行取样,对此事展开进一步调查。

如此翻新　焦亚硫酸钠可引起中毒

如此翻新陈豌豆和陈黄豆,对人体有哪些危害?我省疾病预防控制中心检验处沈主任介绍,焦亚硫酸钠在食品工业中主要用作漂白剂、防腐剂,可允许在粉丝、淀粉等10多种食品中添加使用,但不包括豌豆、黄豆等。可以说,用焦亚硫酸钠来翻新豌豆、黄豆,违反了食品添加剂标准。

据了解，焦亚硫酸钠能分解出二氧化硫，二氧化硫有着食品“化妆品”的称号，能令食品表面光洁鲜亮。可二氧化硫对人体有着极大的危害，人食用后轻则会头晕、呕吐、恶心、腹泻、全身乏力、胃黏膜损伤，影响人体对钙的吸收，破坏B族维生素，引起腹泻，重则会毒害肝脏、肾脏，引起急性中毒。

如何区分刚上市的豌豆、黄豆与翻新豆？昨日，洪山工商分局有关人士称：市民购买时，最好选择带壳的剥后食用；若是选择剥好的新鲜豆，新鲜的豌豆表皮比较嫩、薄，生吃有清香味，翻新豌豆表皮比较厚，生吃有涩味，而黄豆主要看表面是否带有茸衣，带的为新鲜豆，反之为翻新豆。

（编者：韦忠南　潘勤　2009年4月16日）

江城超市"鳕鱼"多半是冒牌货

工商抽查3家大超市均涉嫌虚假　食用后易引起腹泻等不良反应

本报讯(记者张乐克　通讯员徐永峰)在武汉各大超市,冰冻"鳕鱼块"颇受市民青睐,然而很多市民还不知情,这些餐桌上的舶来品,不少与真正的鳕鱼很难靠得上边。

3月5日,根据市民举报线索,武汉工商部门随机从该市3家大型超市,抽取4种"深海鳕鱼"产品,经中国科学院水生生物研究所专家判定,都不是鳕鱼,而属于鲈形目鱼类,甚至其中有一种可能是刺鳞蛇鲭,即所谓的"油鱼"。

3月初,武大教师陈先生向本报举报称,春节期间在香港吃过几次鳕鱼后,通过对比才发现,在本地购买的鳕鱼完全不是一回事。在香港吃的感觉不油腻,入口比较清爽,可以清蒸食用,在本地超市购买一些所谓"深海鳕鱼",虽然价格便宜很多,但味道完全不同,清蒸后油腥较大,根本吃不下,怀疑是其他的低价鱼种冒充。

记者从武汉"12315"指挥中心了解到,去年以来,工商部门也接到不少市民对鳕鱼的投诉,其中刘女士投诉称,在徐东一家大型货柜超市,购买的鲜字牌银鳕鱼,经咨询厂家根本没有这样的产品,经工商部门调查处理后,商家已退货。

还有不少人投诉称,食用鳕鱼后出现腹泻。家住武昌杨园的张女士反映,早就听说鳕鱼肉嫩、没有刺,很适合小孩吃,上个月在超市看到"鳕鱼"促销,每斤只要13元左右,于是买了两盒回家,没想到2岁的孩子吃后竟出现腹泻,到医院检查出消化不良。

据了解,去年以来,全国各地陆续有不少消费者投诉,食用过"鳕鱼"后,一些小孩和老人都不同程度的出现过腹泻,北京、上海等地媒体均进行相关报道,市场上鳕鱼的身份存疑。

据介绍,鳕鱼主要产自北大西洋、北太平洋等寒冷水域,由于受到多种因素影响,这一常见鱼种数量急剧减少,目前英国、加拿大等国家已限制捕捞,捕捞量已降至30年来最低。

(编者:周保国　2010年3月11日见报)

廉价海鱼穿马甲　冒充鳕鱼上柜台

本报记者张乐克　通讯员徐永峰

针对市民关于“鳕鱼”的投诉，连日来，本报记者探访了武汉多家超市，并随工商执法人员一道，见证了对多种“鳕鱼”产品的抽查、鉴定过程，从而揭开武汉市场隐藏的“鳕鱼潜规则”。

记者调查　都称鳕鱼价差十倍

连日来，记者探访了武汉市区多家超市和海鲜批发市场，发现“鳕鱼”普遍有售。

在武珞路一大型超市冷冻产品专柜，记者看到有两种“鳕鱼”出售：一种标注加工产地为广西的“鳕鱼”，每500克价格13.5元；另一种标注加工产地为浙江的“银鳕鱼”，每500克价格21.8元。

记者询问两种“鳕鱼”的区别。冷柜负责人称，它们都是“鳕鱼”，但“银鳕鱼”是深海鱼，营养成分更高，能补钙和甘油。

记者随后又探访了武昌徐东大街和汉口新华路上的4家大型超市，发现其中所售“鳕鱼”的名称更是形形色色，有的叫“银鳕鱼”，有的叫“蓝鳕鱼”、“白鳕鱼”、“金鳕鱼”等，还有一家大型超市标称“雪鱼”。销售人员信誓旦旦地告诉记者，这些“鳕鱼”的名称虽有不同，但都是“鳕鱼”。

与超市中“鳕鱼”卖出“猪肉价”不同，在华南海鲜批发市场一销售点，每500克冰冻鳕鱼的标价为批发110元、零售120元。

都叫“鳕鱼”，价格为何相差近十倍？该销售点老板称，他出售的鳕鱼是进口的，是真正的鳕鱼；而超市中出售的低价“鳕鱼”都是傍名牌的假“鳕鱼”，别说是普通消费者，就连超市也不一定了解它们之间的区别。

随机抽检　四种样品全是假货

本月5日，根据市民举报线索，武汉工商部门随机抽查了分别位于街道口、徐东大街的3家大型超市，共提取4种“鳕鱼”产品。

但是，工商部门却遇到检测难题：先联系动检部门，被告知“无法检测”，再联系商检部门，对方也答复“无法检测”，建议联系华中农业大学，华农也没有检测能力，建议找中科院水生生物研究所。

几经辗转，执法人员终于联系上中科院水生所鱼类分类学家张鹗博士，他表示：可以鉴别。

8日，记者随洪山工商分局关山工商所执法人员来到水生所。张鹗博士初步检查抽查样品后表示，这些样品都不是整鱼，头尾都被去掉，背鳍、臀鳍也被剪掉，甚至连鱼鳞都刮了，说明商家是在有意掩盖鱼的特征。“不过鱼鳞和背鳍处理得不够彻底，留下了一些特征，足够鉴别是不是真鳕鱼。”他说。

经过进一步检测，4种样品的鳞片在后区和边缘均密生细齿，属于栉鳞，背鳍也有棘，这些都是高等鲈形目鱼类的特征，可以确定不是真正的鳕鱼。至于它们具体属鲈形目的哪一种，需要通过DNA鉴定进行识别。

另外，“银鳕鱼”、“白鳕鱼”等也都不是鳕鱼。特别是市场上常见的“银鳕鱼”，只是商家采用的混淆视听的叫法，其学名叫裸盖鱼，属于鲉形目。

揭开“马甲”　商家忽悠贻害市民

“这4种样品不仅不是鳕鱼，其中一种甚至极可能是油鱼。”张鹗博士说。

据介绍，通过一系列外观指标和油脂含量可以区分鳕鱼和油鱼。鳕鱼属鳕形目鳕科，体形长而侧扁，头大、口大，颐部有一根颐须；体被易脱落细小圆鳞，侧线明显，背鳍3个，臀鳍2个，各鳍均无硬棘，完全由鳍条组成。

油鱼学名“异鳞蛇鲭”、“棘鳞蛇鲭”，俗称“仿鳕鱼”、“油鱼”等，外形与鳕鱼近似，属鲈形目鱼种。它含有人体不能消化的蜡脂，主要用来提炼工业用润滑剂，食用后会导致腹泻、肠胃痉挛。

二者的口感也有明显差别。鳕鱼肉质细腻甜滑，可蘸辣根生吃，有独特清香和鲜味；油鱼肉质较硬，肉色暗淡，口感油腻粗糙。

2007年年初，香港百佳超市将油鱼冒充鳕鱼出售，导致多名消费者腹泻，从而被判罚款4.5万元。为此，香港出台《有关识别及标签油鱼/鳕鱼的指引》，建议所有进口商将棘鳞蛇鲭、异鳞蛇鲭的俗名定为“蜡油鱼”，同时不可使用“鳕鱼”等俗名。

欧美多个国家和日本等也出台公告，不建议或禁止食用油鱼，规定销售油鱼时必须加上适当标签，提示可能造成肠胃不适。

洪山工商分局关山工商所负责人称，工商部门目前已经根据索证、索票的相关规定，责令涉事商家限期提供进货渠道等相关凭证，对涉嫌是“油鱼”的产品已经暂扣，并将进行DNA鉴定。

洪山工商分局相关负责人表示，对涉嫌虚假宣传、欺诈消费者的商家，将坚决依法依规一查到底，让市民明明白白消费。

专家观点　海产监测亟待加强

据介绍，一些深海鱼如鳕鱼等，具有较高的经济价值和营养价值，深受市民喜爱，也是商家争夺的市场，但目前武汉在海产品相关领域的监测体系几乎是一片空白，不仅执法部门面临尬尴、市民维权无路可循，正规经营的商家也受到各种不良市场行为的冲击。

张鹗博士说，一方面，目前市场上普遍销售的“银鳕鱼”、“蓝鳕鱼”等海产品，其实都不属于鳕形目，更不是真正的鳕鱼，但长期以来一直没有管理部门规范管理。

另一方面，广大消费者对海产品认知不足。一些商家正是利用这一点，销售时不加特别说明，甚至故意鱼目混珠，误导市民。

其实，海产品市场中的类似“忽悠”并不少见，除了用廉价海鱼冒充鳕鱼，武汉还发现冒充大、小黄鱼的行为。

他呼吁，武汉应尽快建立海产品监测体系，成立相关检测机构，建立主要海产品的数据库和识别系统，帮助有关部门迅速鉴别产品真伪和质量品质，净化规范海产品市场。

（编者：陈曙光　2010年3月11日见报）

国家《豆芽卫生标准》规定，不能随意滥用非食品添加剂，可是武汉市场并未很好执行

武汉市场的豆芽多是药水泡出

本报记者龙滢

“记者同志，请你调查一下，菜场里卖的豆芽能放心吃吗？”上月底，一位市民焦虑地给本报打来电话。

接到读者电话后，记者花了10多天暗访，结果发现：目前武汉市场上出售的豆芽，大多出自市郊的小作坊。在豆芽生长过程中，违规添加漂白剂、防腐剂、无根剂、催长剂等情况非常普遍。

每个生产环节都用药水

7月1日，经知情人士牵线，作坊主张某答应与记者见面。

张某介绍，他来武汉做豆芽已有上10年。豆芽的培育主要包括浸泡、孵化、清洗三个环节。在每个环节，他都会加入药水。

他说，培育豆芽的第一道工序是将绿豆、黄豆放在水中浸泡，浸泡时要加入防腐剂，主要作用是杀菌，防止豆子腐烂。

第二道工序是将豆子放在大桶里孵化。此阶段首先要放一种名叫生长激素的药剂，目的是让豆子尽快发芽，让芽体长得高、粗。如果不加这种生长素，一斤豆子孵出的豆芽不会超过10斤。加了生长素，能孵出13—14斤。此外，还要加入一种名叫无根剂的药水，其作用是让豆芽只长茎、不长根。

豆芽孵好后，还需要清洗。因为在孵化过程中，有些豆芽会变色。清洗时水中要加入漂白剂，有时叫亮白剂。用漂白水漂一漂，豆芽就会变得又白又亮，光鲜好看。有时还用一种名叫保险粉的东西，能让豆芽白亮且放置时间长。

张某说，按照以上方法，一斤豆子可孵15斤豆芽。豆芽每斤批发价0.6元，去除成本，一斤豆子孵成豆芽后能赚4—5元。

老板称：我在外面从来不吃豆芽

7月4日下午2时，记者又装扮成采购商，驱车来到青山区一处作坊。

记者对作坊主刘某称，市场上的豆芽放了太多药水，不敢吃，想买比较安全的豆芽。刘某说："是啊，许多作坊主为了追求产量，使劲往豆芽里洒药水，什么保险粉、增白剂、防腐剂、速长剂、消叶灵、灭菌灵等。我在外面吃饭从来不点豆芽，因为我知道里面含有什么。"

在刘某的作坊间，有10多口用来孵豆芽的水缸。刘某介绍，他原先每天的产量2000斤，现在每天仅生产600斤，原因是不愿再昧着良心往里面加药水。

刘某感叹：自己做了8年豆芽生意，知道这个行业太多的内幕，多次想找媒体曝料，希望引起政府部门重视，使豆芽生产得到监管。

记者听罢，立即表明身份。刘某初感意外，旋即平静地从家里拿出一包"快粉"（俗称保险粉）和一包植物生长调节剂（又名A、B粉），两包添加剂均未开封。"快粉"包装上清楚地标明"用于物品的漂白、防腐、抗氧化"，散发出一股臭鸡蛋的恶臭。

为何要加这些药剂呢？刘某说，如果按原始的做法，小作坊根本不能生产出大量豆芽。不放药，豆芽就长不快；有时一根豆芽烂了，整缸豆芽就会烂。所以，喷药促长和灭菌是作坊生产的正常工序。

都是这样生产，没见哪个管

据了解，目前武汉豆芽作坊集中在汉口后湖、复兴村，洪山烽火一带。其中，洪山区烽火村豆芽作坊最多，有30多家，作坊老板主要来自湖南湘潭、湖北随州、天门等地。

7月4日下午6时，记者仍旧乔装成采购商，来到洪山区烽火村。记者走进一家豆芽作坊，一股酸味迎面扑来，5桶用彩条布包起来的豆芽正在培育中。

记者随手抓起一把，发现豆芽细长无根。记者问作坊主，豆芽为何无根？她拿出一包药剂状的东西，包装上称为"无根绿豆芽素"，功效能使豆芽粗壮、嫩、无须根。

记者一一采访了该村的6家作坊主，发现生产工序如出一辙。在攀谈过程中，一位40多岁的男子介绍，高峰时期，该地区的豆芽产量每天50吨左右，其中一半运到白沙洲批发大市场，随后流向市内集贸市场和餐馆。

记者问："你们不知道这样的豆芽对人是有害的吗？"一位女作坊主说："大家都是这样生产的，没见哪个管，也没见吃死了人。"

“药水豆芽”找不到监管部门

市民期盼给豆芽生产上“紧箍咒”

本报记者龙滢

是什么原因让“药水豆芽”畅行无阻？有没有破解之法？且看记者一路有访——

专家:“药水豆芽”对人体有害

华中农业大学食品学院副院长熊善柏说,无根豆芽素(无根剂)、植物生长调节剂、增粗剂等添加剂均属激素类,使用不能过量。如果超标使用,长期食用肯定会危及健康。

武汉农产品检疫检测中心一位吕姓工作人员告诉记者，豆芽生产中如果使用了防腐剂、漂白剂,显然对身体有害。

武汉市农科院蔬菜研究所高级农艺师谈太明介绍，目前市场上一些豆芽使用了各种添加剂,早就令他避而远之,这些年来他从不吃豆芽。

“药水豆芽”的危害究竟有多大？中国农业大学食品学院教授胡小松介绍,在豆芽的生产过程中,工人往里面加各种药粉,像增白剂、无根素、增长素等等,这些药粉在给豆芽厂商带来暴利的同时,给消费者带来了不安全。

另外,保险粉并不保险。保险粉的连二亚硫酸钠含量是18%,这种产品是工业级的,对人体是非常可怕的,可能会影响消费者的视力、肝脏和肠胃,长期食用会造成多种癌变的可能。

四个部门都称“不管豆芽”

据省食品药品监督管理局食品安全协调与监察处一位人士介绍，《食品安全法》目前是分段管理为主、品种管理为辅的体制,豆芽生产应该归质监和工商部门管理。

武汉市质量技术监督局相关人士答复，一是该局没有豆芽的相关标准,二是国家规定质监负责食品生产领域,豆芽问题应该由工商部门管理。武汉市工商局一位人士则回答,工商负责食品流通领域,如超市、商场、农贸市场,豆芽应该归农业部门管。

记者遂联系武汉市农业局。该局相关人士说，农业部门负责管理生产基地产出的农产品，及检测流通过程中的农产品，豆芽不在他们的管理范围。

外地经验可作“他山之石”

目前，武汉市豆芽日均需求量达200吨。据武汉市政府要求，到2010年，该市将对豆制品市场全面实行“准入制”。生产放心安全的豆芽，已纳入到武汉市“放心豆制品工程”。

眼下，外地不少城市已走在武汉前面。放心豆芽正在北京、成都、南京、郑州等城市大面积推开，宁波市场上的九成豆芽已实现标准化生产。尤其是成都，为严防“药水豆芽”，已把豆芽纳入食品安全准入范围。

今年年初，成都市质监局对外发布了国内首个豆芽制品生产管理标准《其他蔬菜制品生产许可证审查细则》，第一次给豆芽产品戴上“紧箍咒”。

该《细则》对豆芽原料选择、制发、清洗、包装等7个生产环节的全过程都有严格控制。细则规定，生产豆芽禁止使用一切农药、化肥、植物生长调节剂、抗生素以及食品添加剂。生产场地内，不得使用其他化学药剂灭菌、虫、鼠和蟑螂。同时需用专用的保温厢式车运输，做到专车专用。

还有，灭菌要使用紫外线杀菌灯，不能用其他化学药剂。生产场地应由专人管理，严格禁止闲杂人员进入生产区，减少病菌污染。豆芽出现烂芽时，应将容器内豆芽全部销毁。

成都市质监局还公布了《豆芽生产许可证审查细则》，规定在今年3月1日起，对该市豆芽实行市场准入制，生产企业必须取得食品生产许可证，在销售终端销售的豆制品必须在外包装上加贴QS食品安全标志，否则禁止销售。

成都市通过一系列的措施，有效避免了“药水豆芽”流入成都。加贴了QS食品安全标示的豆芽，价格和以前差不多，且最高限价1.5元/斤，非常受市民欢迎。

此外，成都市执法部门也加大打击力度，查处无生产资格的小作坊和家庭式生产作坊，禁止售卖“药水豆芽”，确保了放心豆芽全面覆盖农贸市场。

提醒：据无公害豆芽生产专家提醒，消费者购买豆芽时不要被豆芽漂亮的外表迷惑，要注意观察以下几点：一看豆芽秆，自然培育的豆芽菜芽脚不软、脆嫩、光泽白，而用食用添加剂的豆芽菜，芽秆粗壮发水，色泽灰白。二看豆芽根，自然培育的豆芽菜，应该是会长根的，根须发育良好，无烂根、烂尖现象。三看豆粒，自然培育的豆芽，豆粒正常，而用化肥浸泡过的豆芽豆粒发蓝。四看折断豆芽秆是否有水分冒出，无水分冒出的是自然培育的豆芽，有水分冒出的是用化肥浸泡过的豆芽。

（编者：陈红彬　卢平　潘勤　2009 年 7 月 10 日见报）

记者乔装应聘超市卖肉
惊看光鲜肉馅藏污纳垢

本报首席机动记者陈世昌　记者周鹏

有读者报料，在新一佳超市杨园店内，工人加工猪肉馅时很不注意卫生，让人看见很难受。记者卧底应聘进入超市，直击了猪肉馅的加工和销售整个过程。

昨日，记者将情况通报给武昌区食品安全管理办公室，武昌区余家头工商所、武汉市动检站江南和平站执法人员闻讯赶到现场进行检查，查出72公斤变质猪肉。

读者报料：超市肉馅太脏

“那些肉馅太脏了！”读者李先生一周前向本报报料称，如果他不是在超市上班，亲眼目睹，还不会相信这是真的。

李先生说，他曾是新一佳超市杨园店的工作人员，紧挨着鲜肉档口上班。每天，看到那些老人或年轻的父母买肉馅给孩子吃，心里非常不安。有时候会善意地提醒他们买成块的新鲜肉绞馅吃。

李先生说，肉馅的原材料是一些卖不掉的剩肉和边角料搅拌而成的，甚至还有淋巴结。每天，肉档师傅将肉从冷库拖出来进行加工。有些肉被砍得四处滚落，而师傅们捡起来后洗都不洗，直接塞进绞肉机。

他告诉记者，现在一些福利院或幼儿园也来买这些猪肉馅，一想到这些肉馅会做成包子、饺子，还有可能被自己孩子吃，心里十分难受。考虑再三后，他终于鼓起勇气向本报反映此事，希望超市能够规范管理，让市民吃上放心肉。

记者应聘当上卖肉倌

11月9日，李先生突然通知记者：“新一佳超市杨园店肉档正好在招促销员，你们可以借此来暗访！”记者随即根据招聘启事上的联系方式，找到了肉档负责人王经理。

王经理介绍，他们是当阳市翔鹤食品有限责任公司的工作人员，与新一佳超市是合作关系，定点向他们供应猪肉，现场销售人员都是由公司聘请的。

经过一番考核后，王经理决定聘用记者作为销售员，每天早晨5时30分到超市，下午2时30分下班，试用期工资每月900元。

10日清晨5时许，记者早早赶到新一佳超市杨园店，等待王经理。5时35分，只见王经理开着小货车倒进超市后门，他的助手严师傅下车后，从车厢里提出两个黑袋子，里面装着鲜肉和新鲜猪肝。

接下来一幕让记者瞠目结舌：一师傅在签收单据时，竟直接把两个黑袋子扔在地上，猪肝散落出来。他脏兮兮的左脚，若无其事地踩在猪肝上。随后，这些猪肝和鲜肉被摆在超市，卖给前来选购的市民。

绞碎的肉馅藏污纳垢

上午6时许，在新一佳超市杨园店二楼，师傅们开始忙碌起来，从冷库里端出一盘肉来。他告诉记者，这是前几天留下来的猪肉边角料。

记者发现，肉皮上面还有黑色的泥。

由于冷冻过后的猪肉非常硬，他们将肉放在砧板上，挥刀猛砍。“咚、咚、咚”，整个砧板不停震动，一些猪肉就落在地上，有的则滚进排水沟里，但师傅们将其捡起来后，继续扔进盘子里。

记者看到这一幕，顿时皱起了眉头：“这么脏，还能吃啊？”但他们说，这些边角料要废物利用，反正是做肉馅，丢了怪可惜的。话音未落，他们将这些边角料端在绞肉机前，直接塞进绞肉机。

记者站在绞肉机前看到，旁边放了半盘未卖完的陈馅。不一会儿，新鲜的肉馅盖在上面，红白相间，十分好看。但仔细看就能发现，这些肉馅中夹杂着黑色、灰色的物质等，十分恶心。

厂家承认管理有漏洞

记者在超市鲜肉档卧底两天发现，也许是成本很低，这些鲜肉馅都非常便宜，每公斤只需要14元。而在一旁，最便宜的五花肉每公斤都要近20元。

由于这些肉馅价格便宜，自然能吸引很多市民。记者看到，买肉馅的大多是老人和一些家庭主妇，还有一些是包子铺老板和餐馆老板。

11日下午1时40分，记者在肉档打工时，一名中年妇女嚷着要记者将剩下的五六公斤肉馅给自己全部打包买走。记者故意对她说：“这些肉馅有些陈了，您不如买五花肉回去剁……”但是站在记者背后的师傅立即给记者脸色，让记者赶紧打包。

在闲聊中，中年妇女告诉记者，她是帮妹妹买的，因为这里肉馅便宜,抢点回去做炸酱面和春卷。

11日下午3时许,记者从肉档下班后联系上当阳市翔鹤食品公司有关负责人,并表明了记者身份。这位负责人介绍,鲜肉档的管理确实存在问题,将加强对员工的管理。

他表示,公司的鲜肉都是从正规途径购进,其中,一些猪肉边角料是可以做肉馅的,但必须清洗干净。可淋巴是绝对不允许用于肉馅的。

这位负责人说,很多厂家为节约成本,常用边角料和淋巴铰肉馅,这已成为一些超市内的潜规则。

现场查出72公斤变质肉

昨日,记者将暗访的情况通报给武昌区食品安全管理办公室。随后,武昌区余家头工商所、武汉市动检站江南和平站执法人员赶到现场,对该超市鲜肉档口进行了检查。

很快,动检执法人员就从冷库里查出大量变质肉,里面有肉馅、筒子骨、猪肉、排骨等。执法人员发现,有些猪肉颜色已经发黑,必须尽快销毁。

在现场,超市和厂家工作人员介绍,这些猪肉都是没有卖出的。他们准备将这些猪肉积攒起来,统一进行销毁。

武汉市动检站江南和平站有关负责人说,根据规定,这些变质肉不能和鲜肉一起放在冷库冻藏。每天,超市都要将过期的猪肉及时销毁,不能冷藏后用于加工肉馅。

昨日中午,执法人员在现场共查出72公斤变质猪肉及肉馅,他们将这些变质猪肉依法没收,运送到郊外进行销毁。

武汉市动检站江南和平站有关负责人告诉记者,他们还将就超市的变质猪肉进行进一步的调查,查清是否曾流入过市场。

(编者:潘勤　2010年11月16日见报)

添加剂兑水就成了“酒” 标签一贴就成了“名牌”

10000瓶假白酒流向市场

本报记者舒均 通讯员郝金奇 实习生吕平

往自来水里添加具有酒香气味的添加剂，贴上标签再套上包装，整箱整箱的假冒白酒便“出炉”了。昨日，东西湖工商分局在辖区内捣毁一特大假酒制造窝点，当场查获假“枝江大曲”2000多瓶，以及一整套的造假酒设备和3万多个仿“枝江大曲”的标签和包装箱。

假酒工厂已生产一个多月

造假窝点位于东西湖区三店农场徐家湾一民房内。

昨日早晨，一名知情者向东西湖工商分局举报称，前不久，他路过该民房时，看到民房后面一搭建的房子内，堆放着大量的“枝江大曲”空酒瓶，感到十分蹊跷。经过几天仔细观察，他发现有人整天躲在民房里，大量生产假“枝江大曲”白酒。

“他们往外运假造的白酒时，都是一车一车的往外拉。”这名知情者称，因不知道假酒是用什么勾兑的，他十分担心人喝了这样的酒后影响健康，遂向工商部门举报。

随后，记者跟随东西湖金山工商所前往现场。造假窝点的外墙上写着“小心狗咬人”的字样，而透过紧锁着的一扇铁门，记者看到，造假窝点的地上堆放着的全是假冒“枝江大曲”白酒，有人正忙着在给这些假酒贴标签，并套上包装盒。

附近居民介绍，该“酒厂”在此生产白酒已经有一个多月的时间。

添加剂兑水批量生产白酒

工商执法人员要求工人将门打开，进行执法检查。

执法人员发现，面积100多平方米的生产点内，造假用的洗瓶机、打码机、灌装泵等设施一应俱全，俨然一个造酒小工厂。

在生产点内，到处堆放着空酒瓶以及仿“枝江大曲”的标签和包装箱。而在被当做生产车间的一个房间，里面更是乱象丛生：地面上脏乱不堪，灌好的假“枝江大曲”白酒摆放一地；一个容积达1.5—2吨的大灌装容器旁边，摆放着六七个大塑料壶，壶内装满几种不同的透明液体，壶身上的标签显示，这些液体分别为“乙缩醛”、“乙酸乙酯”等食品添加剂，作用分别为具有“酒样香味”、“果香、带白兰地酒香”等，同时注明为“本品不宜直接食用”。

执法人员调查发现，该窝点就是用这些塑料壶里的添加剂兑水，批量生产假“枝江大曲”白酒。

至少造出5吨假枝江大曲

查处过程中，执法人员发现，该窝点生产的白酒，主要是假冒“枝江大曲”125毫升和500毫升装白酒。经清点，仅昨日上午，该窝点造好的假“枝江大曲”白酒就达100多件，共2000多瓶。

而从事白酒造假的，在窝点内当时仅有一名男子。该男子自称一个月前经人介绍到该“酒厂”打工，主要工作就是给灌好的酒贴标，每天至少都会完成50件白酒的贴标工作。标签贴好后，有货车专门来接货，将酒批发到武汉及周边市场。

在该窝点，执法人员共发现了40多个25公斤装的各类添加剂空壶。据此情况，金山工商所所长陈昊说，最保守估算，该窝点生产的假“枝江大曲”至少达5吨，按500毫升每瓶推算，至少10000瓶假冒白酒从这里流向市场。

目前，东西湖工商分局已对此展开立案调查，一是追查黑窝点头目的踪迹，二是查找假酒的具体流向。这也是东西湖工商分局近几年来查获的最大假酒窝点，准备移交公安部门处理。

链接

中国知名白酒抱团打假

不光是枝江，国内知名的白酒品牌，几乎都遭遇过假酒泛滥的困扰。枝江酒业也曾多次配合工商部门铲除假酒生产作坊。

今年5月，在国家质检总局打假办公室的支持下，中国酿酒工业协会牵头组织国内知名白酒企业成立了“中国白酒打假协作网”，各白酒企业共同探索打假策略，整合打假资源，有效健全完善打假情报信息网络，拓宽打击制售假（仿）冒优质白酒案件的案源渠道，配合执法部门快速反应开展执法打假。（据新华社电）

工商部门正追查假酒下落，一方面为维护知名白酒品牌的正当利益，更重要的，是为了保障消费者的健康。而作为消费者，也要学会自我保护，除了从正规渠道，比如到大中型超市购买白酒，质量更有保证外，也有必要学一点辨别假酒的技巧。

识别假酒有几招

第一招：对光观察法。把酒倒入无色透明的玻璃杯中，对着自然光观察，白酒应清澈透明，无悬浮物和沉淀物。低档劣质白酒一般是用质量差或发霉的粮食做原料，工艺粗糙，喝着呛嗓、伤头的酒，一定是劣质酒。

第二招：倒置观察法。把酒瓶拿在手中，慢慢地倒置过来，对光观察瓶的底部，如果有下沉的物质或有云雾状现象，说明酒中杂质比较多；如果酒液不失光、不浑浊，没有悬浮物，说明酒的质量比较好。

第三招：双手摩擦法。取一滴白酒放在手心里，然后合掌使两手心接触用力摩擦几下，如酒生热后发出的气味清香，则为优质酒；如气味发甜，则为中档酒；气味苦臭，则为劣质酒。

第四招：食用油测试法。将一滴食用油滴入酒中，如果油不规则地扩散，下沉速度变化明显，则为劣质酒。（据《南方日报》）

（编者：李欣　2010 年 6 月 5 日见报）

“野生”黄甲鱼原来是喂出来的

饲料厂家违规添加着色剂　两个月就可让甲鱼变色

本报首席机动记者陈世昌　记者周鹏

甲鱼味道鲜美，营养丰富，深受市民喜爱。但在武汉的一些市场，却公开出售一种体表发黄的所谓“野生甲鱼”，乍看与真的野生甲鱼十分相像，但有甲鱼养殖户报料称，它其实是用添加了着色剂的“加黄饲料”喂养出来的。

记者调查发现，的确有一些养殖户通过这种方法喂养甲鱼，以谋取高价。而根据国家相关规定，随意在饲料中添加着色剂属违规行为，且对人体健康有害无益。

养殖户报料　“野生甲鱼”是喂出来的

李师傅是武汉市汉南区一名甲鱼养殖户。不久前，他看到多个市场大量出售“野生甲鱼”，内心备受折磨。因为他和很多养殖户都知道，这些所谓的“野生甲鱼”，其实是用含有色素的饲料喂养出来的。

李师傅说，甲鱼只要吃了这种饲料，两个月体表就会变黄，所以他们称其为“黄甲鱼”，出售时打着野生甲鱼的牌子，每公斤价格比普通甲鱼贵10元左右。不少养殖户见有利可图，纷纷仿效，规模也越来越大，部分养殖户甚至采用大剂量色素饲料，连甲鱼的肉和脂肪也都呈现黄色。“如果任由这种状况继续发展下去，整个甲鱼产业很快会受到拖累！”李师傅忧心忡忡地说。他希望养殖户们不要只顾眼前而忽视长远利益，更不要拿老百姓的健康开玩笑。

记者调查　满村尽是“黄甲鱼”

接到李师傅的报料后，记者来到汉南区黄家墩村。该村数百户人家，几乎家家养甲鱼，多的有数十亩水面，最少的也有一亩多。

彭师傅家有6亩多水面，平均每亩养殖着约400公斤甲鱼。在他家房前屋后，堆着10多包甲鱼饲料，打开一看，全部呈黄色。

彭师傅说，以前大家用的都是普通饲料，喂养的甲鱼体表呈灰黑色。几年前，有人从外省购进一种黄色饲料，可以让甲鱼变黄，而甲鱼贩子们对“黄甲鱼”争相抢购，出价也高。于是，其他村民纷纷“转行”养起了“黄甲鱼”。

在该村，记者采访了多家养殖户，发现果如彭师傅所言。他们说，今年的“黄甲鱼”生意“好得不得了”，目前已有不少甲鱼贩子上门抢购。

“我也不知道这种饲料对人有没有害处，但如果不用，养的甲鱼就卖不出去……”彭师傅说，他还是听别人说起才知道，在市场上，这些“黄甲鱼”都被当成“野生甲鱼”出售。

饲料经销商　两个月可让甲鱼变黄

养殖户王师傅说，“加黄饲料”是近两年才开始盛行的。以前也有一些养殖户购买“黄粉”，自己拌在饲料中喂甲鱼；随着用户越来越多，一些厂家便专门生产已经拌好的“加黄饲料”。

在饲料包装袋上，标注着生产商为浙江杭州某公司。而根据养殖户的指点，记者找到该饲料代理经销商设在汉南区的门面。

老板介绍，他出售的饲料能将甲鱼喂成金黄色，与野生甲鱼一模一样。他指着包装袋上印着的甲鱼图片，“保证跟这个一样。”

为何甲鱼吃了这种饲料会变黄？他拿出产品宣传单称：这是一种生态饲料，经过相关部门检验合格。

要喂多久甲鱼才会变黄？老板说，去年使用的配方只需要一个月，而今年的配方则需要2—3个月。

市场探访　“野生甲鱼”很畅销

昨日，记者来到汉口华南海鲜市场暗访，发现市场内的10多家甲鱼批发摊点，几乎家家打着“野生”的招牌。

“野生甲鱼批发价每公斤110元，家养的70多元。”一摊主热情地向记者推销说。

“怎样才知道是不是野生甲鱼？”记者问。

摊主拿起一只甲鱼，煞有介事地介绍起来：“你看，这是野生甲鱼，肚子和壳都发黄。”随后他又拿出另外一只甲鱼进行对比：“这只甲鱼的壳是青褐色的，说明是家养的，比野生的便宜。”

“这只甲鱼颜色这么黄，是不是染的呀？”记者故意问。

摊主顿时自信地笑了：“你要不信，放在水里泡一下就知道了。野生就是野生，泡不掉的！”

在该市场的多个甲鱼摊点，记者发现凡是“野生甲鱼”，壳和腹部的颜色都为黄色。

采访中，不时有酒店和餐馆人员前来批发甲鱼，他们说，这种“黄甲鱼”今年特别俏。

省水产局一负责人介绍，野生甲鱼的背部和腹部确实呈浅黄色，但根据调查，它们目前数量极少，难得一见，市场上批量出售的所谓“野生甲鱼”大多是假的，请市民不要上当。

一位知情人士说，用“黄甲鱼”冒充野生甲鱼，在养殖业是“公开的秘密”，并已形成一条灰色的利益链，只是一直没人站出来说破而已。

主管部门　饲料中乱加着色剂违规

“加黄饲料”里添加的着色剂，到底是什么成分？对人体是否有害？

据国家饲料质量监督检验中心（武汉）近日抽样检验，发现“加黄饲料”中含有一种名为叶黄素的着色剂。专家分析，不排除该饲料里还添加了另外的色素。

省农业厅饲料办负责人表示，根据农业部第318号公告，每种饲料的着色添加剂都有特定的应用对象，名录中没有出现的着色剂不允许出现在饲料中。其中水产动物饲料只能添加虾青素，添加叶黄素和其他色素都属违规行为。

一位不愿透露姓名的饲料经销商透露，饲料生产商一般不会使用纯天然的着色剂，而多以化学原料代替，因为天然着色剂非常贵，而且着色效果不如化学原料明显。

武汉工业学院饲料科学系教授黄峰介绍，国家明令禁止添加的着色剂，不管是纯天然还是化学制品，都没有好处，如果在人体内积淀过多，会影响健康。

武汉市农业局饲料办目前正对甲鱼“加黄饲料”展开调查。该办负责人说，即便“加黄饲料”中添加的色素对人体无害，商家靠添加色素改变甲鱼品相以达到牟利目的，也违背了诚信经营的商业道德。

如何鉴别野生甲鱼

野生甲鱼的背壳绿中泛黄，因生活在野外水域的淤泥处，且需捕食，所以脚爪锋利，行动敏捷。而人工饲养的甲鱼因生活在水泥池中，脚爪因经常攀爬硬壁被磨钝，其背壳多呈黑色或绿褐色。目前野生甲鱼十分稀少，市场上难有大批量出售。

（编者：陈曙光　2010年6月10日见报）